COMPUTADORES

COMPUTADORES

Joaquín Entrialgo Castaño
Juan Carlos Granda Candás
Jose María López López
Julio Molleda Meré
José Ramón Arias García
Rubén Usamentiaga Fernández
Manuel García Vázquez
José Luis Díaz de Arriba

2023

Ediciones de la Universidad de Oviedo
ISNI:0000 0004 8513 7929
Servicio de Publicaciones de la Universidad de Oviedo
Campus de Humanidades. Edificio de Servicios. 33011 Oviedo (Asturias)
Tel. 985 10 95 03
http: www.publicaciones.uniovi.es
servipub@uniovi.es

Esta obra ha sido avalada por el Departamento de Informática de acuerdo con lo establecido en el artículo 8f, del Reglamento del Servicio de Publicaciones de la Universidad de Oviedo.

Esta editorial es miembro de la UNE, lo que garantiza la difusión y comercialización de sus publicaciones a nivel nacional e internacional.

I.S.B.N.: 978-84-18324-74-1
DL AS 3273-2023

Imprime: Servicio de Publicaciones. Universidad de Oviedo

Resumen de contenidos

Índice general

Prólogo

Los computadores han sido uno de los impulsores más significativos de cambio en el mundo desde el último cuarto del siglo XX. Este libro está destinado a estudiantes de Grado en Ciencia e Ingeniería de Datos y sus objetivos son dar a conocer la forma en la que los datos y la información se representan en los computadores, describir la organización y el funcionamiento esencial de los elementos hardware de los computadores, así como profundizar en los principales mecanismos de procesamiento y almacenamiento de la información.

La primera parte del libro introduce conceptos fundamentales para el desarrollo de los computadores. El primer capítulo presenta un problema básico: cómo representar la información para que sea tratada de manera efectiva por los computadores. Como los ordenadores actuales están implementados con circuitos digitales, el segundo capítulo se dedica a estudiar cómo crear circuitos de este tipo para almacenar, mover y procesar la información.

La segunda parte está dedicada a los computadores. Empieza con un capítulo que explica la forma básica de organizar circuitos digitales para crear un computador. Se presenta una arquitectura con tres elementos: un procesador, una memoria principal y un sistema de E/S.

La potencia de los computadores se explota gracias a los programas, que hoy en día están realizados habitualmente en lenguajes de programación de alto nivel que son traducidos al lenguaje que entienden los computadores para que puedan ejecutarse. El lenguaje que entiende la máquina es, por lo tanto, el siguiente tema tratado en el libro, dentro del cuarto capítulo.

Una vez que se sabe el tipo de tareas que debe realizar una arquitectura de computador, se pasa a estudiar en capítulos separados el procesador, el sistema de memoria y el sistema de E/S.

Las arquitecturas de los computadores modernos son el resultado de una evolución que, en muy pocos años, ha dado como resultado sistemas tan complejos que difícilmente podrían ser comprendidos por un alumno que se inicia en el estudio de esta materia. Por esta razón, para ejemplificar el funcionamiento de los computadores se usa una arquitectura muy sencilla que se ha denominado Computador Teórico.

La tercera parte del libro está dedicada a los sistemas operativos y al estudio del rendimiento de los computadores. Para gestionar los dispositivos hardware que forman la arquitectura del computador, así como para permitir un acceso seguro y eficiente desde las aplicaciones del usuario, los computadores utilizan un programa fundamental que se denomina sistema operativo.

El último capítulo está dedicado al análisis del rendimiento del computador, es decir, a la cantidad de instrucciones que el computador puede ejecutar por unidad de tiempo, que depende en gran medida de su arquitectura. En este capítulo se estudia el concepto de rendimiento y cómo se mide en un computador.

Con toda esta materia fundamental sobre computadores, el estudiante puede sentar las bases de un conocimiento duradero que le permita el inevitable reciclaje que va a tener que llevar a lo largo de su trayectoria laboral.

Los autores buscamos un enfoque didáctico en el que la lectura del libro se complemente con clases expositivas para tratar los puntos más importantes o más complejos explicados en el libro. Estas clases expositivas serán acompañadas con prácticas de aula en las que se hagan ejercicios que permitan comprender mejor la materia. Además, son necesarias unas prácticas que permitan a los estudiantes saber diseñar circuitos sencillos, realizar programas básicos en ensamblador e interpretar el código generado por un compilador. Para esto, dentro del Área de Arquitectura y Tecnología de Computadores de la Universidad de Oviedo, en la que trabajamos los autores de este libro, se han desarrollado una serie de herramientas que permiten realizar las prácticas. Una de ellas, el Simulador Educacional de Circuitos Digitales (SECD) cumple con el cometido de permitir diseñar circuitos digitales sencillos y ver cómo funcionan. Otra de estas herramientas, el Simulador del Computador Teórico, permite comprobar de una manera didáctica el funcionamiento interno del Computador Teórico mencionado anteriormente. Gracias a un programa ensamblador especialmente diseñado para el lenguaje que entiende este computador se pueden desarrollar las competencias sobre lenguaje ensamblador.

El presente libro supone el resultado de la experiencia de muchos profesores del Área de Arquitectura y Tecnología de Computadores de la Universidad de Oviedo, no sólo de los que lo hemos escrito. Debemos, por lo tanto, agradecer a nuestros compañeros sus aportaciones. Asimismo, han influido en el libro los comentarios de los cientos de estudiantes que a lo largo de los años han cursado asignaturas donde se trata esta materia, y a ellos también les estamos agradecidos. Esperamos que todo este bagaje redunde en un beneficio para el estudiante que ahora tiene el libro en sus manos.

Gijón, diciembre de 2023.

Los autores.

Capítulo 1

La información digital

Los orígenes del computador, también conocido como ordenador, hay que buscarlos en las primeras calculadoras mecánicas, que permitían hacer operaciones aritméticas de manera más rápida y fiable que los operadores humanos. Una de las primeras calculadoras mecánicas conocidas fue construida por Blaise Pascal en el siglo XVII. Con el tiempo, esas calculadoras mecánicas fueron evolucionando, algunas con poco éxito, como la construida por Charles Babbage en el siglo XIX para el cálculo de tablas de navegación; otras, en cambio, constituyeron el germen de grandes multinacionales actuales.

Con el paso de los años, las calculadoras pasaron de usar elementos mecánicos a usar dispositivos eléctricos y electrónicos cada vez más sofisticados. A mediados del siglo XX, gracias a la tecnología disponible, los ingenieros dedicados al desarrollo de calculadoras se dieron cuenta de que se podían hacer muchas más cosas que simples operaciones aritméticas: se podían construir máquinas programables. Ese fue el comienzo de los computadores actuales.

A día de hoy, el computador es un dispositivo omnipresente en todos los rincones de la sociedad. Habitualmente, el término computador se asocia a una máquina que dispone de teclado, ratón y monitor; que permite ejecutar programas de diversa índole, como por ejemplo procesadores de texto, navegadores web y reproductores de vídeo, entre otros. Sin embargo, este término también se puede referir a dispositivos dentro de elementos tan dispares como electrodomésticos, máquinas herramienta, teléfonos móviles, coches, etc.

En este capítulo, una vez descrito qué se entiende por computador y qué tareas realiza, se estudian los diferentes formatos en los que se puede representar la información para poder ser manejada por este dispositivo. Dado que los computadores que se utilizan actualmente son computadores digitales, se estudiarán formatos para representar información digital.

1.1. Concepto de computador e información digital

Antes de abordar el funcionamiento interno de cualquier máquina es conveniente tener una idea clara de cómo funciona externamente. Por ejemplo, antes de estudiar el funcionamiento interno de un televisor resulta necesario saber que se trata de un dispositivo encargado de mostrar información de vídeo y audio recibida a través de un cable. En el caso del computador se debería conocer también a priori «lo que se espera de él». El principal problema es que al ser el computador un dispositivo tan versátil, resulta más difícil establecer su funcionamiento general.

Un computador se puede definir como «una máquina capaz de aceptar información de entrada, procesarla y proporcionar información resultante a través de medios de salida, todo ello bajo control de un programa, sin intervención de un operador humano».

Si se piensa, por ejemplo, en un computador ejecutando un programa de procesamiento de textos, la información de entrada la constituyen las pulsaciones de las teclas del teclado con el texto que se quiere escribir. Tras procesar estas pulsaciones, se puede ver la información resultante en medios de salida, como son la pantalla o la impresora. La transformación de las pulsaciones de las teclas en información visual en la pantalla o en las hojas de papel impresas las lleva a cabo el computador bajo el control de un programa, comúnmente conocido como programa de procesamiento de textos.

Teniendo en cuenta la definición anterior de computador, en la que se destaca que es un dispositivo que recibe, procesa y proporciona información, el primer interrogante que surge es ¿cómo se representa la información en el computador? Por ejemplo, los números son representados mediante símbolos escritos por las personas, pero esta representación no es válida para los computadores.

Para representar la **información**, los computadores actuales incorporan dispositivos electrónicos que pueden encontrarse en dos estados, cada uno de ellos denominado **estado lógico**: un estado lógico **0** y un estado lógico **1**. El estado lógico de cualquiera de estos dispositivos es a lo que se conoce como **bit** (**bi**nary digi**t**) y se define como la unidad elemental de **información digital**.

La característica fundamental de la información digital es que no puede tomar cualquier valor, sino un valor dentro de un conjunto finito de valores. Por ejemplo, un bit es información digital pues sólo puede tomar los valores 0 y 1. En contraposición, la **información analógica** se caracteriza porque puede tomar un valor dentro de un conjunto infinito de valores. Por ejemplo, el peso de un objeto es una información analógica, ya que puede tomar cualquier valor a partir de 0.

Con un solo bit se pueden representar a lo sumo dos valores correspondientes a una determinada información digital. En la mayoría de los casos este número de valores resulta insuficiente, por lo que se forman secuencias de bits que permiten representar muchos más valores. La figura 1.1 muestra las diferentes secuencias de bits que se pueden formar con 1 bit, 2 bits y 3 bits.

Tal como se puede extrapolar de la figura 1.1, para una secuencia de n bits, el número de valores diferentes que se pueden representar es 2^n. Por ejemplo, con 16 bits el número de valores diferentes es $2^{16} = 65\,536$.

Hay secuencias de bits de cierta longitud que tienen un nombre establecido. La más pequeña de estas secuencias es el **byte**, formado por 8 bits. El byte sigue siendo una unidad de información digital muy pequeña en muchos casos, por lo que se definen múltiplos del mismo, al igual que ocurre con otras unidades como el metro,

$$n = 1 \qquad \left.\begin{array}{c} 0 \\ 1 \end{array}\right\} 2^1 = 2 \text{ valores}$$

$$n = 2 \qquad \left.\begin{array}{c} 0\ 0 \\ 0\ 1 \\ 1\ 0 \\ 1\ 1 \end{array}\right\} 2^2 = 4 \text{ valores}$$

$$n = 3 \qquad \left.\begin{array}{c} 0\ 0\ 0 \\ 0\ 0\ 1 \\ 0\ 1\ 0 \\ 0\ 1\ 1 \\ 1\ 0\ 0 \\ 1\ 0\ 1 \\ 1\ 1\ 0 \\ 1\ 1\ 1 \end{array}\right\} 2^3 = 8 \text{ valores}$$

Figura 1.1: Secuencias de bits con 1, 2 y 3 bits

Potencias de 10		Potencias de 2	
Nombre	Potencia	Nombre	Potencia
kbyte	10^3 bytes	Kibyte	2^{10} bytes
Mbyte	10^6 bytes	Mibyte	2^{20} bytes
Gbyte	10^9 bytes	Gibyte	2^{30} bytes
Tbyte	10^{12} bytes	Tibyte	2^{40} bytes
Pbyte	10^{15} bytes	Pibyte	2^{50} bytes

Tabla 1.1: Múltiplos en potencias de 10 y de 2 del byte

el gramo, etc. La tabla 1.1 muestra los múltiplos del byte expresados como potencias de 10 y como potencias de 2.

Los prefijos decimales k[1], M, G, T y P se leen «kilo», «mega», «giga», «tera» y «peta», mientras que los prefijos binarios Ki, Mi, Gi, Ti y Pi se leen «kibi», «mebi», «gibi», «tebi» y «pebi». Los prefijos anteriores se pueden usar, además de con el byte, con el bit.

Los prefijos binarios Ki, Mi, Gi, Ti y Pi se corresponden con las potencias de 2 más cercanas a sus potencias de 10 análogas. Por ejemplo, 1 Ki $= 2^{10} = 1024 \approx 10^3$. Sin embargo, a medida que las potencias aumentan, la separación se hace más y más grande.

A día de hoy los prefijos binarios se usan poco; en su lugar se emplean de forma inadecuada los prefijos decimales. Por lo tanto, es necesario identificar a qué múltiplo representa exactamente cada prefijo en cada ámbito de la informática[2].

[1] En el Sistema Internacional de Unidades, el símbolo del prefijo kilo es k, para diferenciarlo de la unidad básica de temperatura en el mismo sistema, el kelvin, cuyo símbolo es K.

[2] Por ejemplo, una memoria RAM de capacidad 1 Gbyte es una memoria de tamaño 2^{30} bytes. Sin embargo, un disco duro de tamaño 1 Gbyte tiene una capacidad de 10^9 bytes.

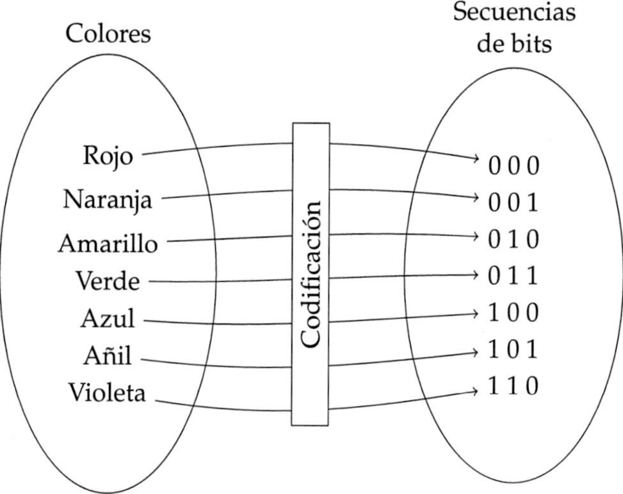

Figura 1.2: Ejemplo de codificación de los colores del arcoíris

1.2. Códigos binarios

Los códigos binarios son asignaciones de secuencias de bits a los valores de una determinada información. Por ejemplo, si se quieren representar los colores del arcoíris en el computador, podría emplearse la codificación mostrada en la figura 1.2. Por supuesto, hay muchas otras codificaciones posibles de los colores del arcoíris, pero lo realmente importante es que cada color se represente con una secuencia de bits diferente y que, además, haya un consenso para que todos los sistemas empleen la misma codificación. Si este consenso no existiese, al enviar un dato con el color Rojo de un computador a otro, el receptor podría interpretarlo como un color diferente.

En el mundo de los computadores existen una serie de normas que definen la codificación de los **tipos de datos**[3] básicos. Los tipos de datos básicos son: los datos lógicos, los números naturales, los números enteros, los números reales y los caracteres. Aunque hay otros tipos de datos, como por ejemplo las cadenas de caracteres, estos pueden codificarse combinando los tipos de datos básicos.

1.3. Datos lógicos

Los datos lógicos, también denominados datos **booleanos**, son los más simples, pues solo pueden tomar los valores VERDADERO o FALSO. La forma más simple de representar un dato booleano es mediante un bit:

$$\text{FALSO} \rightarrow 0 \qquad \text{VERDADERO} \rightarrow 1$$

[3] A partir de ahora se utilizará el término «datos» en lugar de «información digital», por ser el término más comúnmente utilizado.

Sobre los datos lógicos se llevan a cabo **operaciones lógicas**, también denominadas operaciones booleanas. Las más habituales son las operaciones **AND, OR, NOT** y **XOR**.

La operación AND, también denominada conjunción o multiplicación lógica, actúa sobre dos valores lógicos y genera un valor lógico como resultado. Dicho resultado es VERDADERO si los dos valores lógicos son VERDADERO. Se representa con el símbolo « · »[4]. El resultado de la operación, para todos lo casos posibles, es el siguiente:

$$\begin{array}{r} 0 \\ \text{AND} \quad 0 \\ \hline 0 \end{array} \qquad \begin{array}{r} 0 \\ \text{AND} \quad 1 \\ \hline 0 \end{array} \qquad \begin{array}{r} 1 \\ \text{AND} \quad 0 \\ \hline 0 \end{array} \qquad \begin{array}{r} 1 \\ \text{AND} \quad 1 \\ \hline 1 \end{array}$$

También es habitual llevar a cabo operaciones AND sobre dos secuencias de bits de igual longitud, generando una secuencia de bits como resultado. En este caso se lleva a cabo la operación AND bit a bit.

$$\begin{array}{r} 0\,1\,1\,0 \\ \text{AND} \quad 1\,0\,1\,0 \\ \hline 0\,0\,1\,0 \end{array}$$

La operación OR, también denominada disyunción o suma lógica, actúa sobre dos valores lógicos y genera un valor lógico como resultado. Dicho resultado es VERDADERO si al menos uno de los dos valores lógicos es VERDADERO. Se representa con el símbolo « + »[5]. El resultado de la operación, para todos los casos posibles, es el siguiente:

$$\begin{array}{r} 0 \\ \text{OR} \quad 0 \\ \hline 0 \end{array} \qquad \begin{array}{r} 0 \\ \text{OR} \quad 1 \\ \hline 1 \end{array} \qquad \begin{array}{r} 1 \\ \text{OR} \quad 0 \\ \hline 1 \end{array} \qquad \begin{array}{r} 1 \\ \text{OR} \quad 1 \\ \hline 1 \end{array}$$

Al igual que con la operación AND, también es habitual llevar a cabo operaciones OR sobre dos secuencias de bits de igual longitud, generando una secuencia de bits como resultado.

$$\begin{array}{r} 0\,1\,1\,0 \\ \text{OR} \quad 1\,0\,1\,0 \\ \hline 1\,1\,1\,0 \end{array}$$

La operación NOT, también denominada negación, actúa sobre un único valor lógico y genera otro valor lógico como resultado. Se representa con el símbolo « $^{-}$ »[6]. El resultado de la operación, para todos los casos posibles, es el siguiente:

[4] La operación AND suele representarse con diversos símbolos, como « $\wedge$ », « & » o « · ». En este libro se utiliza « · » como símbolo para la operación AND.

[5] La operación OR suele representarse con diversos símbolos, como « $\vee$ », « | » o « + ». En este libro se utiliza « + » como símbolo para la operación OR.

[6] La operación NOT suele representarse con diversos símbolos matemáticos, como « $\neg$ », « $\sim$ » o « $^{-}$ ». En este libro se utiliza « $^{-}$ » como símbolo para la operación NOT, de la forma $\overline{p}$, donde p es el dato lógico sobre el que se actúa.

$$\begin{array}{r} \text{NOT}\ \ 0 \\ \hline 1 \end{array} \qquad \begin{array}{r} \text{NOT}\ \ 1 \\ \hline 0 \end{array}$$

También es habitual llevar a cabo operaciones NOT sobre una secuencia de bits, tal como se muestra a continuación.

$$\begin{array}{r} \text{NOT}\ \ 0\,1\,1\,0 \\ \hline 1\,0\,0\,1 \end{array}$$

Finalmente, la operación XOR, también denominada OR exclusiva, opera sobre dos valores lógicos generando el valor lógico VERDADERO si los dos valores lógicos son diferentes. Suele representarse con el símbolo « $\oplus$ ». El resultado de la operación, para todos los casos posibles, es el siguiente:

$$\begin{array}{lr} & 0 \\ \text{XOR} & \\ & 0 \\ \hline & 0 \end{array} \qquad \begin{array}{lr} & 0 \\ \text{XOR} & \\ & 1 \\ \hline & 1 \end{array} \qquad \begin{array}{lr} & 1 \\ \text{XOR} & \\ & 0 \\ \hline & 1 \end{array} \qquad \begin{array}{lr} & 1 \\ \text{XOR} & \\ & 1 \\ \hline & 0 \end{array}$$

La operación XOR sobre dos secuencias de bits de igual longitud se lleva a cabo bit a bit.

$$\begin{array}{lr} & 0\,1\,1\,0 \\ \text{XOR} & \\ & 1\,0\,1\,0 \\ \hline & 1\,1\,0\,0 \end{array}$$

En general, las operaciones lógicas dentro del computador son llevadas a cabo por un dispositivo denominado unidad aritmético-lógica, o ALU (*Arithmetic Logic Unit*).

1.4. El sistema posicional

El sistema posicional define los cimientos de la representación de los números, no solo en el computador, sino en todos los ámbitos en que se utilizan. Por esta razón, antes de estudiar los diferentes formatos de representación de números se introduce el **sistema posicional** de representación.

En las representaciones numéricas basadas en el sistema posicional, el número que representa un conjunto de dígitos depende de los propios dígitos, de sus posiciones dentro del número y de la base numérica en la que estén representados, de forma que:

$$\textit{número} = \sum_{i=-\infty}^{+\infty} d_i \cdot B^i = \ldots d_1 B^1 + d_0 B^0 + d_{-1} B^{-1} \ldots$$

donde d_i representa el dígito que ocupa la posición i-ésima en el número y B, la base de representación.

A edades muy tempranas se enseña a los niños a escribir los números (naturales) empleando los diez dígitos decimales: $0, 1, 2, 3, 4, 5, 6, 7, 8$ y 9. De forma inconsciente

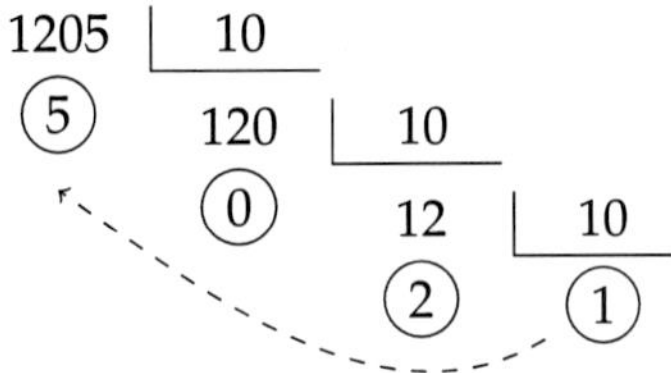

Figura 1.3: Obtención de los dígitos decimales de un número

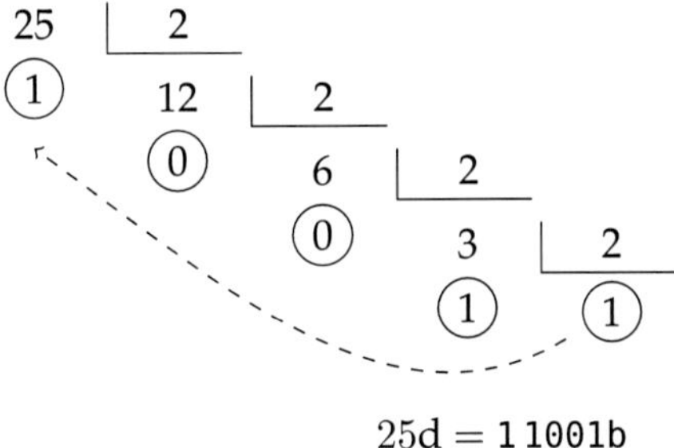

Figura 1.4: Obtención de los dígitos binarios de un número

lo que realmente aprenden es a representar los números usando el sistema posicional en base 10, también denominado **decimal**. Por ejemplo, el número natural 1205 puede obtenerse, de acuerdo a la expresión anterior, de la forma:

$$1205 = \underline{1} \times 10^3 + \underline{2} \times 10^2 + \underline{0} \times 10^1 + \underline{5} \times 10^0 = 1000 + 200 + 5$$

Los dígitos que constituyen el número 1205 pueden obtenerse mediante una secuencia de divisiones por 10 hasta alcanzar un cociente menor que la base, tal como se muestra en la figura 1.3. En esta figura se puede observar cómo el dígito más significativo es el último obtenido.

El sistema posicional de numeración no está restringido al uso de base 10; puede utilizarse con cualquier otra base. Por ejemplo, si se usa base 2, hacen falta solo los dígitos 0 y 1 para representar cualquier número. Estos dos dígitos coinciden con los nombres de los dos estados lógicos de un bit[7].

Para representar el número natural 25 en base 2 debe llevarse a cabo una secuencia de divisiones por 2, de forma análoga a como se ha hecho para base 10, tal como muestra la figura 1.4. En la figura se puede observar cómo se ha añadido el carácter «d» al final del número 25 para indicar que está expresado en base 10 y el carácter «b» al final del número `11001` para indicar que está expresado en base 2. No obstante, si el número no tiene ningún sufijo que identifique la base se supondrá que está representado en base 10.

[7] Resulta claro entonces que los dos estados lógicos de un bit se denominan 0 y 1, en lugar de α y β por ejemplo, para que coincidan con los dígitos posibles en base 2.

En la representación de un número en base 2, al bit situado más a la derecha de la representación se le conoce como el **bit menos significativo**, pues es el que menos peso tiene en la magnitud del número representado. Por el contrario, al bit situado más a la izquierda se le conoce como el **bit más significativo**. Por ejemplo, en el número binario `1010b`, el bit menos significativo es el 0 de la derecha, mientras que el bit más significativo es el 1 de la izquierda. En ocasiones, también se identifica la posición de los bits como el bit 0, el bit 1, el bit 2, etc., donde el bit 0 es el menos significativo. Siguiendo con el número binario `1010b`, el bit 0 es 0, el bit 1 es 1, el bit 2 es 0 y, finalmente, el bit 3 es 1.

El sistema posicional se emplea también para la representación de números con parte fraccionaria. Por ejemplo, el número 1205.625 se puede expresar de la siguiente forma:

$$\begin{aligned} 1205.625 &= \underline{1} \times 10^3 + \underline{2} \times 10^2 + \underline{0} \times 10^1 + \underline{5} \times 10^0 + \underline{6} \times 10^{-1} + \underline{2} \times 10^{-2} + \underline{5} \times 10^{-3} \\ &= 1000 + 200 + 5 + 0.6 + 0.02 + 0.005 \end{aligned}$$

La obtención de los dígitos de la parte fraccionaria puede llevarse a cabo mediante una secuencia de multiplicaciones por 10 de la parte fraccionaria.

$$\begin{aligned} 0.625 \text{ x } 10 &= \underline{6}.250 \\ 0.250 \text{ x } 10 &= \underline{2}.500 \\ 0.500 \text{ x } 10 &= \underline{5}.000 \end{aligned}$$

La secuencia se detiene cuando a la derecha de la coma se tiene una parte fraccionaria cero.

De forma análoga, se puede obtener la representación de la parte fraccionaria en otra base, como es el caso de base 2.

$$\begin{aligned} 0.625 \text{ x } 2 &= \underline{1}.250 \\ 0.250 \text{ x } 2 &= \underline{0}.500 \\ 0.500 \text{ x } 2 &= \underline{1}.000 \end{aligned}$$

Por lo tanto, $0.625 =$ `0.101b`. De igual forma, $1205.625 =$ `100 1011 0101.101b`.

Finalmente, cabe mencionar que hay números fraccionarios que pueden representarse de forma exacta en base 10, pero no en base 2. Por ejemplo, la representación del número 0.8 en base 2 se obtiene como sigue:

$$\begin{aligned} 0.8 \text{ x } 2 &= \underline{1}.6 \\ 0.6 \text{ x } 2 &= \underline{1}.2 \\ 0.2 \text{ x } 2 &= \underline{0}.4 \\ 0.4 \text{ x } 2 &= \underline{0}.8 \\ 0.8 \text{ x } 2 &= \underline{1}.6 \quad \text{(a partir de aquí se repite la secuencia)} \\ &\dots \end{aligned}$$

resultando $0.8 =$ `0.1100 1100 1100...b` $=$ `0.`$\widehat{\texttt{1100}}$`b`.

Decimal	Binario natural	Hexadecimal	Decimal	Binario natural	Hexadecimal
0	0000	0	8	1000	8
1	0001	1	9	1001	9
2	0010	2	10	1010	A
3	0011	3	11	1011	B
4	0100	4	12	1100	C
5	0101	5	13	1101	D
6	0110	6	14	1110	E
7	0111	7	15	1111	F

Tabla 1.2: Primeros 16 números en decimal, binario natural y hexadecimal

1.5. Números naturales

Los números naturales son números que pueden tomar los valores 0, 1, 2, 3, etc. Muchos de los datos a representar en el computador son números naturales. Por ejemplo, el año de un acontecimiento determinado, el número de movimientos en una cuenta corriente, etc.

Para representar números naturales en binario se debe asignar una secuencia de ceros y unos a cada número natural. La forma más sencilla de representar números naturales en binario es utilizando la representación en base 2, también denominada representación en **binario natural**. Es decir, la representación de un número natural coincide con su representación en base 2.

El empleo de base 2 soluciona el problema de la representación de números naturales, pero su uso resulta engorroso en algunas ocasiones. Hacen falta muchos dígitos binarios para representar casi cualquier número, lo cual resulta incómodo y propenso a errores. Por ejemplo, el número 1 234 567 requiere siete dígitos decimales para su representación. En binario natural dicho número se representa como `1 0010 1101 0110 1000 0111b`, empleando 21 dígitos binarios.

La solución a este problema de representación pasa por emplear base 16, también conocida como **hexadecimal**. Esta base consta de los diez dígitos de la base decimal más las seis letras «A», «B», «C», «D», «E», y «F». Además, presenta una propiedad que la hace muy útil: puesto que $16 = 2^4$, cada grupo de cuatro dígitos binarios equivale a un dígito hexadecimal, lo que permite escribir de forma abreviada y directa grandes cantidades binarias usando notación hexadecimal. Cuando exista riesgo de confusión con otras bases, los números escritos en hexadecimal llevan el sufijo «h», de igual forma que los números en binario llevan el sufijo «b».

La tabla 1.2 muestra la representación de los 16 primeros números naturales en decimal, binario natural y hexadecimal.

Para convertir un número de base binaria a hexadecimal se hacen grupos de 4 bits empezando por la derecha, y se añaden tantos ceros por la izquierda como sean necesarios[8] hasta que se logre una cantidad de dígitos múltiplo de 4. A continuación,

[8]Un número no cambia si añadimos en su representación ceros a su izquierda. Por ejemplo, las representaciones `101b` y `0 0101b` hacen referencia al mismo número. Este hecho es independiente de la base empleada.

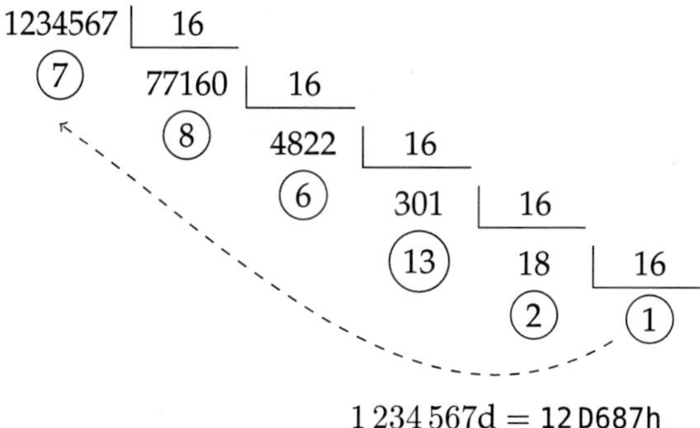

Figura 1.5: Obtención de los dígitos hexadecimales de un número

se muestra como ejemplo la conversión del número `1 0010 1101 0110 1000 0111b` a hexadecimal.

Ceros añadidos

`0 0 0 1 | 0 0 1 0 | 1 1 0 1 | 0 1 1 0 | 1 0 0 0 | 0 1 1 1` = `12D687h`

`1` `2` `D` `6` `8` `7`

Para convertir un número de base decimal a hexadecimal se realiza un proceso de divisiones consecutivas del número decimal entre la base de destino, 16, de forma análoga a la conversión hecha en binario. La figura 1.5 muestra dicho proceso para el número decimal 1 234 567.

1.5.1. Rango de representación

En la práctica, el número de bits disponible para representar números naturales es limitado, lo que a su vez limita el número de naturales diferentes que se pueden representar. Por ejemplo, empleando 4 bits, el máximo número de naturales que se pueden representar es $2^4 = 16$.

El rango de representación establece el número natural más pequeño y el número natural más grande que pueden representarse. Por una parte, el número natural más pequeño será aquel cuyos dígitos binarios sean todos 0, es decir, será siempre el cero. Por otra parte, el número natural más grande será aquel cuyos dígitos binarios sean todos 1. Por ejemplo, empleando 4 bits el rango de representación será:

$$[\texttt{0000b}, \texttt{1111b}] = [0, 15]$$

El máximo valor representable, 15 en el ejemplo anterior, se puede obtener utilizando la fórmula del sistema posicional, pero es más fácil hacerlo realizando los siguientes pasos. En primer lugar se debe sumar una unidad al máximo valor binario, $(\texttt{1111b} + \texttt{1b}) = \texttt{10000b}$; el valor `10000b` representa el número decimal $2^4 = 16$. En segundo lugar se debe restar la unidad previamente sumada para que el resultado sea correcto, $(16 - 1) = 15$. Otra forma de obtener el máximo valor representable

Número de bits	Rango de representación		
4	$[0, 2^4 - 1]$	=	$[0, 15]$
8	$[0, 2^8 - 1]$	=	$[0, 255]$
16	$[0, 2^{16} - 1]$	=	$[0, 65\,535]$
32	$[0, 2^{32} - 1]$	=	$[0, 4\,294\,967\,295]$
64	$[0, 2^{64} - 1]$	=	$[0, 18\,446\,744\,073\,709\,551\,615]$

Tabla 1.3: Rangos de representación de números naturales

es tener en cuenta que con 4 bits se pueden representar $2^4 = 16$ números naturales diferentes. Como el primero de ellos es el 0 y los números son consecutivos, resulta que el máximo número natural representable debe ser $(16 - 1) = 15$.

En general, con n bits se pueden representar 2^n naturales diferentes y el rango de representación será $[0, 2^n - 1]$. La tabla 1.3 muestra el rango de representación de los naturales para algunas secuencias de bits de diferente longitud.

1.5.2. Operaciones aritméticas

Una de las principales ventajas del sistema posicional de representación de números es la facilidad para llevar a cabo las operaciones aritméticas de suma, resta, multiplicación y división[9]. Para realizar las operaciones aritméticas con los números naturales representados en binario natural se pueden emplear los mismos algoritmos que se enseñan a los niños desde muy pequeños para base 10. Sin embargo, por cuestiones de eficiencia en ocasiones se emplean otros algoritmos. A continuación se indican los algoritmos empleados para llevar a cabo las operaciones aritméticas con números naturales en el computador:

- Suma. Se emplea el algoritmo de suma del sistema posicional.
- Resta. Se emplea también el algoritmo de suma del sistema posicional, llevando a cabo previamente una cierta transformación sobre el sustraendo que se mostrará en el apartado 1.6.
- Multiplicación y división. Aunque se pueden emplear los algoritmos de multiplicación y división del sistema posicional, en la práctica se emplean algoritmos más eficientes. Estos algoritmos no se estudiarán por estar fuera del alcance de este libro.

El algoritmo de suma de naturales empleado en los computadores es el habitual del sistema posicional. La suma se lleva a cabo columna a columna, empezando por el dígito menos significativo de los dos operandos. Si la suma de los dígitos de una columna es mayor o igual que la base se resta la base y se suma un 1 adicional a la columna siguiente a la izquierda. A este 1 adicional se le denomina **dígito de acarreo**. Por ejemplo, si se suman los números decimales 976 y 351 se obtiene:

[9]Para ser conscientes de las ventajas del sistema posicional puede probarse a sumar dos números en notación romana sin convertirlos a decimal.

$$
\begin{array}{cccc}
 & {\scriptstyle 1} & & \\
 & 9 & 7 & 6 \\
+ & 3 & 5 & 1 \\
\hline
1 & 3 & 2 & 7
\end{array}
$$

La columna con los dígitos menos significativos genera la suma $(6 + 1) = 7$. Como el resultado es inferior a la base, se pone directamente la suma como dígito menos significativo del resultado. A continuación se suma $(7 + 5) = 12$. El resultado no es inferior a la base, 10, por lo que se le resta la base y queda $(12 - 10) = 2$. Este valor se pone como resultado en la segunda columna y se «lleva una», es decir acarreo, a la columna siguiente. Finalmente, en la tercera y última columna se suman $(1 + 9 + 3) = 13$. El resultado no es inferior a la base, por lo que queda $(13 - 10) = 3$ y se genera acarreo. Como no hay más columnas, el acarreo aparece como el dígito más significativo de la suma. A continuación se hace la suma de los mismos números representados en binario natural.

$$
\begin{array}{ccccccccccccl}
 & {\scriptstyle 1} & {\scriptstyle 1} & {\scriptstyle 1} & & {\scriptstyle 1} & & & & & & & \\
 & 1 & 1 & 1 & 1 & 0 & 1 & 0 & 0 & 0 & 0 & \mathtt{b} & \longrightarrow 976 \\
+ & & 1 & 0 & 1 & 0 & 1 & 1 & 1 & 1 & 1 & \mathtt{b} & \longrightarrow 351 \\
\hline
1 & 0 & 1 & 0 & 0 & 1 & 0 & 1 & 1 & 1 & 1 & \mathtt{b} & \longrightarrow 1327
\end{array}
$$

Las cuatro columnas de la derecha consisten en la suma $(0 + 1) = 1$. Como el resultado es inferior a la base, 2, se pone directamente la suma como dígito de resultado. La columna siguiente consiste en la suma $(1 + 1) = 2$. El resultado no es menor que la base, 2, por lo que se le resta la base y queda $(2 - 2) = 0$. Este valor se pone como resultado en la segunda columna y se «lleva una», es decir acarreo, a la columna siguiente. Algo similar ocurre en la segunda columna de los sumandos empezando por la izquierda, se suman $(1+1+1) = 3$, donde el tercer 1 proviene del acarreo anterior. El resultado no es inferior a la base, 2, por lo que se pone $(3-2) = 1$ como bit de resultado y se lleva acarreo a la columna siguiente.

Como se puede observar, el método de la suma es exactamente el mismo en base 2 y en base 10, pues en realidad se trata del método de la suma de números representados empleando el sistema posicional. De igual forma, la suma de los mismos números en hexadecimal se realizaría de la siguiente forma:

$$
\begin{array}{ccccl}
 & {\scriptstyle 1} & & & \\
 & 3 & D & 0 & \mathtt{h} \longrightarrow 976 \\
+ & 1 & 5 & F & \mathtt{h} \longrightarrow 351 \\
\hline
 & 5 & 2 & F & \mathtt{h} \longrightarrow 1327
\end{array}
$$

Independientemente del sistema de representación empleado, «los números son los que son», por lo que el resultado de la suma de dos números tiene que ser independiente de la base de representación empleada. Se puede comprobar que $1327 =$ `101 0010 1111b` $=$ `52Fh`.

1.5.3. Desbordamiento

Cuando se lleva a cabo una operación aritmética entre dos números naturales en el computador, lo habitual es disponer del mismo número de bits para representar los operandos y el resultado de la operación. Por lo tanto, el rango de representación es el mismo tanto para los operandos como para el resultado. Teniendo en cuenta que el resultado de algunas operaciones aritméticas puede ser mayor que los dos operandos involucrados, puede ocurrir que siendo representables los operandos no lo sea el resultado, produciéndose un **desbordamiento** en la operación aritmética.

La suma de dos números naturales puede generar desbordamiento, pues el resultado será, salvo en el caso de que esté involucrado el cero, mayor que los sumandos. Por ejemplo, si se dispone de 4 bits para representar números naturales. El rango de representación será $[0, 2^4 - 1] = [0, 15]$. Los números decimales 8 y 12 son representables pero su suma no lo es, pues 20 es mayor que 15, el máximo valor representable. En este caso se dice que se ha producido un desbordamiento, pues el resultado de la suma ha «desbordado» el límite de representación.

Los números 8 y 12 se representan en binario natural con las secuencias de bits `1000b` y `1100b`. La suma de ambos en binario se realiza de la siguiente forma:

$$\begin{array}{r} 1\ 0\ 0\ 0\ \texttt{b} \\ +\ 1\ 1\ 0\ 0\ \texttt{b} \\ \hline \textcircled{1}\underbrace{0\ 1\ 0\ 0}\ \texttt{b} \end{array}$$

Acarreo= 1 Resultado= 4

Puesto que solo se dispone de 4 bits para el resultado, los mismos que para los sumandos, el resultado de la suma es `0100b`, es decir, 4 en decimal. Obviamente el resultado es inválido, pues debería haber sido 20. El problema es que existe un acarreo final que no aparece en el resultado de la suma. Por lo tanto, el desbordamiento en la suma de naturales genera un resultado erróneo que se detecta mediante un bit de acarreo final no nulo.

En el caso de la resta no puede haber desbordamiento, pues el resultado es siempre menor o igual que el minuendo, y este último es representable. Lo que sí puede ocurrir en la resta es que el minuendo sea menor que el sustraendo, pero no se trata de una operación que genere desbordamiento, sino de una operación indefinida para los números naturales[10].

En cuanto a la multiplicación de naturales, esta es la operación más propensa a generar desbordamiento si se utiliza el mismo número de bits para los factores y el producto. No obstante, no se entrará en detalles, pues la detección del desbordamiento depende del algoritmo de multiplicación binaria.

Finalmente, la división de naturales no puede generar desbordamiento si se utilizan el mismo número de bits para el dividendo, divisor, cociente y resto. Tanto el cociente como el resto no pueden ser mayores que el dividendo, y este es representable. No obstante, debería detectarse el intento de división por cero, pues se trata de una operación indefinida.

[10]El resultado sería un entero negativo y por lo tanto no representable como número natural.

1.6. Números enteros

Los números enteros están formados por los números naturales y sus negativos. El principal problema que deben solventar los formatos de representación de números enteros basados en códigos binarios es la codificación del signo. Dado que la información digital se codifica, exclusivamente, como secuencias de unos y ceros, en ningún caso se pueden utilizar los símbolos matemáticos «+» o «−» para representar dicho signo.

En este apartado se estudiarán los siguientes tres formatos de codificación de números enteros: signo-magnitud, exceso a Z y complemento a 2. En la práctica se emplea complemento a 2 para representar números enteros. Las representaciones en signo-magnitud y en exceso a Z se emplean para, de forma combinada, codificar números reales, como se estudiará más adelante.

1.6.1. Signo-magnitud

La representación de un número entero en el formato signo-magnitud es la más simple de las tres que se van a estudiar, tanto conceptualmente como a nivel de realización. Si se dispone de n bits para codificar el número entero, el bit más significativo se utiliza para codificar el signo y los $(n-1)$ bits restantes se utilizan para codificar la magnitud. La codificación del signo asigna el símbolo «+», o positivo, al valor 0 y el símbolo «−», o negativo, al valor 1. La codificación de la magnitud se realiza en binario.

Si se denomina S al bit de signo y M a la magnitud del número entero, el número entero N representado en el formato signo-magnitud se calcula de la siguiente forma:

$$N = (-1)^S \times M$$

Por ejemplo, si se dispone de $n = 4$ bits y se desea codificar el número 5, la codificación será la siguiente:

signo	magnitud
0	101
$+$	5

Se puede observar cómo el bit más significativo toma el valor 0, indicando que el número es positivo. Los tres bits restantes codifican el número 5 en binario.

De forma análoga, si se desea codificar el número -5, el bit más significativo pasa a ser 1, indicando que el número es negativo, mientras que los restantes no cambian, pues la magnitud sigue siendo la misma.

signo	magnitud
1	101
$-$	5

Uno de los problemas de la representación en signo-magnitud es la doble codificación del cero, pues hay un cero positivo, $+0 =$`00...0b`, y un cero negativo, $-0 =$`10...0b`, que en realidad son el mismo número. Es decir, se desaprovecha una combinación de bits que podría codificar otro valor. Además, para determinar si un número es igual a cero basta comprobar los $(n-1)$ bits menos significativos, mientras que para comprobar la igualdad con un número diferente de cero se deben comprobar los n bits. Se deduce entonces que la codificación signo-magnitud complica ligeramente las operaciones de comparación entre números enteros.

Otra complicación añadida de este formato es a la hora de la realización de operaciones aritméticas por lo que no estudiaremos cuál es el mecanismo para realizarlas en signo-magnitud.

1.6.2. Exceso a Z

La representación de números enteros en exceso a Z persigue la idea de representar números enteros como si fueran naturales. De esta forma, para representar un número entero en exceso a Z con n bits se codifica en binario el número natural resultante de sumar el número entero y el valor Z. La primera condición que se debe cumplir para poder representar un número entero N en este formato es que tras sumarle el valor Z el resultado sea un número natural, es decir, $N + \mathrm{Z} \geq 0$. La segunda condición es que el número natural obtenido como resultado de la suma debe ser codificable en binario natural con n bits.

A continuación se muestran algunos ejemplos de codificación en exceso a 8 con 4 bits:

$$\begin{aligned}
5 &\longrightarrow\ 5{+}8 = 13 \rightarrow \texttt{1101b}\\
4 &\longrightarrow\ 4{+}8 = 12 \rightarrow \texttt{1100b}\\
-5 &\longrightarrow -5{+}8 = \ \ 3 \rightarrow \texttt{0011b}\\
-8 &\longrightarrow -8{+}8 = \ \ 0 \rightarrow \texttt{0000b}\\
-9 &\longrightarrow -9{+}8 = -1 \rightarrow \text{No es codificable}\\
8 &\longrightarrow\ 8{+}8 = 16 \rightarrow \text{No es codificable}
\end{aligned}$$

Para obtener el entero representado a partir de su representación en exceso a Z se sigue el proceso contrario, es decir, al número natural se le resta el valor Z. Por ejemplo, siguiendo con el exceso a 8 con 4 bits:

$$\begin{aligned}
\texttt{0000b} &\longrightarrow 0 - 8 \longrightarrow -8\\
\texttt{1111b} &\rightarrow 15 - 8 \longrightarrow \ \ 7\\
\texttt{1000b} &\longrightarrow 8 - 8 \longrightarrow \ \ 0
\end{aligned}$$

La representación de enteros en exceso a Z elimina el problema de la doble codificación del cero y, además, permite comparar fácilmente dos números enteros para conocer si uno es mayor que otro. La comparación es idéntica a la comparación de números naturales, pues la codificación de números en exceso a Z está ordenada. Por ejemplo, $-5 < 4 < 5$ y, por lo tanto, la codificación del 4 interpretada como natural es mayor que la del -5, pero menor que la del 5.

La ventaja principal de exceso a Z es la facilidad para realizar comparaciones directas entre códigos, aunque eso dificulta la realización de operaciones aritméticas en este formato. Es por esta razón que no estudiaremos la realización de operaciones aritméticas en este formato.

1.6.3. Complemento a 2

El principal problema de los formatos de representación de números enteros como signo-magnitud y exceso a Z es la complejidad de las operaciones aritméticas. Lo ideal sería disponer de una representación de números enteros que permitiese emplear los mismos algoritmos para la realización de operaciones aritméticas que se utilizan con los números naturales, con el ahorro de implementación que esto supone[11].

El complemento a 2 de un número M utilizando n bits para su codificación en binario se define de la siguiente forma:

$$\text{compl. a } 2(M) = 2^n - M$$

La representación de un número entero M en complemento a 2 con n bits está definida por las siguientes reglas:

- Si M es positivo o cero se representa en base 2, al igual que los números naturales. La representación de un entero positivo debe tener el bit más significativo a 0 para que sea representable.
- Si M es negativo se representa codificando en base 2 el número natural obtenido del complemento a 2 de la magnitud de M. Como se ha indicado previamente, el complemento a 2 de un número M viene dado por el número $(2^n - M)$, donde n es el número de bits utilizado para la codificación en binario. La representación de un entero negativo debe tener el bit más significativo a 1 para que sea representable.

Por ejemplo, para $n = 4$ bits, los enteros 5 y -5 se representan de la siguiente forma:

$$5 \rightarrow \texttt{0101b}$$
$$-5 \rightarrow \text{compl. a } 2(5) = 2^4 - 5 = 11 \rightarrow \texttt{1011b}$$

La tabla 1.4 muestra la representación de todos los números enteros en complemento a 2 empleando 4 bits.

En este formato de representación el bit más significativo permite conocer el signo, de igual forma que en la codificación en signo-magnitud. Además, en el caso de números positivos, los siguientes $(n - 1)$ bits codifican la magnitud en binario natural, propiedad que no se cumple en los números negativos. El formato en complemento a 2 tiene una única representación para el valor 0, al contrario de lo que sucede en el formato en signo-magnitud.

De igual forma que el complemento a 2 de un entero positivo M representa el entero negativo $-M$, el complemento a 2 de la representación de un entero negativo $-M$ proporciona el entero positivo M. La demostración es simple, si M es un entero positivo, la representación de su negativo será la del natural $(2^n - M)$, cuyo

[11] Con la tecnología de fabricación actual ese ahorro es poco relevante. Sin embargo, en los primeros tiempos de los computadores, donde los costes del hardware eran muy elevados, dicho ahorro era significativo.

Decimal	Complemento a 2	Decimal	Complemento a 2
		0	0000
-1	1111	1	0001
-2	1110	2	0010
-3	1101	3	0011
-4	1100	4	0100
-5	1011	5	0101
-6	1010	6	0110
-7	1001	7	0111
-8	1000		

Tabla 1.4: Representación de los números enteros en complemento a 2 con 4 bits

complemento a 2 será $2^n - (2^n - M) = M$. Por ejemplo, el complemento a 2 de la representación del -5 se calcula de la siguiente forma:

$$\text{compl. a } 2(\texttt{1011b}) = 2^4 - \texttt{1011b} = \texttt{10000b} - \texttt{1011b} = \texttt{0101b} = 5$$

Para obtener el complemento a 2 de un número entero M en binario se pueden utilizar, además de la expresión $(2^n - M)$, otros dos métodos. El primero de estos métodos, el más simple, consta de los siguientes pasos:

1. Representar la magnitud de M, es decir $|M|$, en base 2.
2. Copiar, desde el bit menos significativo de la representación de $|M|$ en base 2, los bits hasta llegar al primer 1, este incluido.
3. Invertir los bits restantes de la representación en base 2 de $|M|$, es decir, los que quedan a la izquierda del 1 menos significativo.

Por ejemplo, para obtener la representación en complemento a 2 del número -6 utilizando este método, la secuencia de pasos sería la siguiente:

$$M = -6 \quad \Rightarrow \quad |-6| = \underbrace{0\ 1}\overbrace{1\ 0} \quad \Rightarrow \quad \underbrace{1\ 0}\overbrace{1\ 0}$$

Copiar

Invertir

El segundo de estos métodos se basa en emplear el complemento a 1 de un número. El complemento a 1 de un número entero M se calcula de la siguiente forma:

$$\text{compl. a } 1(M) = (2^n - 1) - M$$

que, en base 2, equivale a invertir todos los bits del número M. Este método consta de los siguientes pasos:

1. Representar la magnitud de M, es decir $|M|$, en base 2.

Número de bits	Rango de representación		
4	$[-2^3, 2^3 - 1]$	=	$[-8, 7]$
8	$[-2^7, 2^7 - 1]$	=	$[-128, 127]$
16	$[-2^{15}, 2^{15} - 1]$	=	$[-32\,768, 32\,767]$
32	$[-2^{31}, 2^{31} - 1]$	=	$[-2\,147\,483\,648, 2\,147\,483\,647]$

Tabla 1.5: Rangos de representación de números enteros en complemento a 2

2. Obtener el complemento a 1 de la representación anterior.
3. Sumar una unidad al resultado obtenido en el paso anterior.

Por ejemplo, para $n = 4$ bits, la codificación de los números -6 y -8 en complemento 2 utilizando este método se realiza de la siguiente forma:

$$-6 \rightarrow 6 = \texttt{0110b} \xrightarrow{\text{Compl. 1}} \texttt{1001b} + \texttt{1b} = \texttt{1010b}$$

$$-8 \rightarrow 8 = \texttt{1000b} \xrightarrow{\text{Compl. 1}} \texttt{0111b} + \texttt{1b} = \texttt{1000b}$$

Rango de representación

El mayor número entero positivo que se puede representar en complemento a 2 tiene el bit más significativo a cero, indicando que es positivo, y todos los bits restantes a uno, proporcionando la mayor magnitud. Esto es, el mayor positivo que se puede representar empleando n bits es $(2^{n-1} - 1)$.

El menor entero negativo que se puede representar en complemento a 2 tiene el bit más significativo a uno y los restantes a cero, esto es, se trata del número $-(2^n - 2^{n-1}) = -2^{n-1}$.

En resumen, empleando n bits el rango de representación es el siguiente:

$$[-2^{n-1}, 2^{n-1} - 1]$$

La tabla 1.5 muestra el rango de representación de los números enteros en complemento a 2 para algunas secuencias de bits de diferente longitud.

Operaciones aritméticas

La suma de números enteros representados en complemento a 2 emplea el mismo algoritmo que la suma de números naturales representados en base 2, lo que representa una ventaja con respecto a otros sistemas de codificación de enteros como signo-magnitud o exceso a Z.

La resta se realiza sumando al minuendo el sustraendo cambiado de signo, es decir, sumando en natural la representación del minuendo y el complemento a 2 de la representación del sustraendo. Por lo tanto, la resta de números enteros en complemento a 2 implica únicamente una simple transformación del sustraendo antes

$$\begin{array}{r} 2 \\ +3 \\ \hline 5 \end{array} \xrightarrow{\text{En compl. a 2}} \begin{array}{r} \overset{1}{}\ \ \ \\ 0\,0\,1\,0\,\text{b} \\ +\,0\,0\,1\,1\,\text{b} \\ \hline 0\,1\,0\,1\,\text{b} \end{array}$$

$$\begin{array}{r} 4 \\ -2 \\ \hline 2 \end{array} \longrightarrow \begin{array}{r} 4 \\ +\text{-}2 \\ \hline 2 \end{array} \xrightarrow{\text{En compl. a 2}} \begin{array}{r} \overset{1}{0}\,1\,0\,0\,\text{b} \\ +\,1\,1\,1\,0\,\text{b} \\ \hline \cancel{1}\,\underbrace{0\,0\,1\,0}_{2}\,\text{b} \end{array}$$

$$\begin{array}{r} 2 \\ -3 \\ \hline -1 \end{array} \longrightarrow \begin{array}{r} 2 \\ +\text{-}3 \\ \hline \text{-}1 \end{array} \xrightarrow{\text{En compl. a 2}} \begin{array}{r} 0\,0\,1\,0\,\text{b} \\ +\,1\,1\,0\,1\,\text{b} \\ \hline \underbrace{1\,1\,1\,1}_{-1}\,\text{b} \end{array}$$

Figura 1.6: Ejemplos de suma y resta en complemento a 2

de aplicar de nuevo el algoritmo de la suma de naturales. La figura 1.6 muestra un ejemplo de suma y resta en complemento a 2.

En el caso de la multiplicación y de la división se emplean algoritmos que son válidos también para los números naturales, lo que supone de nuevo una ventaja desde el punto de vista de la implementación.

Desbordamiento

Al igual que sucede con los números naturales, el resultado de la suma o la resta de números enteros puede estar fuera de rango cuando se utiliza un número de bits determinado. Si esto ocurre se dice que se ha producido desbordamiento y, por lo tanto, la representación del resultado no codifica el resultado correcto.

En el caso de la suma de números naturales el desbordamiento se detecta comprobando el valor del bit de acarreo. Sin embargo, en el caso de la suma de números enteros codificados en complemento a 2, el bit de acarreo no indica si se ha producido desbordamiento. Por ejemplo, siempre que se suman dos números positivos no hay acarreo (ya que el dígito más significativo de cada uno de ellos es 0). Sin embargo, el resultado puede estar fuera de rango, como sucede al sumar $5 + 4 = 9$, empleando 4 bits en complemento a 2, pues el rango de representación es $[-8, 7]$.

$$\begin{array}{r} 5 \\ +4 \\ \hline 9 \\ \text{Fuera de rango} \end{array} \xrightarrow{\text{En compl. a 2}} \begin{array}{r} \overset{1}{0}\,1\,0\,1\,\text{b} \\ +\,0\,1\,0\,0\,\text{b} \\ \hline \underbrace{1\,0\,0\,1}_{-7}\,\text{b} \end{array} \qquad \begin{array}{r} \text{Positivo} \\ +\ \text{Positivo} \\ \hline \text{Negativo} \end{array}$$

Por el contrario, cuando se suman dos números negativos codificados en complemento a 2 siempre se produce acarreo. Sin embargo, el resultado puede estar dentro de rango, como sucede al sumar $(-3) + (-1) = -4$, empleando 4 bits.

A_{n-1}	B_{n-1}	S_{n-1}	Desbordamiento
0	0	0	NO
0	0	1	SÍ
0	1	0	NO
0	1	1	NO
1	0	0	NO
1	0	1	NO
1	1	0	SÍ
1	1	1	NO

Tabla 1.6: Detección de desbordamiento en la suma en complemento a 2

$$\begin{array}{r} -3 \\ +\ -1 \\ \hline -4 \end{array} \quad \xrightarrow{\text{En compl. a 2}} \quad \begin{array}{r} {}^{1\,1\,1}\phantom{0\,\mathtt{b}} \\ 1\,1\,0\,1\ \mathtt{b} \\ +\ 1\,1\,1\,1\ \mathtt{b} \\ \hline \textcircled{1}\underbrace{1\,1\,0\,0}_{-4}\ \mathtt{b} \end{array}$$

Acarreo ($\textcircled{1}$)

Observando el primero de los dos ejemplos anteriores, se puede determinar que hay desbordamiento cuando la suma de dos números enteros positivos da un número entero negativo. De la misma forma, se puede determinar que hay desbordamiento cuando la suma de dos enteros negativos da un número entero positivo. La suma de un entero positivo y uno negativo nunca produce desbordamiento, pues la magnitud del resultado es siempre menor que el sumando positivo.

Por lo tanto, para detectar el desbordamiento en la suma $(A + B)$ de dos enteros en complemento a 2 se debe comprobar el signo de los operandos y del resultado. Es decir, se debe comprobar el valor del bit más significativo de los dos operandos y del resultado. La tabla 1.6 muestra los distintos casos que pueden aparecer en la suma de dos números enteros de n bits. A_{n-1}, B_{n-1} y S_{n-1} representan en la tabla el bit más significativo (es decir, el signo) del primer sumando, del segundo sumando y del resultado, respectivamente.

La detección de desbordamiento en la resta se puede deducir directamente de la detección de desbordamiento en la suma. La resta de un negativo es análoga a la suma del positivo de igual magnitud, mientras que la resta de un positivo es análoga a la suma del negativo de igual magnitud. La tabla 1.7 muestra los diferentes casos de desbordamiento en la resta. A_{n-1}, B_{n-1} y S_{n-1} representan en la tabla el bit más significativo del minuendo, del sustraendo y del resultado, respectivamente. En la tabla se observa que hay desbordamiento cuando se resta a un número positivo un número negativo y se obtiene un número negativo, y también cuando se resta a un número negativo un número positivo y se obtiene un número positivo.

En el caso de las operaciones aritméticas de multiplicación y división, la detección de desbordamiento depende de los algoritmos empleados, los cuales están fuera de los objetivos de este libro.

A_{n-1}	B_{n-1}	S_{n-1}	Desbordamiento
0	0	0	NO
0	0	1	NO
0	1	0	NO
0	1	1	SÍ
1	0	0	SÍ
1	0	1	NO
1	1	0	NO
1	1	1	NO

Tabla 1.7: Detección de desbordamiento en la resta en complemento a 2

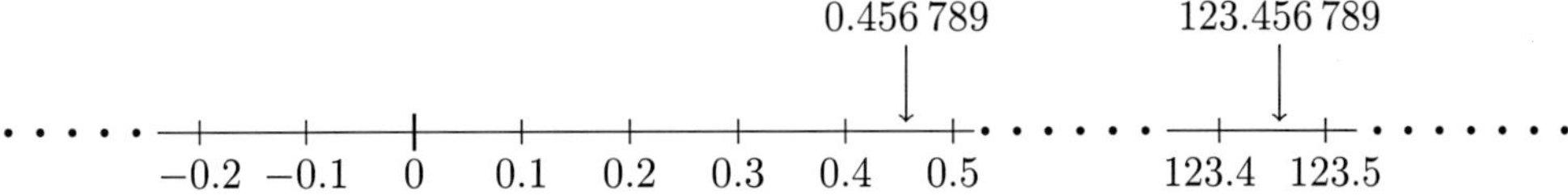

Figura 1.7: Ejemplos de reales que no tienen representación exacta

1.7. Números reales

Los números reales incluyen tanto los números enteros como los números con parte fraccionaria. Por ejemplo, el número 123.456 789 es un número real con parte fraccionaria no nula.

Dado un formato de representación de números enteros, todos los números que se encuentran dentro del rango de representación tienen asociada una secuencia de bits, es decir, todos los números que se encuentren dentro de dicho rango pueden ser representados. Sin embargo, en el caso de los números reales este hecho no es cierto, ya que en un rango cualquiera entre dos números reales existen infinitos números reales. Por lo tanto, con un número de bits finito no se pueden representar todos los números reales en un rango dado. En muchas ocasiones, para representar un número real R en binario se debe elegir un número real R' dentro del conjunto finito de números reales que se pueden representar. El proceso mediante el cual el número R se aproxima por el número R' se denomina **redondeo**. Dado que no se está representando el número que se pretendía, se está cometiendo un error. Este error es el valor absoluto de la diferencia entre R y R', y se denomina **error de redondeo**.

Por ejemplo, en un formato binario de representación de números reales en el que la distancia mínima entre cada número es 0.1, si se quiere representar el número real $R_1 = 123.456\,789$, los números reales más cercanos que se pueden representar son el 123.4 y el 123.5, tal como se muestra en la figura 1.7. En cualquier caso, para representar el número R_1 en este formato se cometerá un error de redondeo. Si se elige $R'_1 = 123.4$, el error de redondeo será $|R_1 - R'_1| = |123.456\,789 - 123.4| = 0.056\,789$. Se puede observar cómo el error de redondeo se calcula como el valor absoluto de la diferencia para asegurar que sea un valor positivo.

Tomando como ejemplo el formato de representación de números reales anterior, si se quiere representar el número real $R_2 = 0.456\,789$, los números reales más cercanos que se pueden representar son el 0.4 y el 0.5, como también se muestra en la figura 1.7. Si se representa como $R'_2 = 0.4$ se obtiene un error de redondeo $|R_2 - R'_2| = |0.456\,789 - 0.4| = 0.056\,789$, idéntico al anterior. Sin embargo, aunque aparentemente se comete el mismo error de redondeo con los números $123.456\,789$ y $0.456\,789$, el error no es igual de importante en ambos casos, pues el error de redondeo es relativamente más pequeño en el primer caso que en el segundo[12]. La importancia del error de redondeo es relativa a la magnitud del número a representar y se puede cuantificar mediante el **error de redondeo relativo** (ERR), que se calcula de la siguiente forma:

$$\text{ERR}(R_1) = \frac{|123.456789 - 123.4|}{|123.456789|} \approx 0.00046 \equiv 0.046\,\%$$
$$\text{ERR}(R_2) = \frac{|0.456789 - 0.4|}{|0.456789|} \approx 0.124 \equiv 12.4\,\%$$

Los errores de redondeo relativos son una característica muy importante a tener en cuenta a la hora de elegir el sistema de representación de números reales más apropiado.

La representación de números reales puede realizarse mediante formatos que se clasifican en los dos grupos siguientes:

- **Coma fija o punto fijo.** La representación de números reales en coma fija consiste en representar el número real como si se tratara de un número entero. Por ejemplo, en decimal, si se trata de representar el número $123.456\,789$ y se dispone de 4 dígitos para la parte entera y 3 dígitos para la parte fraccionaria, se podría representar como el número entero 0123456. En realidad lo que se está representando es el número de milésimas. Esta idea se puede trasladar directamente a binario y si, además se emplea complemento a 2, se pueden representar números reales con signo.

- **Coma flotante o punto flotante.** La representación de números reales en coma flotante se basa en representar cada número real R en base a cuatro números S, M, B y E de la forma $R = (-1)^S \times M \times B^E$, donde S representa el signo y puede valer 0 o 1; M es la mantisa, también llamada significando o coeficiente; B es la base de representación; y E es el exponente. Por ejemplo, en decimal, el número real R dados los enteros $S = 1$, $M = 1.234\,567\,89$, $B = 10$ y $E = 2$ sería $R = (-1)^1 \times 1.234\,567\,89 \times 10^2 = -123.456\,789$.

En la práctica, la representación de números reales se lleva a cabo empleando coma flotante.

[12]Se puede establecer una analogía con la edad de las personas. No es igual de significativa una diferencia de 30 días entre bebés que entre personas adultas.

1.7.1. Formato IEEE-754

El estándar para la aritmética de coma flotante más importante es el IEEE-754. Su importancia es debida a que muchos computadores tienen hardware específicamente diseñado para trabajar con él de manera eficiente. Este estándar, en su versión del año 2008, define tres formatos básicos para codificar números reales en binario:

- Precisión simple, que utiliza 32 bits, denominado *binary32*.
- Precisión doble, que utiliza 64 bits, denominado *binary64*.
- Precisión cuádruple, que utiliza 128 bits, denominado *binary128*.

Los dos primeros formatos de representación tienen un reflejo directo en los lenguajes de programación más populares siendo los formatos elegidos para representar los números reales. Así, por ejemplo, tanto en Java como en C/C++, el tipo **float** se codifica utilizando el formato de precisión simple (32 bits) de IEEE-754, y el tipo **double** utilizando el formato de presición doble (64 bits). Todo el análisis que se hace en este capítulo sobre la representación de números reales es directamente aplicable a los números reales cuando se trabaja en esos lenguajes de programación.

A continuación se estudia la representación de números reales en el formato de precisión simple, pues al trabajar con menos bits es más sencillo y todos los conceptos son extrapolables a las representaciones en precisión doble y cuádruple.

La representación de números reales en el formato IEEE-754 de precisión simple se basa en codificar cada número real empleando 32 bits. De ellos, 8 bits se utilizan para codificar el exponente en exceso a 127, por lo tanto, el rango de exponentes representable es $[-127, 128]$. Los 24 bits restantes se utilizan para codificar la parte fraccionaria de la mantisa en formato signo-magnitud, ordenados de la siguiente forma:

1 bit	8 bits	23 bits
Signo	Exponente	Parte fraccionaria de la mantisa

Para representar un número en este formato, la mantisa debe expresarse como una secuencia de bits $d_0, d_1 \ldots d_{23}$, donde la coma decimal separa los dígitos d_0 y d_1. El dígito d_0 se denomina **bit implícito** ya que no se incluirá entre los 32 bits del código, es decir, se codifica solo la parte fraccionaria de la mantisa.

El estándar IEEE-754 define, para cada formato básico, tres tipos de números. En el caso del formato de precisión simple los números se pueden clasificar como números normales o normalizados, números especiales o desnormalizados, y otros valores especiales. Los números desnormalizados se utilizan para representar valores muy pequeños. Los valores especiales representan casos como $+\infty$, $-\infty$ o NaN (*Not a Number*). Este último caso se utiliza para representar el resultado de operaciones que no dan números reales, como por ejemplo $\sqrt{-1}$.

En los números normales o normalizados el exponente se representa en exceso a Z, con Z$=$ 127, y la parte entera de la mantisa es siempre 1 (el bit d_0 vale 1). Para que un número sea normalizado el exponente debe encontrarse en el rango

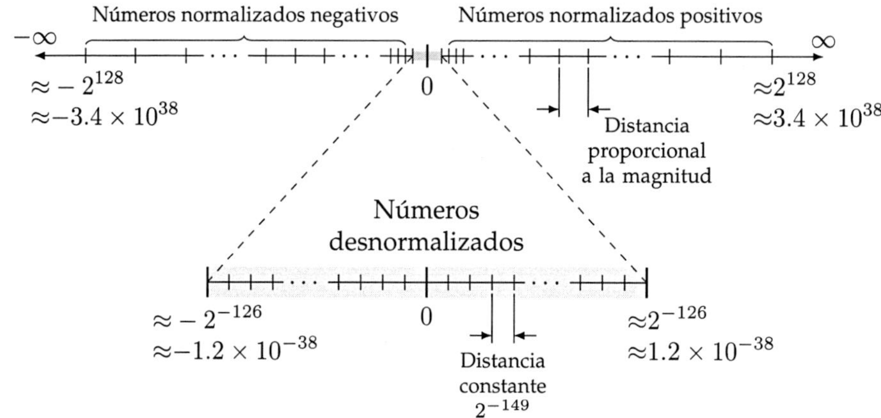

Figura 1.8: Números reales representables en IEEE-754 precisión simple

$[-126, 127]$, o lo que es lo mismo, la representación del exponente debe estar en el rango [`0000 0001b`, `1111 1110b`].

El tipo de números normales es el más común. De hecho, cubre la mayor parte de los números representables. Un número real R representado en este formato viene dado por la siguiente expresión:

$$R = (-1)^S \times 1.F \times 2^{E-127}$$

donde S representa el signo, F es la parte fraccionaria de la mantisa y E es el exponente. El bit de la parte entera del término $1.F$, como se ha dicho anteriormente, es implícito y no se representa. La figura 1.8 muestra la ubicación de los números normalizados sobre la recta de números reales. Los límites de representación se indican de forma aproximada en base 2 y en base 10. Como se puede observar, los números normalizados están separados una distancia proporcional a su magnitud.

Debido a que los números reales son infinitos siempre surgirá el problema del redondeo al tratar de representar un número sin representación exacta en el formato IEEE-754. El estándar establece que la representación puede llevarse a cabo usando varios métodos distintos para realizar el redondeo, aunque en este libro sólo se utilizará el más simple de ellos.

A continuación se muestran los pasos a seguir para la representación de un número real en el formato IEEE-754 de precisión simple usando como ejemplo el número $R = 10.8$.

1. Expresar la magnitud del número usando el sistema posicional en base 2. Por una parte, $10 =$ `1010b` y, por otra parte, $0.8 =$ $\texttt{0.}\widehat{\texttt{1100}}\texttt{b}$. De esta forma se obtiene $|R| = |10.8| =$ $\texttt{1010.}\widehat{\texttt{1100}}\texttt{b}$.

2. Expresar la magnitud del número en la forma $1.F \times 2^E$ y comprobar que el exponente se encuentra dentro del rango $[-126, 127]$. Para desplazar la coma a la izquierda se multiplica por 2 por cada posición que se quiera desplazar

(se divide por 2 cuando se quiere mover hacia la derecha). De esta forma se obtiene $|R|$ = `1010.1100b` = `1.0101100b`$\times 2^3$.

3. Expresar el exponente en exceso a 127 con 8 bits. De esta forma se obtiene $(E+127) = (3+127) = 130 =$ `1000 0010b`.

4. Redondear la parte fraccionaria de la mantisa, F, a la mantisa de 23 bits apropiada. El resultado depende del método de redondeo, en este caso se va a utilizar de denominado redondeo a cero que consiste en eliminar los bits que exceden de la capacidad de la mantisa.

Método de redondeo	Mantisa
Sin redondeo	0101 1001 1001 1001 1001 1001 100
Redondeo a cero	0101 1001 1001 1001 1001 100

5. Determinar el bit de signo. Dado que el número es positivo se obtiene $S = 0$.

6. Agrupar los bits de signo, mantisa y exponente para formar la representación. La representación del número $R = 10.8$ en formato IEEE-754 con precisión simple, en función del método de redondeo seleccionado, es la siguiente (para simplificar la representación se utiliza notación hexadecimal):

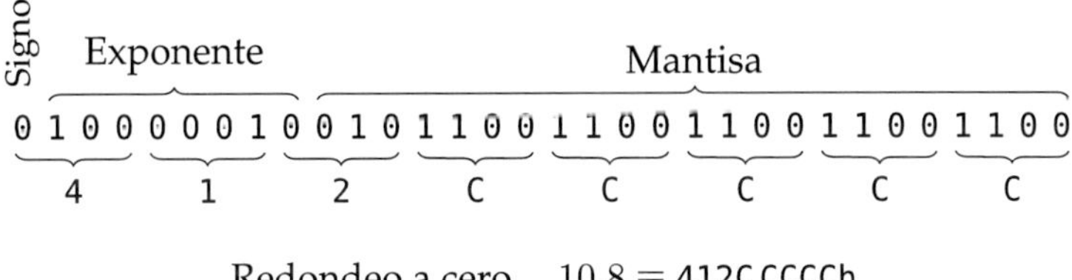

Redondeo a cero $10.8 \equiv$ `412C CCCCh`

Si en el segundo paso el exponente en base 2 resultara ser -127 o inferior, entonces debería representarse como un número desnormalizado. Esta representación no se va a estudiar.

Rango de representación

El rango de representación viene dado por el formato normalizado, pues los números desnormalizados representan números reales más pequeños en magnitud.

Por una parte, la mantisa más grande que se puede representar corresponde con el valor `1.111 1111 1111 1111 1111 1111b`. Para deducir el valor de este número, se puede observar que al sumarle `0.000 0000 0000 0000 0000 0001b`, es decir 2^{-23}, se obtiene `10b` $= 2.0$. Se deduce entonces, `1.111 1111 1111 1111 1111 1111b` $= (2 - 2^{-23})$. Por otra parte, el máximo exponente de un número normalizado es 127. Por lo tanto, el rango de representación de los números reales con precisión simple será el siguiente:

$$[-(2-2^{-23}) \times 2^{127}, (2-2^{-23}) \times 2^{127}] \approx [-3.4 \times 10^{38}, 3.4 \times 10^{38}]$$

Si tras llevar a cabo una operación entre números reales el resultado se encuentra fuera del rango anterior, este se representa por los valores especiales $+\infty$ o $-\infty$, dependiendo del signo. En este caso se dice que se ha producido *overflow*.

El número normalizado más pequeño en magnitud que se puede representar viene dado por la mantisa más pequeña, esto es $M = 1.0$, y el exponente normalizado más pequeño. Puesto que el exponente de los números normalizados se encuentra en el rango $[-126, 127]$, el número normalizado más pequeño en magnitud será: $2^{-126} \approx 1.18 \text{ x } 10^{-38}$.

Operaciones

Las operaciones con reales las realiza un dispositivo denominado unidad de coma flotante o FPU (*Floating Point Unit*).

La complejidad de las operaciones aritméticas con reales es mucho mayor que con enteros, especialmente en el caso de las operaciones de suma y resta. Además, es habitual realizar operaciones no aritméticas como potencias, logaritmos y funciones trigonométricas (seno, coseno, etc.). Por esta razón, las FPU son mucho más complejas que las ALU, empleadas para llevar a cabo operaciones con enteros.

Desbordamiento y precisión

El desbordamiento con coma flotante es poco habitual por el tamaño de los rangos de representación. La detección depende mucho de los algoritmos. Sin embargo, hay que prestar atención a los redondeos, pues tienen una gran influencia sobre la precisión de los resultados.

1.8. Caracteres

Los caracteres constituyen otro tipo de datos básico que es necesario representar en el computador. El conjunto de caracteres está formado por todos los símbolos que se emplean en la escritura de cualquier lengua conocida. Al igual que con los números, es necesaria una estandarización.

A continuación se estudia la evolución de los estándares de codificación de caracteres hasta la actualidad.

1.8.1. ASCII

El código ASCII (*American Standard Code for Information Interchange*) fue el primer estándar para la representación de caracteres en binario. Se trata de un formato de 7 bits que permite codificar $2^7 = 128$ caracteres diferentes. Por ejemplo, el carácter «A» se representa como la secuencia de 7 bits `100 0001b` $=$ `41h` $= 65$.

Los 128 códigos en el estándar ASCII se dividen en dos grupos:

- Del 0 al 31. Representan caracteres de control. Estos caracteres no son imprimibles.

- Del 32 al 127. Representan caracteres imprimibles. Entre ellos se encuentran los dígitos decimales, las letras mayúsculas, las letras minúsculas y los signos de puntuación.

Este código se ajusta únicamente al alfabeto anglosajón. Es incompleto para algunos idiomas, como por ejemplo el castellano, ya que no incluye caracteres como la «ñ», e inservible para otros, como las lenguas orientales.

Para tratar de paliar algunas limitaciones del código ASCII se añadió un bit más a la codificación, por lo que se extendió con 128 nuevos códigos. No obstante esta extensión no pertenece al estándar.

El código ASCII tiene una serie de propiedades, entre las que cabe destacar:

- El código de las letras mayúsculas y minúsculas se diferencia en un único bit, el bit 5. Este bit es 1 en las letras minúsculas y 0 en las mayúsculas. Por ejemplo, el código del carácter «A» es `0100 0001b` = `41h` = 65 y el del carácter «a» es `0110 0001b` = `61h` = 97.
- El código de todas las letras está ordenado alfabéticamente. Esto facilita la comparación de cadenas de caracteres para determinar si una cadena va alfabéticamente delante de otra. Por ejemplo, la cadena «gato» va delante de la cadena «pato», pues el código de la letra «g» es `67h`, menor que el código de la letra «p», `70h`.
- El valor numérico de los caracteres «0» a «9» se puede obtener directamente de su código. Este valor está representado en binario natural por los cuatro bits menos significativos de su representación. Por ejemplo, el código del carácter «7» es `0011 0111b`. Los cuatro bits menos significativos de su codificación proporcionan el valor numérico `0111b` = 7.

En general se puede afirmar que el código ASCII ha caído en desuso. Sin embargo, es la base de otros códigos más completos y modernos para la representación de caracteres como son ISO Latin y Unicode.

1.8.2. ISO 8859

La Organización Internacional de Estandarización (ISO) propuso en el estándar ISO 8859 diversas ampliaciones del código ASCII, mejor organizadas que el ASCII extendido. El objetivo era extender el código ASCII para incluir todos los caracteres de las lenguas derivadas del latín, aunque también se incluyeron algunas otras. Para ello se definen una serie de alfabetos como el de Europa Occidental, Europa Oriental, lenguas eslavas, griego, turco, etc. Cada uno de estos alfabetos se identifica con un número. Así por ejemplo, el alfabeto de Europa Occidental es el alfabeto ISO 8859-1 (que es frecuentemente llamado ISO Latin-1), el de Europa Oriental es el alfabeto ISO 8859-2 (ISO Latin-2), el de las lenguas eslavas el ISO 8859-5 (ISO Latin/Cyrillic), y el del griego el ISO 8859-7 (ISO Latin/Greek).

Cada alfabeto tiene asociado una codificación de 8 bits diferente. Los 128 códigos más bajos coinciden en todos los alfabetos con los códigos definidos por ASCII, por lo que heredan sus propiedades. Los códigos restantes son diferentes en cada alfabeto.

Los códigos ISO 8859 presentan varios inconvenientes:

	·0	·1	·2	·3	·4	·5	·6	·7	·8	·9	·A	·B	·C	·D	·E	·F
0·	— 0	— 1	— 2	— 3	— 4	— 5	— 6	— 7	— 8	— 9	— 10	— 11	— 12	— 13	— 14	— 15
1·	— 16	— 17	— 18	— 19	— 20	— 21	— 22	— 23	— 24	— 25	— 26	— 27	— 28	— 29	— 30	— 31
2·	32	! 33	" 34	# 35	$ 36	% 37	& 38	' 39	(40	) 41	* 42	+ 43	, 44	- 45	. 46	/ 47
3·	0 48	1 49	2 50	3 51	4 52	5 53	6 54	7 55	8 56	9 57	: 58	; 59	< 60	= 61	> 62	? 63
4·	@ 64	A 65	B 66	C 67	D 68	E 69	F 70	G 71	H 72	I 73	J 74	K 75	L 76	M 77	N 78	O 79
5·	P 80	Q 81	R 82	S 83	T 84	U 85	V 86	W 87	X 88	Y 89	Z 90	[91	\ 92	] 93	^ 94	_ 95
6·	‘ 96	a 97	b 98	c 99	d 100	e 101	f 102	g 103	h 104	i 105	j 106	k 107	l 108	m 109	n 110	o 111
7·	p 112	q 113	r 114	s 115	t 116	u 117	v 118	w 119	x 120	y 121	z 122	{ 123	| 124	} 125	~ 126	— 127
8·	— 128	— 129	— 130	— 131	— 132	— 133	— 134	— 135	— 136	— 137	— 138	— 139	— 140	— 141	— 142	— 143
9·	— 144	— 145	— 146	— 147	— 148	— 149	— 150	— 151	— 152	— 153	— 154	— 155	— 156	— 157	— 158	— 159
A·	160	¡ 161	¢ 162	£ 163	164	¥ 165	Š 166	§ 167	š 168	© 169	ª 170	« 171	¬ 172	173	® 174	¯ 175
B·	° 176	± 177	² 178	³ 179	Ž 180	µ 181	¶ 182	· 183	ž 184	¹ 185	º 186	» 187	Œ 188	œ 189	Ÿ 190	¿ 191
C·	À 192	Á 193	Â 194	Ã 195	Ä 196	Å 197	Æ 198	Ç 199	È 200	É 201	Ê 202	Ë 203	Ì 204	Í 205	Î 206	Ï 207
D·	Ð 208	Ñ 209	Ò 210	Ó 211	Ô 212	Õ 213	Ö 214	× 215	Ø 216	Ù 217	Ú 218	Û 219	Ü 220	Ý 221	Þ 222	ß 223
E·	à 224	á 225	â 226	ã 227	ä 228	å 229	æ 230	ç 231	è 232	é 233	ê 234	ë 235	ì 236	í 237	î 238	ï 239
F·	ð 240	ñ 241	ò 242	ó 243	ô 244	õ 245	ö 246	÷ 247	ø 248	ù 249	ú 250	û 251	ü 252	ý 253	þ 254	ÿ 255

Figura 1.9: Tabla con los códigos ISO 8859-15 (ISO Latin-9)

- No contienen caracteres de muchas lenguas, como pueden ser el malayo, sirio, dialectos chinos, etc.
- Un mismo carácter puede tener diferentes codificaciones en diferentes alfabetos.

La figura 1.9 muestra los códigos ISO 8859-15 (ISO Latin-9), una revisión de ISO Latin-1 que elimina símbolos poco utilizados e incluye otros nuevos como por ejemplo «€».

Como se puede deducir de la figura, los caracteres acentuados que aparecen en los 128 códigos más altos siguen cumpliendo la propiedad de que las mayúsculas y minúsculas se diferencian únicamente en el valor del bit 5. No obstante, las propiedades de los códigos ISO Latin-1 e ISO Latin-9 deben emplearse con cautela, pues en general no son extensibles a otros alfabetos ISO Latin o a otros estándares más modernos como Unicode.

1.8.3. Unicode

Unicode es un estándar universal para la representación de caracteres. Su filosofía es que cada carácter tenga asignado un único código y que incluya todos los caracteres de todas las lenguas. En la actualidad, Unicode representa más de 100 000 caracteres diferentes y presenta las siguientes características generales:

- Asigna un número único y diferente a cada carácter.
- Los códigos se organizan en bloques, correspondientes a alfabetos.
- Es compatible con los códigos ISO Latin 1, es decir, asigna el mismo número a los mismos caracteres de Europa Occidental.

Unicode proporciona para cada carácter un código único, una descripción general y una grafía sugerida del mismo, junto con algunas propiedades más, pero no define su codificación como una secuencia de bits. Por ejemplo, no establece cuántos bytes deben usarse para codificar cada número o cómo deben ordenarse en el caso de emplear varios bytes para la codificación. Unicode garantiza que dos aplicaciones que intercambian un determinado código reconozcan el código aunque ambas lo puedan representar de manera ligeramente distinta.[13] Los códigos Unicode se representan con el prefijo U+ seguido del valor del código en hexadecimal (si no tiene al menos 4 digitos hexadecimales se rellena con ceros a la izquierda). Por ejemplo, el código de la 'A' es U+0041 y el del símbolo $\surd$ es U+221A.

Para establecer cómo se deben codificar como secuencias de bits los códigos Unicode se definen nuevos estándares. En la actualidad los estándares para la representación de códigos Unicode más empleados son UTF-8 y UTF-16.

- **UTF-8** . La idea fundamental detrás de la codificación UTF-8 es que la unidad de codificación es el byte. Para codificar los primeros códigos Unicode (ASCII) solo se necesita un byte pero según se avanza en Unicode, UTF-8 va añadiendo bytes de uno en uno según sea necesario. La codificación de un carácter Unicode con UTF-8 puede ocupar desde uno hasta cuatro bytes. La codificación UTF-8 es la más extendida (y recomendada por el W3C) para las páginas HTML y es la codificación por defecto utilizada en el sistema operativo Linux. Una desventaja es que para algunos sistemas de escritura, como por ejemplo muchos asiáticos, utiliza tres bytes por carácter, uno más que UTF-16.

[13] Un ejemplo típico son los *emojis* de las aplicaciones de mensajería de los dispositivos móviles: es el mismo icono aunque una aplicación lo pueda dibujar de manera distinta.

- **UTF-16** . La unidad mínima de codificación en UTF-16 son 16 bits (2 bytes). En el caso, muy infrecuente, de necesitar más bits para codificar los caracteres Unicode, UTF-16 añade otros 16 bits totalizando un total de 4 bytes como tamaño máximo de una codificación UTF-16. A diferencia de UTF-8, los códigos correspondientes al conjunto ASCII necesitan de 2 bytes para ser codificados en UTF-16. Otro problema que aparece en la codificación UTF-16 es la ordenación de los bytes, ya que al necesitar al menos 2 bytes para codificar un caracter surgen dos posibles ordenaciones de los mismos, UTF-16LE y UTF-16BE. «LE» es la abreviatura de «little endian» y significa que los datos se organizan en memoria de modo que el byte menos significativo se sitúa en la posición de memoria más baja, y así ordenadamente hasta el byte más significativo, que se sitúa en la posición más alta; «BE» significa «big endian» y es el criterio complementario. Una variante simplificada de la codificación UTF-16 es utilizada en los lenguajes de programación Java y C# como codificación por defecto de los caracteres.

En la siguiente tabla se muestran unos ejemplos de la codificación de caracteres Unicode con UTF-8, UTF-16BE y UTF-16LE:

Carácter	Código Unicode	UTF-8	UTF-16BE	UTF-16LE
A	U+0041	41	00 41	41 00
√	U+221A	E2 88 9A	22 1A	1A 22
𝄞	U+1D11E	F0 9D 84 9E	D8 34 DD 1E	34 D8 1E DD

El problema en la representación de caracteres a día de hoy es que se emplean diferentes estándares de representación, por lo que pueden aparecer problemas de compatibilidad entre diferentes familias de computadores, entre diferentes aplicaciones o incluso entre diferentes configuraciones de la misma aplicación.

Capítulo 2

Sistemas digitales

En el capítulo anterior se ha estudiado cómo representar la información digital mediante códigos binarios. Este capítulo está dedicado al estudio de los sistemas digitales, cuyo objetivo es procesar, transformar y almacenar la información digital.

2.1. Concepto de sistema digital

Desde un punto de vista abstracto, los sistemas digitales son sistemas que reciben como entrada un patrón de n bits, $E_0, E_1, \ldots, E_{n-1}$, y generan como salida un patrón de m bits, $S_0, S_1, \ldots, S_{m-1}$, tal como se representa de manera esquematizada en la figura 2.1.

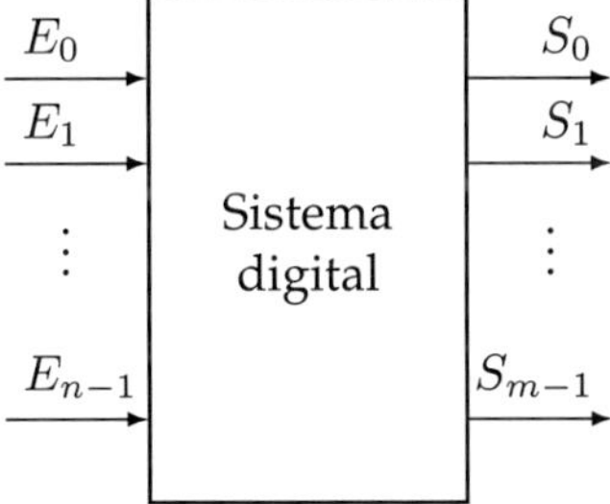

Figura 2.1: Entradas y salidas de un sistema digital

Los sistemas digitales se pueden clasificar en dos grandes grupos:

- **Sistemas digitales combinacionales.** El patrón de bits a la salida de un sistema digital combinacional en un instante dado es función única y exclusivamente del patrón de bits a su entrada en el mismo instante. Por lo tanto, para el mismo patrón de bits de entrada se obtiene siempre el mismo patrón de bits de salida. Los sistemas digitales combinacionales son los que se encargan de realizar las operaciones aritméticas y lógicas dentro del computador.

- **Sistemas digitales secuenciales.** El patrón de bits a la salida de un sistema digital secuencial en un instante dado depende no solo del patrón de bits de entrada en ese instante, sino también de su estado interno. Debido a esto se dice que los sistemas digitales secuenciales tienen capacidad de memorizar. Los sistemas digitales secuenciales se emplean para realizar las operaciones de almacenamiento y movimiento de información digital del computador.

A continuación, se estudiará de manera detallada cada uno de estos grupos de sistemas digitales.

2.2. Sistemas digitales combinacionales

En un sistema digital combinacional, el patrón de bits a la salida en un instante dado es función única y exclusivamente del patrón de bits a la entrada en ese mismo instante. Esta relación entre entradas y salidas se puede representar matemáticamente de la siguiente forma:

$$S_j = f_j(E_0, E_1, \ldots, E_{n-1}); \quad j = 0, 1, \ldots, m-1$$

La figura 2.2 muestra una representación de este tipo de sistemas.

2.2.1. Descripción de los sistemas digitales combinacionales

La descripción de un sistema digital combinacional establece el patrón de bits de salida para cada patrón de bits de entrada. Hay dos formas básicas de describir un sistema digital combinacional: mediante una **función lógica** y mediante una **tabla de verdad**.

La función lógica de un sistema digital combinacional es la representación matemática de cada una de las funciones que expresan el valor de cada salida del sistema en un instante dado a partir de los valores de las entradas:

$$f_j(E_0, E_1, \ldots, E_{n-1}); \quad j = 0, 1, \ldots, m-1$$

En estas funciones los operandos son los bits del patrón de entrada, esto es, $E_0, E_1, \ldots, E_{n-1}$. Los operadores son los operadores lógicos, que operan sobre bits,

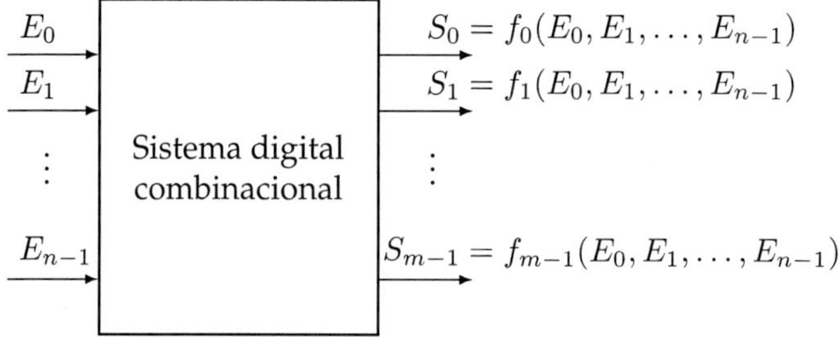

Figura 2.2: Sistema digital combinacional

tal como se ha estudiado en el capítulo anterior. A continuación, se muestra un ejemplo de representación de un sistema digital combinacional de tres entradas y una única salida mediante su función lógica:

$$S = f(E_0, E_1, E_2) = E_0 + E_1 \cdot \overline{E_2}$$

A partir de la función lógica se puede conocer el valor de las salidas para cualquier combinación de bits de entrada.

Un detalle importante a tener en cuenta es que la función lógica asociada a un sistema digital combinacional no es única. Por ejemplo, la función lógica siguiente, S', representa el mismo sistema combinacional que la función lógica S, dado que ambas generan la misma salida para la misma combinación de entradas. De hecho, simplificando la función lógica S' se obtiene la función S.

$$S' = f'(E_0, E_1, E_2) = E_0 \cdot (E_1 + \overline{E_1}) + E_1 \cdot \overline{E_2}$$

Otra forma de representar los sistemas digitales combinacionales es el empleo de la tabla de verdad. La tabla de verdad tiene tantas columnas como entradas y salidas tiene en total el sistema. En cada fila se tiene una combinación de entradas diferente y las salidas para esa combinación de entradas. Si el sistema tiene n entradas, el número de filas es 2^n, todas las combinaciones posibles con n bits. Por ejemplo, la tabla de verdad asociada al sistema combinacional de función lógica $S = E_0 + E_1 \cdot \overline{E_2}$ es la siguiente:

E_2	E_1	E_0	S
0	0	0	0
0	0	1	1
0	1	0	1
0	1	1	1
1	0	0	0
1	0	1	1
1	1	0	0
1	1	1	1

La tabla de verdad asociada a un sistema combinacional es única, al contrario de lo que sucede con la función lógica.

El paso de la función lógica a la tabla de verdad es directo. Este paso se ha llevado a cabo en la obtención de la tabla de verdad anterior, calculando el estado lógico de la salida para cada una de las combinaciones de las entradas y escribiendo cada una en una fila de la tabla. El paso de la tabla de verdad a la función lógica no es tan directo, pues requiere una serie de tareas. Además, es necesario definir el concepto de *minterm*. En una función lógica, un *minterm* es un producto lógico en el que aparecen todas las entradas del sistema digital, bien en estado natural o negado. Por tanto, cada una de las filas de una tabla de verdad representa un *minterm*, y suelen identificarse desde el *minterm* 0, m_0, hasta el *minterm* $n-1$, m_{n-1}. A modo de ejemplo, para convertir la tabla de verdad anterior a una función lógica deben llevarse a cabo los siguientes pasos:

1. Buscar las combinaciones de entradas (filas en la tabla de verdad) que producen un 1 en la salida. Empezando a numerar las filas por la 0, en la tabla de verdad dada producen un 1 las filas 1, 2, 3, 5 y 7.

2. Obtener el *minterm* asociado a cada una de las filas que produce un 1 en la salida. En el ejemplo, los *minterms* son los siguientes:
   $$m_1 = \overline{E_2} \cdot \overline{E_1} \cdot E_0$$
   $$m_2 = \overline{E_2} \cdot E_1 \cdot \overline{E_0}$$
   $$m_3 = \overline{E_2} \cdot E_1 \cdot E_0$$
   $$m_5 = E_2 \cdot \overline{E_1} \cdot E_0$$
   $$m_7 = E_2 \cdot E_1 \cdot E_0$$
   Se puede observar cómo cada *minterm* es un producto en el que participan todas las entradas; una entrada aparece negada si en la fila correspondiente tiene el valor 0 y no negada si tiene el valor 1.

3. La salida es igual a la suma lógica de todos los *minterms*, de la siguiente forma:
   $$S = m_1 + m_2 + m_3 + m_5 + m_7$$
   $$= \overline{E_2} \cdot \overline{E_1} \cdot E_0 + \overline{E_2} \cdot E_1 \cdot \overline{E_0} + \overline{E_2} \cdot E_1 \cdot E_0 + E_2 \cdot \overline{E_1} \cdot E_0 + E_2 \cdot E_1 \cdot E_0$$

4. Simplificar la función lógica si es posible. Este paso no se llevará a cabo ya que la simplificación de funciones lógicas no forma parte de los objetivos de este libro.

La función lógica obtenida al final del tercer paso es perfectamente válida y, como se puede comprobar, no coincide con ninguna de las proporcionadas anteriormente para el sistema combinacional descrito. Esto confirma de nuevo que un mismo sistema digital combinacional puede describirse empleando diferentes funciones lógicas.

2.2.2. Puertas lógicas

Las puertas lógicas son los sistemas combinacionales más simples y se emplean para construir sistemas combinacionales más complejos. A continuación se enumeran las puertas lógicas más importantes, se muestra el símbolo utilizado para su representación en esquemas de sistemas digitales y la función lógica que las describe.

- Puerta NOT, también denominada inversor:

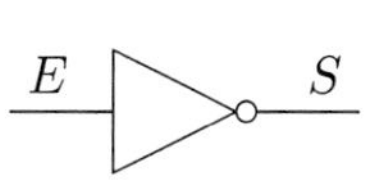

E — S $\qquad S = \overline{E}$

- Puerta OR:

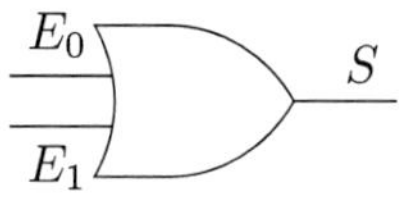

E_0, E_1 — S $\qquad S = E_0 + E_1$

- Puerta AND:

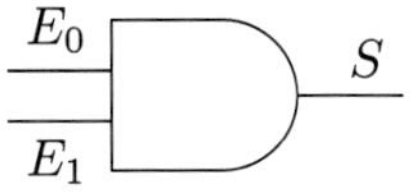

$$S = E_0 \cdot E_1$$

- Puerta NOR:

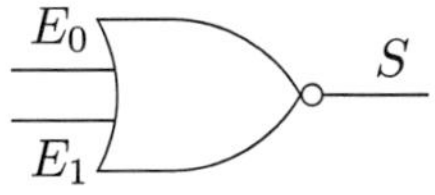

$$S = \overline{E_0 + E_1} = \overline{E_0} \cdot \overline{E_1}$$

- Puerta NAND:

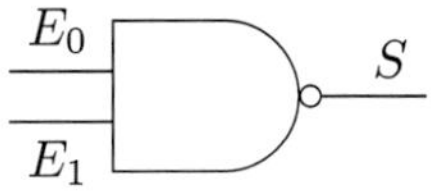

$$S = \overline{E_0 \cdot E_1} = \overline{E_0} + \overline{E_1}$$

- Puerta XOR:

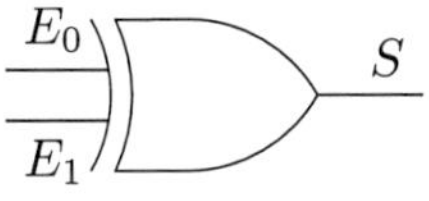

$$S = E_0 \oplus E_1 = \overline{E_0} \cdot E_1 + E_0 \cdot \overline{E_1}$$

En las representaciones anteriores se puede observar cómo se utiliza el símbolo « ∘ » a la salida de las puertas NOR y NAND para indicar una negación de la salida con respecto a las puertas OR y AND, respectivamente. En los esquemas de sistemas digitales, el símbolo « ∘ » es la forma simplificada de representar una puerta NOT.

Se denomina proceso de síntesis de un sistema digital a la tarea de construir un sistema digital complejo a partir de sistemas digitales más simples, como por ejemplo puertas lógicas. A continuación se muestran algunos ejemplos de sistemas construidos a partir de puertas lógicas, y en un caso simple se demostrará el proceso de síntesis.

2.2.3. Sumador de 1 bit

Un sumador de 1 bit es un circuito que recibe como entrada dos números de 1 bit y produce como salida el resultado de la suma con 1 bit y el valor del acarreo.

Para realizar la síntesis de este circuito a partir de puertas lógicas habría que seguir los tres pasos que se describen a continuación:

1. Determinar las entradas y salidas del circuito. En este caso hay dos entradas: los dos bits que se pretenden sumar (A y B), y dos salidas: el resultado de la suma y el acarreo (S y C).

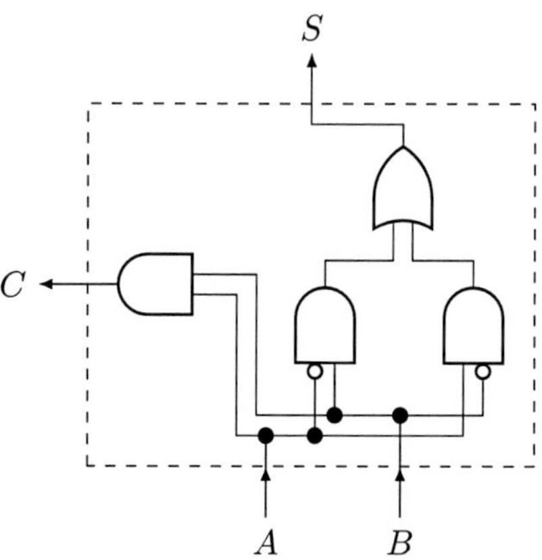

Figura 2.3: Sumador de 1 bit con acarreo

2. Determinar las ecuaciones booleanas que expresan cada salida en función de las entradas. Para determinar las ecuaciones es conveniente empezar realizando la tabla de verdad, donde habría que determinar el valor de cada salida para cada combinación de entradas:

A	B	S	C
0	0	0	0
0	1	1	0
1	0	1	0
1	1	0	1

La tabla de verdad se rellena a partir del funcionamiento del circuito, en este caso realizando la suma y determinando cuándo hay acarreo.

A partir de la tabla de verdad se obtienen las funciones booleanas como suma de *minterm*, tal y como se explicó en el apartado anterior:

$S = \overline{A} \cdot B + A \cdot \overline{B}$
$C = A \cdot B$

3. Construir mediante puertas lógicas el circuito que cumple las ecuaciones booleanas. Se utilizarán las puertas lógicas que implementen la operación lógica necesario en cada caso. En el caso del sumador el resultado sería el que se muestra en la figura 2.3. Este circuito se podria simplificar, ya que la salida S se podría calcular con una puerta XOR.

En este ejemplo mínimo se ha demostrado como se sintetiza un circuito a partir de puertas lógicas. Cualquier otro circuito combinacional se podría construir utilizando ese mismo procedimiento.

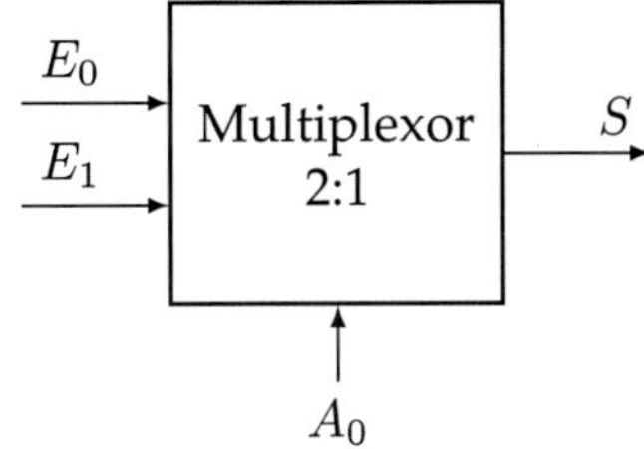

Figura 2.4: Entradas y salidas de un multiplexor de dos canales de entrada

2.2.4. Multiplexor

Un multiplexor es un sistema digital combinacional que lleva a su salida el estado lógico de una de sus entradas, $E_0, E_1 \ldots, E_{m-1}$, denominadas canales de entrada, en función del estado de otras de sus entradas $A_0, A_1, \ldots, A_{n-1}$, denominadas canales de selección, es decir, los canales de selección se utilizan para seleccionar cuál de los $m = 2^n$ canales de entrada envía su estado a la salida. El patrón de bits definido por las líneas de selección indica el índice del canal de entrada que se lleva a la salida. La figura 2.4 muestra un multiplexor de dos canales de entrada. Dependiendo del valor de A_0 se lleva una de las entradas E_0 o E_1 a la salida. El comportamiento de este circuito multiplexor se puede representar por la tabla de verdad siguiente:

A_0	S
0	E_0
1	E_1

La síntesis de este circuito se podría realizar siguiendo el procedimiento descrito para el sumador de 1 bit.

2.2.5. Sumador de n bits

Un sumador de n bits es un sistema digital combinacional encargado realizar la operación de suma aritmética de dos números de n bits. En el caso de un sumador en binario natural, los números con los que opera están representados usando el sistema posicional en base 2. Como se ha estudiado en el capítulo anterior, la suma de números enteros representados en complemento a 2 utiliza el mismo algoritmo que la suma de números naturales representados en base 2. Por lo tanto, el mismo sumador puede utilizarse para sumar números naturales y números enteros.

La figura 2.5 muestra un ejemplo de suma de dos números binarios de 4 bits. Se debe tener en cuenta que la suma se hace columna a columna, es decir, sumando de cada vez los bits del mismo peso. En la columna i-ésima se calculan dos valores: el bit de suma, S_i, y el bit de acarreo para la siguiente columna, C_i. El cálculo se hace a partir de los bits a sumar, A_i y B_i, y del acarreo proveniente de la suma de la columna anterior, C_{i-1}. En el caso de la primera columna, $i = 0$, el bit de acarreo, C_{in}, es 0.

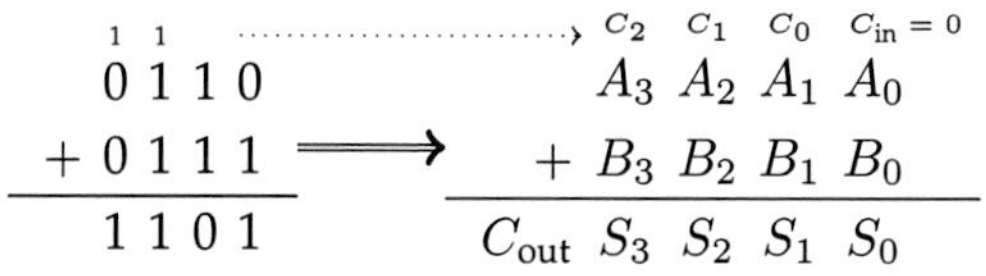

1 1
0 1 1 0
+ 0 1 1 1
1 1 0 1
C2 C1 C0 Cin = 0
A3 A2 A1 A0
+ B3 B2 B1 B0
Cout S3 S2 S1 S0

Figura 2.5: Ejemplo de suma de dos números binarios

Si
Ci
SUM1C
Ci−1
Ai
Bi

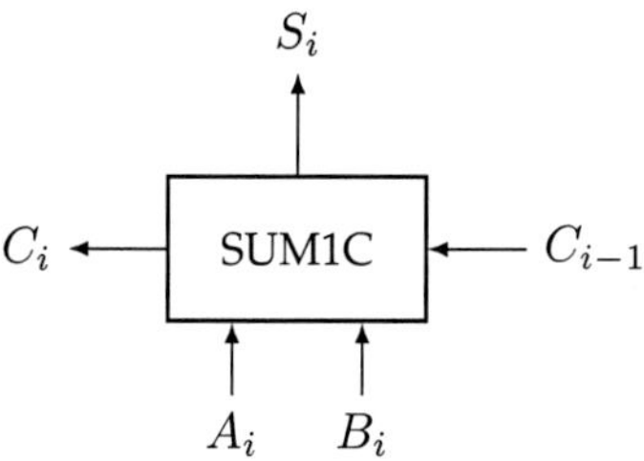

Figura 2.6: Sumador de 1 bit

Para construir un sumador de n bits se construye primero un sumador de 1 bit con acarreo, que se encarga de hacer la suma de una columna. El sumador de 1 bit con acarreo recibe como entradas A_i, B_i y C_{i-1}, y genera las salidas S_i y C_i. Su síntesis se podría realizar siguiendo el procedimiento descrito para el sumador de 1 bit. El sumador de 1 bit con acarreo difiere del sumador de 1 visto de forma previa, ya que en este caso se recibe una entrada adicional: el bit de acarreo de la operación previa. La interfaz del sumador de 1 bit con acarreo se muestra en la figura 2.6.

Una vez que se tiene implementado el sumador de 1 bit con acarreo, se puede aprovechar este circuito para implementar un sumador de n bits. La figura 2.7 muestra la combinación de cuatro sumadores de 1 bit con acarreo para construir un sumador de 4 bits. Se puede observar cómo la salida de acarreo del sumador i-ésimo se conecta a la entrada de acarreo del sumador $i + 1$. Si la entrada de acarreo del sumador de la derecha se pone a 0 se lleva a cabo la suma $(A + B)$ de la forma habitual, mientras que si se pone a 1 se realiza la operación $(A + B + 1)$.

La síntesis de un sumador de n bits no sigue el mismo procedimiento general de otros circuitos. La razón es que resulta mucho más sencillo diseñar el sumador n bits

S3
S2
S1
S0
Cout
C3
SUM1C
C2
SUM1C
C1
SUM1C
C0
SUM1C
Cin
A3 B3
A2 B2
A1 B1
A0 B0

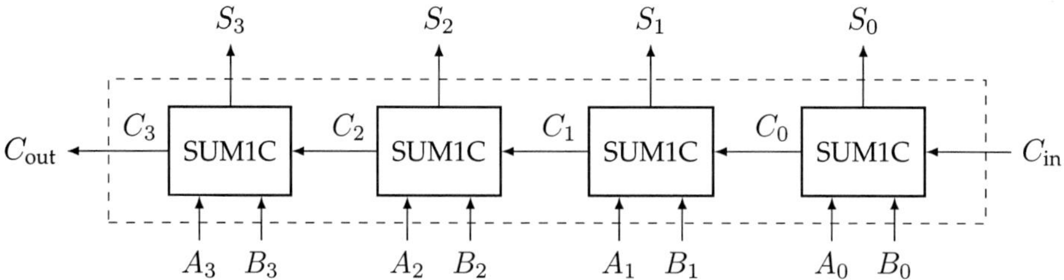

Figura 2.7: Construcción de un sumador a partir de sumadores elementales

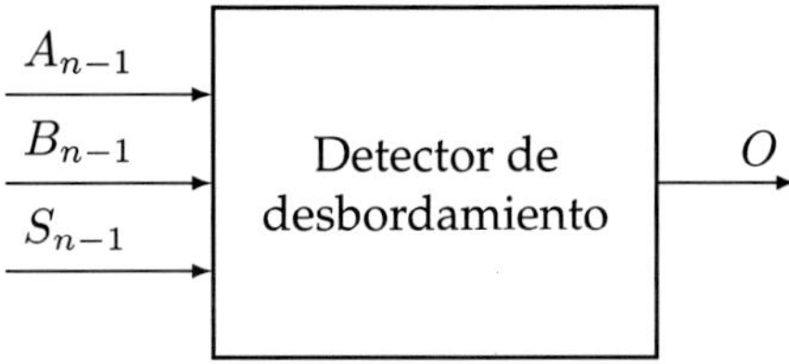

Figura 2.8: Entradas y salidas del detector de desbordamiento de la suma

a partir de circuitos ya prediseñados como es el sumador de 1 bit con acarreo. Este mecanismo de síntesis tiende a ser utilizado cuando los circuitos son más complejos.

2.2.6. Detector de desbordamiento

El detector de desbordamiento es un sistema digital combinacional que permite detectar el desbordamiento en la suma de números enteros representados en complemento a 2 y que, por lo tanto, está asociado a un sumador.

Es un sistema digital combinacional que dispone de una única salida que se pone a 1 cuando se produce desbordamiento en la suma de dos números enteros expresados en complemento a 2. Asimismo, dispone de tres entradas: el bit de signo del sumando A, A_{n-1}, el bit de signo del sumando B, B_{n-1}, y el bit de signo del resultado S, S_{n-1}. La salida[1], denominada O, toma el valor 1 cuando se produce desbordamiento. El desbordamiento se detecta como una incoherencia entre el signo de los sumandos y el del resultado, siguiendo la tabla 1.6 mostrada en la página 22. La figura 2.8 muestra las entradas y salidas del detector de desbordamiento.

2.2.7. Unidad aritmético-lógica

La unidad aritmético-lógica, ALU (*Arithmetic Logic Unit*), es un sistema digital combinacional que permite realizar operaciones aritméticas y lógicas. Dependiendo del tamaño de sus operandos se pueden encontrar ALU de 8 bits, 16 bits, etc.

Generalmente la ALU es capaz de generar las siguientes operaciones:

- AND, OR y XOR, sobre dos operandos.
- Suma de dos números naturales, expresados en binario natural.
- Resta de dos números naturales, expresados en binario natural.
- Suma de dos números enteros, expresados en complemento a 2.
- Resta de dos números enteros, expresados en complemento a 2.

Además, la ALU genera bits de estado, que definen características del resultado obtenido en función de la operación realizada. Típicamente, se suelen generar los siguientes bits:

[1] Se ha elegido el identificador O para la salida del detector de desbordamiento para hacer referencia a *overflow*, el término comúnmente utilizado para referirse al desbordamiento.

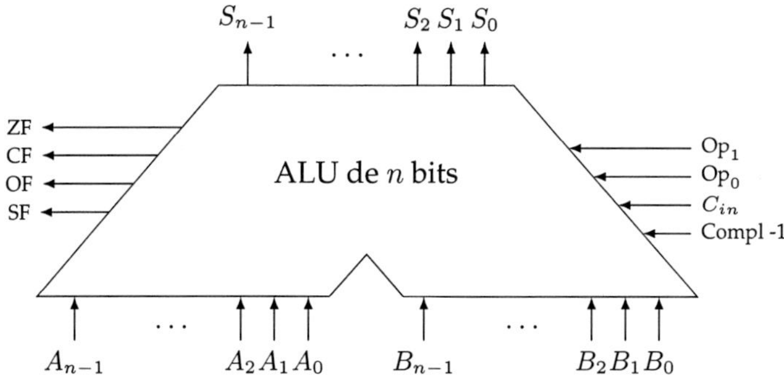

Figura 2.9: Unidad aritmético-lógica (ALU)

- Bit de cero, ZF (*Zero Flag*). Se pone a 1 cuando el resultado de la operación es 0.
- Bit de acarreo, CF (*Carry Flag*). Se pone a 1 cuando se produce desbordamiento en una operación de suma o de resta de números naturales. Durante la suma se activará si el resultado es mayor que el máximo número representable con el número de bits con el que se está trabajando. También se pone a uno cuando se lleva a cabo una operación de resta de naturales y el sustraendo es mayor que el minuendo.
- Bit de desbordamiento, OF (*Overflow Flag*). Se pone a 1 cuando se produce desbordamiento en una operación de suma o de resta de números enteros.
- Bit de signo, SF (*Sign Flag*). Se pone a 1 cuando el resultado de la operación, interpretado como un número entero, es negativo.

La interfaz de una ALU de n bits se muestra en la figura 2.9. Las entradas de la ALU se corresponden con los bits de los operandos y los bits de control que indican la operación a realizar (OP_1, OP_0, C_{in} y $Compl$-1). Como salidas aparece el resultado de la operación y los bits de estado.

La ALU dispone de una línea de entrada denominada $Compl$-1, que permite llevar a cabo el complemento a 1 del operando B, o lo que es lo mismo su inversión. La línea de entrada C_{in} permite indicar el valor del acarreo de entrada a la operación. Cuando ambas líneas de control están activas se consigue realizar complemento a 2 del operando B ya que, tal y como se ha descrito en el capítulo anterior, para obtener el complemento a 2 del operando B se puede realizar la operación $Compl\text{-}2(B) = \overline{B} + 1$.

La operación de resta de números naturales o números enteros se lleva a cabo sumando al minuendo el complemento a 2 del sustraendo. Por tanto, una resta puede ser realizada como una suma del operando A más el complemento a 2 del operando B. Será necesario en ese caso activar tanto $Compl$-1 como C_{in}, y seleccionar la operación de suma en las líneas OP_0 y OP_1.

La tabla 2.1 muestra las combinaciones necesarias para llevar a cabo todas las operaciones posibles.

	Líneas de selección			
Operación	OP_1	OP_0	C_{in}	$Compl$-1
AND	0	0	0	0
OR	0	1	0	0
XOR	1	0	0	0
SUMA	1	1	0	0
RESTA	1	1	1	1

Tabla 2.1: Selección de operación en la ALU

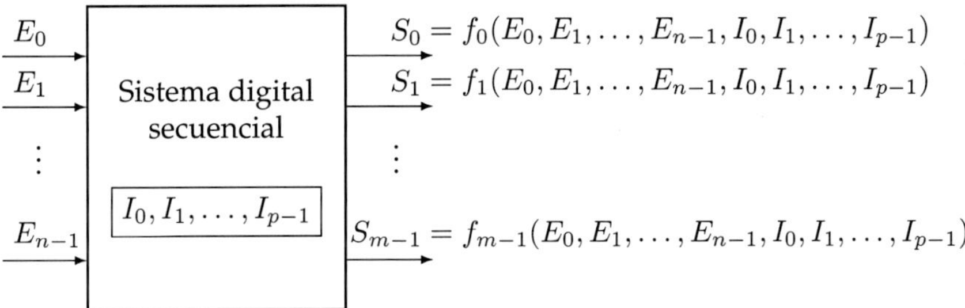

Figura 2.10: Entradas, salidas y estado de un sistema digital secuencial

La síntesis de la ALU, al igual que ocurría con el sumador de n bits, no se suele realizar de forma directa con el procedimiento general. Habitualmente se diseña primero una ALU de 1 bit. Luego se concatenan n ALU de 1 bit, y finalmente se añade un circuito que para a generación de los bits de estado.

2.3. Sistemas digitales secuenciales

El almacenamiento y movimiento de la información digital dentro del computador lo llevan a cabo los sistemas digitales secuenciales. Los sistemas digitales secuenciales son sistemas digitales en los que el patrón de bits a la salida en un instante dado depende no solo del patrón de bits de entrada en ese instante, sino también del estado del sistema en el mismo instante. La figura 2.10 muestra un sistema digital secuencial genérico, con sus entradas, salidas y bits de estado. El estado del sistema viene dado por el patrón de bits $I_0, I_1, \ldots, I_{p-1}$, por lo que puede encontrarse en 2^p estados diferentes.

Matemáticamente, un sistema digital secuencial se puede definir mediante las siguientes ecuaciones:

$$S_j = f_j(E_0, E_1, \ldots, E_{n-1}, I_0, I_1, \ldots, I_{p-1}); \quad j = 0, \ldots, m-1$$
$$I_k = g_k(E_0, E_1, \ldots, E_{n-1}, I_0, I_1, \ldots, I_{p-1}); \quad k = 0, \ldots, p-1$$

Se suele decir que los sistemas digitales secuenciales tienen capacidad de memorizar, al contrario de lo que sucede con los sistemas digitales combinacionales. Esta capacidad de memorización está íntimamente ligada al número de bits que definen el estado del sistema.

2.3.1. Descripción de los sistemas digitales secuenciales

La descripción de un sistema digital secuencial establece el patrón de bits de salida y el nuevo patrón de bits de estado para cada patrón de bits de entrada y de estado. Al igual que sucede con los sistemas digitales combinacionales, hay dos formas básicas de describir un sistema digital secuencial: mediante una **función lógica** y mediante una **tabla de verdad**.

Empleando la función lógica, cada bit de salida y cada bit de estado viene definido por una función lógica, en la cual los operandos son los bits de entrada y estado, y los operadores son los operadores lógicos habituales. A continuación se muestra un ejemplo de sistema secuencial definido por sus funciones booleanas:

$$S = E_0 \cdot E_1 + \overline{I_0}$$
$$I_0 = E_0 \cdot I_0 + E_1$$

La tabla de verdad asociada al sistema secuencial anterior puede obtenerse de la forma habitual, y se muestra a continuación:

E_1	E_0	I_0	S	I_0
0	0	0	1	0
0	0	1	0	0
0	1	0	1	0
0	1	1	0	1
1	0	0	1	1
1	0	1	0	1
1	1	0	1	1
1	1	1	1	1

Como se puede observar en las dos primeras filas de la tabla, para el mismo patrón de entradas, $E_0 = 0$ y $E_1 = 0$, se pueden obtener diferentes salidas.

2.3.2. Biestables

Los biestables son los sistemas digitales secuenciales más simples. Conectando biestables y puertas lógicas se pueden construir sistemas digitales secuenciales más complejos.

Existen dos tipos de biestables: los asíncronos y los síncronos. Aquellos sistemas digitales cuyo estado puede cambiar en cualquier instante de tiempo se denominan asíncronos. Por supuesto, para que se produzca el cambio es condición necesaria que cambien las entradas.

Uno de los problemas que presentan los biestables asíncronos es que un valor erróneo en las entradas, incluso durante un breve periodo de tiempo, puede afectar

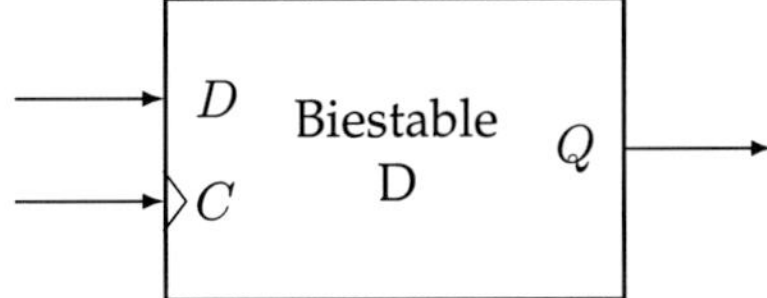

Figura 2.11: Entradas y salidas de un biestable D

a las salidas indefinidamente. Para tratar de eliminar las consecuencias de este problema, la idea es permitir que cambie el estado del sistema solo en unos instantes definidos. Para conseguirlo, se añade al biestable una entrada adicional de control, C, que establece cuándo puede cambiar el estado del sistema. Los sistemas digitales secuenciales que incorporan esta entrada adicional se denominan síncronos.

Dependiendo del tipo de sistema digital, la entrada de control puede establecer diferentes intervalos de tiempo en los que se permite cambiar el estado del sistema. En este libro solo se estudiará el caso de biestable síncrono por flanco ascendente, que es el instante durante la transición desde el estado lógico 0 al estado lógico 1. Cuando una entrada se activa en cada flanco ascendente de la señal se añade el símbolo « $\triangleright$ ».

El biestable D, descrito a continuación, es un sistema digital secuencial síncrono.

Biestable D

Un biestable tipo D es el sistema digital secuencial más sencillo para almacenar 1 bit. Consta de dos entradas, D y C, y de una salida, Q, como se puede observar en la figura 2.11.

Para almacenar un bit se debe situar en la entrada D y se debe generar un flanco ascendente en la entrada de control C. Como consecuencia de este flanco, el bit aparece en la salida Q. La salida no puede cambiar hasta que se produzca un nuevo flanco ascendente en la entrada de control. La tabla de verdad del biestable D se muestra a continuación, donde se puede observar el uso de «X» para indicar un valor lógico arbitrario:

C	D	Q
$\uparrow$	0	0
$\uparrow$	1	1
Otro caso	X	No cambia

La figura 2.12 muestra un ejemplo de evolución de la salida de un biestable D, partiendo de un estado inicial con la salida Q igual a 0. Este tipo de diagrama, en el que se muestra la relación temporal entre las entradas y salidas de un sistema digital, recibe el nombre de diagrama de tiempos o **cronograma**. En el cronograma de la figura 2.12 se puede observar que aunque la entrada D cambia varias veces a lo largo de tiempo, la salida Q sólo cambia en dos instantes: en cada uno de los flancos (indicados con una flecha) que se producen en la señal de control C.

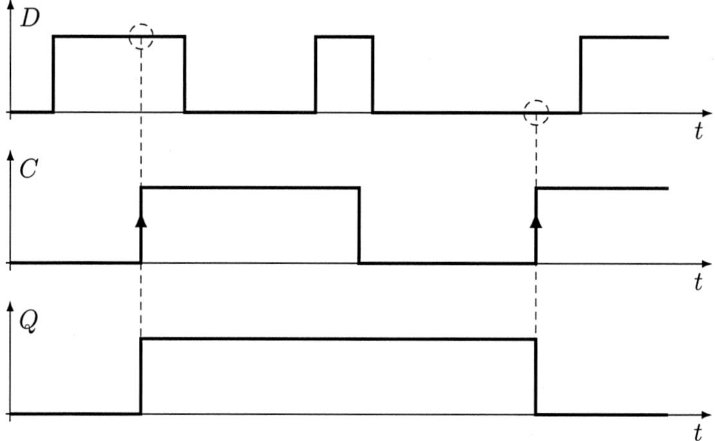

Figura 2.12: Ejemplo de evolución de la salida de un biestable D

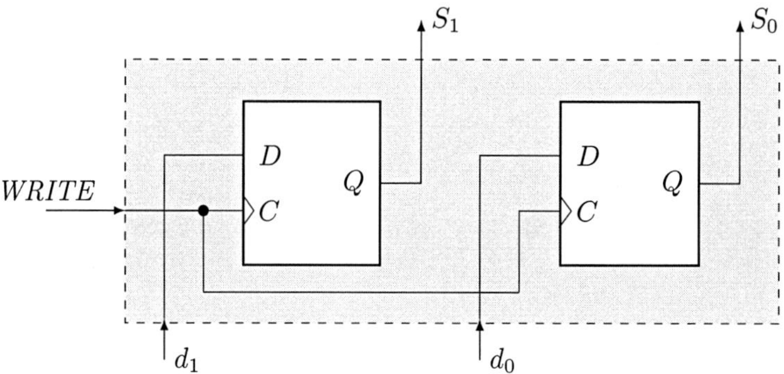

Figura 2.13: Construcción de un registro a partir de biestables D

2.3.3. Registros

El biestable D sirve para almacenar 1 bit de información digital, por lo que, como se ha dicho anteriormente, puede considerarse el elemento de almacenamiento más simple. Empleando n biestables D se pueden almacenar n bits. Básicamente, un registro es un conjunto de biestables D con las entradas de control conectadas a un mismo punto denominado entrada $WRITE$ (escribir). Mientras no se produzca un flanco ascendente en la entrada $WRITE$ las salidas de los biestables no cambiarán de estado. Precisamente, en esto consiste el concepto de almacenamiento. La figura 2.13 muestra como ejemplo un registro de 2 bits.

Para almacenar un valor en el registro, en las entradas d_0 y d_1 se deben situar los bits a almacenar. Estos bits se almacenan cada uno en un biestable D justo en el instante en el que se produce un flanco ascendente en la entrada $WRITE$ (escribir). Como resultado, a la salida de cada biestable se tiene el bit almacenado.

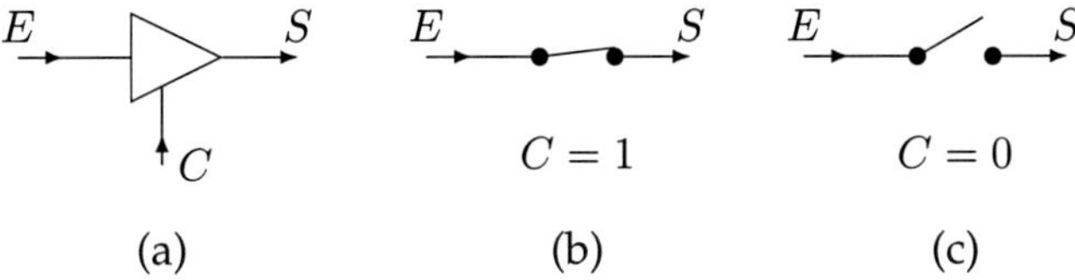

Figura 2.14: *Buffer* triestado: (a) símbolo; (b) estado de conexión; (c) estado de desconexión

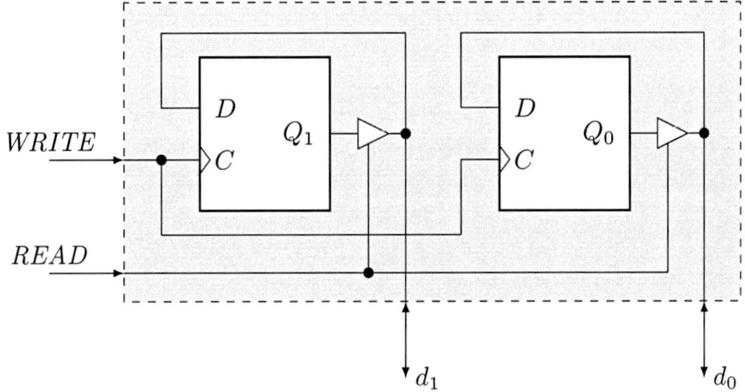

Figura 2.15: Registro que incorpora *buffers* triestado

Una variante muy habitual del registro incluye a la salida de cada biestable un dispositivo denominado *buffer* triestado, cuyo símbolo en esquemas digitales se representa en la figura 2.14(a). Este dispositivo tiene una entrada, E, una salida, S, y una entrada adicional de control, C. Cuando la entrada de control está a 1, la salida es igual a la entrada, como se puede observar en la simplificación de la figura 2.14(b). En caso contrario, la salida se pone en un estado denominado de desconexión[2], representado en la figura 2.14(c). Este estado no es ni 0 ni 1, simplemente la salida está desconectada y se representa como un estado «z».

Conectando un *buffer* triestado a la salida de cada biestable se pueden utilizar las líneas d_0 y d_1 tanto para escribir información en el registro como para leerla. La figura 2.15 muestra un registro de 2 bits con *buffers* triestado a las salidas. La entrada $READ$ (leer) es una entrada de control que activa o desactiva los *buffers* triestado. Cuando esta entrada está a 1, las salidas del registro coinciden con los bits almacenados en el registro. En caso contrario, los *buffers* triestado están desconectados y las salidas del registro se ponen en estado de desconexión. La utilización de los *buffers* triestado es necesaria para que los valores de las entradas D de los registros no coincidan en el tiempo en las líneas d_0 y d_1 con los valores de las salidas Q. En caso contrario, se produciría una inconsistencia lógica, porque se intentan colocar dos valores en la misma línea que potencialmente pueden ser diferentes. A nivel eléctrico, esta inconsistencia se traduciría en un cortocircuito.

[2] En terminología electrónica se le conoce como estado de alta impedancia.

La conexión de cada salida del registro con su entrada asociada permite reducir el número de conexiones del registro. Las líneas d_0 y d_1 son ahora líneas de entrada y salida. Durante la lectura del registro, $READ$ se pone a 1, $WRITE$ a 0 y las líneas d_0 y d_1 funcionan como salidas. Durante una escritura se genera un flanco ascendente en $WRITE$, $READ$ se pone a 0 y d_0 y d_1 funcionan como entradas.

La figura 2.16 muestra la evolución temporal de la información almacenada en un registro de 2 bits, suponiendo que en el estado inicial los dos biestables del registro tienen el valor 0. Cuando los *buffers* triestado están desconectados, es decir, cuando $READ = 0$, el estado de las líneas d_0 y d_1 coincide con los valores binarios que externamente se pongan sobre estas líneas. Si ningún dispositivo exterior pone un valor sobre las mismas, su estado no es ni 0 ni 1, sino «z». En el cronograma de la figura, el estado «z» se representa mediante una línea horizontal con una altura intermedia entre la del 0 y la del 1. En la figura se puede observar en primer lugar una lectura mediante la activación de la señal $READ$. A continuación, se puede observar cómo externamente se coloca la combinación de bits $d_0 = 1$ y $d_1 = 0$ entre los instantes t_1 y t_2 para proceder a la escritura en el registro, que se produce cuando se genera un flanco en la señal $WRITE$. Por último, se muestra una nueva lectura, mediante la activación de la señal $READ$, que permite observar en las líneas d_0 y d_1 que se ha almacenado correctamente el valor escrito.

A continuación se muestra un ejemplo de cómo se puede mover información digital empleando dos registros dentro del computador. En el ejemplo se moverá la información almacenada en un registro A a otro registro B a través de un conjunto de líneas denominado **bus**[3]. De esta forma, al final de la operación de movimiento ambos registros almacenarán el mismo patrón de bits, o lo que es lo mismo, la misma información digital. La figura 2.17 muestra el esquema de conexión de ambos registros junto con el cronograma en el que se observa la lectura del contenido inicial del registro B, la transferencia de información del registro A al registro B y, finalmente, la lectura del contenido del registro B. En el cronograma se utiliza una notación abreviada para representar las señales del bus. Es bastante habitual representar el estado de un bus mediante dos líneas, una a 0 y otra a 1, con el valor de dicho estado expresado numéricamente. En este caso, como solo tiene 2 bits, la representación numérica contiene el valor de los 2 bits.

Se supone que, inicialmente, A almacena los bits `11b` y B los bits `00b`. En la primera parte del cronograma se lleva a cabo la lectura de B con el fin didáctico de mostrar su contenido. En el bus aparece entonces la combinación `00b`. A continuación, se activa la lectura de A, apareciendo en el bus la combinación `11b`. Mientras se mantiene activa la señal de lectura de A, se lleva a cabo la escritura en B, mediante una transición de 0 a 1 sobre la línea de control de escritura de dicho registro, es decir, mediante un flanco ascendente. Finalmente, se realiza de nuevo la lectura de B para comprobar que contiene la misma información que almacena A.

[3]Un bus es un conjunto de conductores eléctricos y es uno de los mecanismos de interconexión de dispositivos más empleado en los computadores. Cada línea del bus sirve para transmitir un bit. El concepto de bus en el computador se estudiará en el siguiente capítulo.

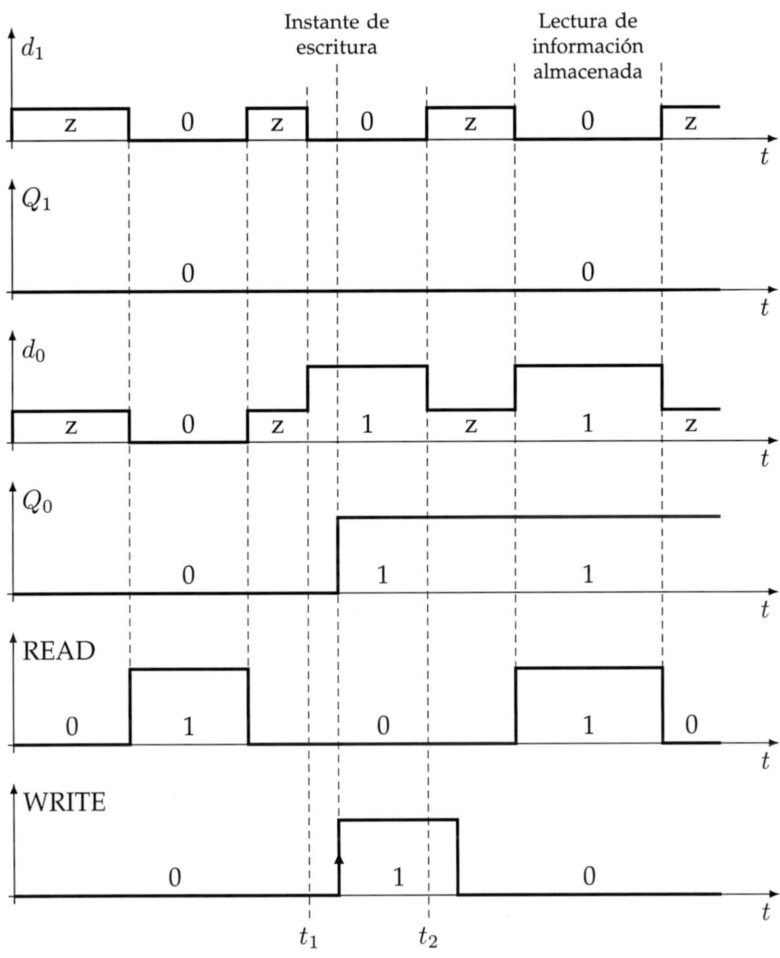

Figura 2.16: Evolución temporal de la información almacenada en un registro

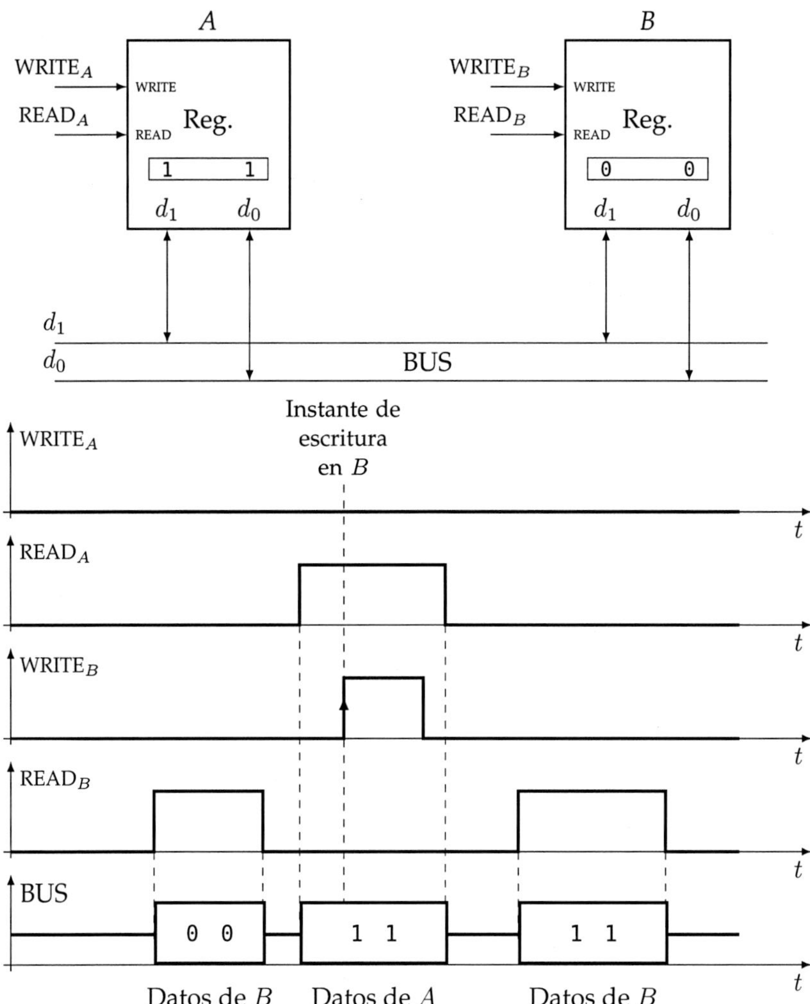

Figura 2.17: Transferencia de información entre registros a través de un bus

Capítulo 3

Arquitectura del computador

A partir de los sistemas digitales es posible construir una máquina capaz de ejecutar cualquier algoritmo que recibe el nombre de computador. El diseño de un computador es una tarea muy compleja. Una vez establecidos los requisitos y determinadas las características que debe reunir el computador, es necesario realizar un diseño que trate de maximizar el rendimiento teniendo en cuenta restricciones tanto de coste como de consumo. Uno de los resultados de la fase de diseño de un computador es su arquitectura. La arquitectura de un computador es una abstracción que se refiere a las características del sistema que son visibles por un programador y, por tanto, engloba aquellos aspectos del computador que tienen un impacto directo en la ejecución lógica de una tarea, obviando las particularidades de su implementación. Estas particularidades de implementación, que son transparentes para el programador, comprenden otro de los resultados del proceso de diseño de un computador denominado organización.

En este capítulo se presenta la evolución de las primeras máquinas automáticas hasta llegar a las máquinas programables que actualmente se conocen como computadores. En concreto, se estudian los computadores digitales, que son computadores construidos a partir de sistemas como los descritos en el capítulo anterior. También se definen los conceptos de algoritmo y programa, se estudia el concepto de arquitectura de un computador y se presentan las principales arquitecturas de programa almacenado. Finalmente, se introduce el CT, un prototipo de computador que se utilizará en capítulos posteriores del libro para ilustrar conceptos clave sobre fundamentos de computadores.

3.1. Máquina específica y máquina genérica

A diferencia de una **máquina específica**, orientada a la resolución de un problema concreto (por ejemplo el cálculo de tablas logarítmicas), una **máquina genérica**, o máquina de propósito general, es capaz de aplicar diferentes métodos de resolución en función del problema a resolver. Para ello, recibe como entrada tanto una determinada combinación de datos para los que calcular la solución a un problema como el

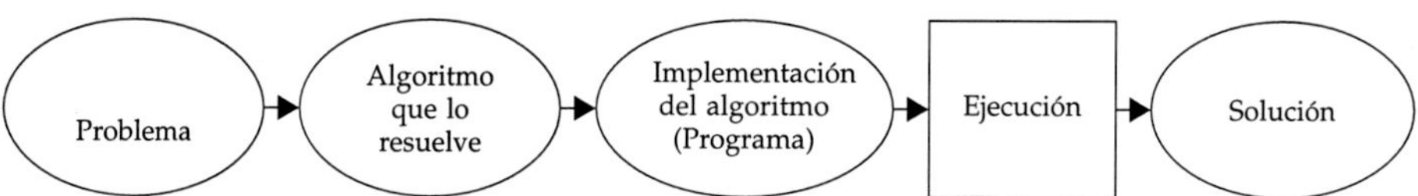

Figura 3.1: Algoritmo y programa en la resolución de un problema

método de resolución del problema. Este método recibe el nombre de **algoritmo**, y se define como un conjunto finito y ordenado de operaciones que permite hallar la solución de dicho problema. El conjunto de operaciones que constituyen un algoritmo se expresa habitualmente mediante un lenguaje natural, obteniendo una descripción de alto nivel, o mediante pseudocódigo, obteniendo una descripción formal. Para que una máquina genérica sea capaz de aplicar un algoritmo, este debe estar expresado en un lenguaje de programación específico. La tarea de transformación del algoritmo desde una descripción de alto nivel o una descripción formal a un lenguaje de programación se denomina **implementación**. Al resultado del proceso de implementación se le denomina **programa**, y se define como una secuencia de instrucciones que permiten al computador resolver un problema.

A continuación se muestra un ejemplo de algoritmo para la búsqueda del máximo dentro de un conjunto de números:

```
1. Extraer un número del conjunto y etiquetarlo como el máximo
2. Extraer un nuevo número del conjunto
3. Comparar el número con el máximo; si el número es mayor, es el nuevo máximo
4. Repetir los puntos 2 y 3 mientras haya números en el conjunto
```

La figura 3.1 ilustra la secuencia de tareas necesarias para resolver un problema utilizando una máquina genérica. La primera de estas tareas consiste en describir el problema a resolver utilizando un lenguaje natural. A continuación, la descripción del problema se traduce a un algoritmo que lo resuelve. Tras esta traducción se implementa el algoritmo, obteniéndose un programa que posteriormente se ejecuta en la máquina genérica para obtener la solución al problema.

La idea de construir una máquina genérica que sea capaz de ejecutar cualquier programa plantea una serie de necesidades que, a día de hoy, en un computador se solucionan tomando como base la tecnología digital. Estas necesidades son:

- **Almacenar el programa a ejecutar.** Dado que una máquina genérica será capaz de ejecutar cualquier programa, este debe poder ser almacenado en algún contenedor de la máquina. También debe poder ser eliminado del contenedor una vez haya sido ejecutado. Los sistemas de **memoria** digital proporcionan la solución a esta necesidad.

- **Almacenar los datos del problema.** Los datos, tanto de entrada como de salida del problema, también deben poder ser almacenados en algún contenedor de la máquina, y eliminados una vez que no se requiera su utilización. Al igual que el contenedor de programas, los sistemas de **memoria** digital proporcionan la solución a esta necesidad.

Es importante darse cuenta de que tanto los datos como programas deben codificarse como secuencias de bits para poder ser almacenados en sistemas de memoria digitales. La codificación de los tipos de datos básicos se ha estudiado en capítulos anteriores, mientras que la codificación de programas, para un computador concreto, se estudiará en el capítulo 5. Posteriormente, en el capítulo 6, se estudiará el sistema de memoria del computador.

- **Mecanismo de lectura y ejecución del programa.** Una vez que el programa esté almacenado en un contenedor de la máquina, se debe poder acceder a él para ejecutarlo teniendo en cuenta los datos de entrada del problema almacenados en el contenedor correspondiente. El mecanismo que realiza esta tarea en los computadores se denomina **procesador**, unidad central de procesamiento o CPU (*Central Processing Unit*), y se estudiará en el capítulo 5.

- **Mecanismo de entrada/salida (E/S) de la máquina.** Tanto los programas a ejecutar como los datos sobre los que serán ejecutados deben poder ser introducidos desde fuera de la máquina por un usuario o por otro sistema externo. Un dispositivo de E/S, también denominado **periférico**, es el encargado de llevar a cabo esta tarea. En el capítulo 7 se estudiará el sistema de E/S del computador.

A los computadores que implementan este diseño, es decir, que no solo almacenan los datos y los resultados intermedios de la ejecución de un programa, sino también las instrucciones que lo componen, se les denomina computadores de **programa almacenado**. Aunque existen otros diseños de computador, como los basados en el modelo de programa cableado y en el modelo de programa externo, el computador basado en el modelo de programa almacenado es el más utilizado en la actualidad y es, por lo tanto, el que se estudia en este libro.

La principal característica de los computadores de programa almacenado es que permiten modificar el programa a ejecutar sin necesidad de realizar cambios en el hardware (por ejemplo reconfigurando el cableado). En estos computadores, el sistema de memoria almacena las secuencias de bits que codifican tanto los programas como los datos. La arquitectura de programa almacenado más representativa es la arquitectura von Neumann. A continuación, se presenta esta arquitectura y se describe el mecanismo de interconexión de los principales elementos que la componen.

3.1.1. Arquitectura von Neumann

La arquitectura von Neumann describe la arquitectura de un computador digital de programa almacenado que se caracteriza por tener una unidad de procesamiento y una memoria principal. La figura 3.2 muestra la estructura general de un computador basado en esta arquitectura, que consta de:

- **Una memoria principal.** Se utiliza para almacenar tanto datos como instrucciones.

- **Una CPU.** Es la unidad de procesamiento, que a su vez consta de varios elementos:

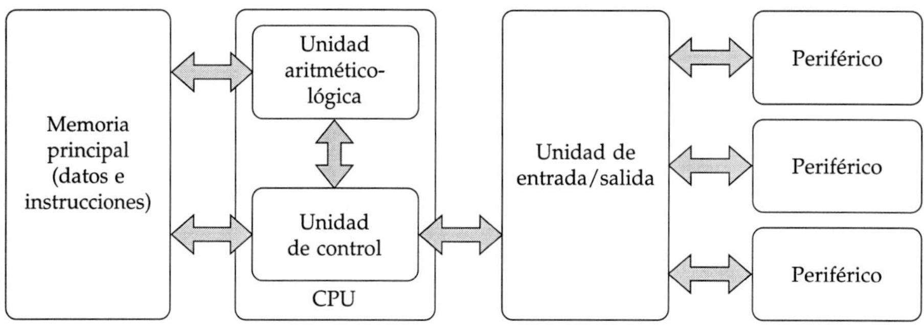

Figura 3.2: Arquitectura von Neumann

- **Una unidad aritmético-lógica.** Se utiliza para operar con datos en base binaria.
- **Una unidad de control.** Su objetivo es interpretar las instrucciones almacenadas en la memoria y provocar su ejecución.

- **Una unidad de entrada/salida.** Se trata de una unidad dirigida por la unidad de control que permite introducir y extraer datos del sistema mediante dispositivos periféricos.

3.1.2. Bus del sistema

Los componentes principales del computador están conectados entre sí para que puedan comunicarse y formar un sistema completo capaz de llevar a cabo la función básica de un computador: ejecutar programas. Esta comunicación se realiza mediante varios conjuntos de conductores eléctricos, que reciben el nombre de **bus**. Un bus se define como un medio de transmisión compartido entre varios dispositivos. La interconexión de dispositivos mediante un bus proporciona dos ventajas importantes: versatilidad, ya que pueden añadirse al sistema nuevos dispositivos de forma sencilla, y bajo coste. Sin embargo, también acarrea una desventaja importante: puede convertirse en el cuello de botella del sistema debido a que al ser un canal compartido solo un dispositivo puede transmitir con éxito en un instante de tiempo dado.

El bus que conecta los componentes principales de un computador se denomina **bus del sistema** y, normalmente, se divide a su vez en tres buses:

- **Bus de direcciones del sistema o SAB (*System Address Bus*).** A través de este bus, el procesador indica a la memoria o a las unidades de E/S la localización de la información que quiere leer o escribir.
- **Bus de datos del sistema o SDB (*System Data Bus*).** Este bus contiene la información que ha sido leída de una localización concreta especificada en el bus de direcciones o que va a ser escrita en dicha localización.

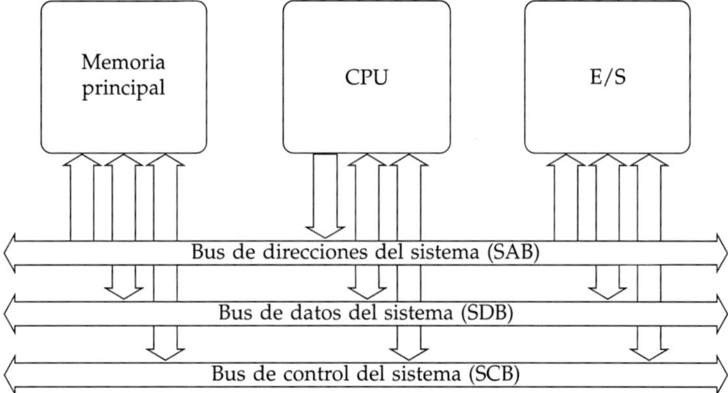

Figura 3.3: Bus del sistema en la arquitectura von Neumann

- **Bus de control o SCB (*System Control Bus*).** El bus de control se utiliza para gestionar el flujo de información entre los diferentes componentes del computador.

En la figura 3.3 se puede observar la interconexión, utilizando un bus del sistema, de los componentes principales de un computador basado en la arquitectura von Neumann.

3.2. Diseño del computador

Cada una de las instrucciones que forman un programa constituyen una palabra del lenguaje que entiende la máquina, también denominado **lenguaje de la máquina**. La máquina entiende este lenguaje porque ha sido diseñada explícitamente para ello. Al conjunto de palabras del lenguaje que entiende una máquina se le denomina **juego de instrucciones**. El juego de instrucciones es la interfaz entre el software y el hardware de un computador.

Tradicionalmente, el término arquitectura del computador se ha utilizado para referirse en exclusiva al diseño del juego de instrucciones de un computador. Sin embargo, en la actualidad muchos autores le dan un significado más amplio a este término utilizándolo para definir el comportamiento funcional del computador desde el punto de vista del programador. Por tanto, además del diseño del juego de instrucciones, el término arquitectura del computador abarca aspectos más generales de diseño del sistema como la interconexión de elementos del computador mediante buses o el mecanismo de E/S, entre otros.

La **arquitectura del juego de instrucciones**, o ISA (*Instruction Set Architecture*), es la parte de la arquitectura del computador directamente relacionada con la programación, e incluye, entre otros aspectos, los tipos de datos nativos, los registros del procesador, las instrucciones y los modos de direccionamiento. Existen dos grandes grupos de arquitecturas de juegos de instrucciones: las arquitecturas CISC (*Complex Instruction Set Computer*) y las arquitecturas RISC (*Reduced Instruction Set Computer*).

La filosofía de las arquitecturas CISC se basa en diseñar juegos de instrucciones complejos que soporten directamente construcciones de programación de alto nivel, como procedimientos o bucles, entre otras. Las arquitecturas CISC más destacables son x86 y Motorola 68 000. Por otro lado, la filosofía de las arquitecturas RISC se basa en diseñar instrucciones muy simples que son ejecutadas muy rápidamente por el procesador. Las arquitecturas RISC más destacables son PowerPC, IA-64, SPARC, MIPS y ARM.

Por su parte, una implementación de una arquitectura concreta constituye lo que se conoce como organización del computador. En el caso del procesador, la **microarquitectura** explica cómo se implementa un juego de instrucciones concreto mediante la descripción de su circuitería eléctrica, definiendo aspectos tales como el número y el tipo de unidades funcionales (como por ejemplo la ALU) y el ancho de los buses del sistema, entre otros. La microarquitectura está directamente relacionada con el juego de instrucciones del computador, aunque se debe tener en cuenta que dos microarquitecturas diferentes pueden compartir la arquitectura del juego de instrucciones entendiendo, por tanto, el mismo lenguaje de la máquina. Por ejemplo, dos procesadores con la misma arquitectura del juego de instrucciones son el Intel Core i5 y el AMD Athlon II; ambos implementan el juego de instrucciones x86-64. Sin embargo, el primero está basado en la microarquitectura Intel Nehalem y el segundo en la microarquitectura AMD K10.

3.3. El Computador Teórico

El estudio del lenguaje de la máquina, del juego de instrucciones, del sistema de memoria y del sistema de E/S de un computador real es una tarea muy compleja. Con el objetivo de facilitar esta tarea, en este libro se presenta el diseño de una máquina de propósito general basada en el modelo de programa almacenado de acuerdo a la arquitectura von Neumann, denominada CT (CT). La finalidad del CT es servir de prototipo simplificado para el estudio de los aspectos mencionados, eliminando el esfuerzo requerido para comprender los entresijos de la arquitectura y la organización de un computador real que, si bien resultan muy interesantes, quedan fuera del alcance de este libro, que no es otro que el estudio de los fundamentos del computador.

Capítulo 4

El lenguaje de la máquina

Un computador es una máquina programable capaz de ejecutar tareas especificadas por el usuario, tal como se ha establecido en el capítulo anterior. Un aspecto fundamental en la interacción usuario-máquina es el lenguaje de la máquina, es decir, el lenguaje que entiende la máquina debido a que ha sido diseñada para ello. Las palabras del lenguaje de la máquina se denominan instrucciones, y el vocabulario de dicho lenguaje juego de instrucciones o ISA (*Instruction Set Architecture*).

Las características del lenguaje de la máquina son una decisión de diseño, es decir, durante el diseño se decide el lenguaje que va a ser capaz de entender. Estas decisiones se basan en diversos aspectos, como por ejemplo el tipo de tareas que la máquina va a ejecutar y sus necesidades. Todo ello lleva a que el lenguaje de una máquina sea diferente e incompatible al de otras máquinas. A pesar de dichas diferencias, los lenguajes de las máquinas son bastantes similares, y conociendo uno es sencillo asimilar otros. Las similitudes provienen de las tecnologías utilizadas en la fabricación y de la necesidad de algunas instrucciones básicas.

En este capítulo se presenta una visión general del lenguaje que le permite a una máquina recibir órdenes y ejecutar tareas, así como su relación con el lenguaje de alto nivel con el que se desarrollan programas. Fundamentalmente se utilizará el lenguaje del CT y el `C++` como ejemplos de ambos tipos de lenguajes. En los capítulos siguientes se estudiará cómo construir una máquina que sea capaz de ejecutar las tareas indicadas mediante los programas.

4.1. Instrucciones

Una **instrucción** es una operación elemental que se realiza sobre uno o varios operandos y que el computador es capaz de realizar porque se ha diseñado con el hardware necesario para llevarla a cabo. En general, las instrucciones realizan operaciones sencillas, tales como transferencias de información u operaciones aritméticas. Un ejemplo de instrucción puede ser la instrucción de suma que se muestra a continuación:

```
add a, b, c
```

La instrucción anterior le indica al computador que realice la suma de los datos `b` y `c`, y que almacene el resultado en el dato `a`.

De la misma forma, se podría tener una instrucción que reste dos datos y almacene el resultado en un tercero, tal y como se muestra a continuación:

```
sub a, b, c
```

Las instrucciones realizan una tarea muy concreta sobre un número de operandos fijo. Esto permite simplificar el diseño de sistemas digitales que sean capaces de ejecutar dichas instrucciones. Además, permite que su ejecución se realice de forma muy rápida.

El lenguaje de la máquina está diseñado para que sea entendido de forma sencilla por la máquina, y sus instrucciones hacen referencia al hardware que tiene el computador, razón por la que se le denomina de bajo nivel. Sin embargo, a los humanos no nos resulta cómoda su utilización, por lo que existen otros lenguajes, denominados de alto nivel, que se acercan más a nuestra forma de expresarnos. Uno de estos lenguajes es `C++`. La máquina no entiende un programa escrito en lenguaje `C++`, solo en el lenguaje de la máquina, por lo que es necesario un proceso de traducción. Por ejemplo, una porción de programa en `C++` que contiene cuatro datos, `a`, `b`, `c` y `d`, podría contener las siguientes sentencias:

```
a = b - c;
d = a + a;
```

La traducción al lenguaje de la máquina podría dar como resultado las siguientes instrucciones:

```
sub a, b, c
add d, a, a
```

Estas instrucciones están expresadas mediante **mnemónicos**, que son representaciones simbólicas de las operaciones que se deben realizar. La máquina, como sistema digital, necesita que las instrucciones sean traducidas a una secuencia de bits. Este proceso se describirá en detalle en el capítulo 5.

Habitualmente, en lugar de utilizar el término lenguaje de la máquina se utiliza el término **lenguaje ensamblador**. El lenguaje ensamblador es un lenguaje de bajo nivel que consta de las instrucciones que entiende la máquina así como de constantes, operadores y directivas.

4.2. Operandos

La mayoría de las instrucciones de un computador actúan sobre una serie de operandos. Fundamentalmente, estos operandos se encuentran almacenados en registros del procesador, en posiciones de memoria o bien acompañan directamente a la propia instrucción. Los operandos se denominan fuente o destino, dependiendo de si se utilizan en la operación sin modificarse o almacenan el resultado de la operación, respectivamente.

4.2.1. Operandos en registros

Los registros, cuyo diseño se ha estudiado en el capítulo 2, son un conjunto limitado de almacenes de información disponibles dentro del procesador que pueden ser accedidos de forma muy rápida. El conjunto de registros de un procesador se divide en dos grupos: **registros de propósito específico** y **registros de propósito general**. Los registros de propósito específico se utilizan exclusivamente por el procesador para dar soporte a la ejecución de instrucciones, mientras que los registros de propósito general pueden ser utilizados por los programadores.

En el CT hay ocho registros de propósito general. Dichos registros reciben los nombres de `R0` hasta `R7`. Cada registro tiene un ancho de 16 bits, lo que significa que, por ejemplo, puede almacenar un número natural en el rango $[0, 65\,535]$, o un número entero en complemento a 2 en el rango $[-32\,768, 32\,767]$. Los registros de propósito general del CT se pueden utilizar indistintamente en cualquiera de las instrucciones.

Los registros se pueden utilizar para almacenar variables, pero también datos temporales. Por ejemplo, una porción de programa en `C++` que contiene cuatro variables, `a`, `b`, `c` y `d`, podría contener la siguiente sentencia:

```
a = (b + c) - (b + d);
```

Durante la traducción al lenguaje del CT se podría optar por almacenar las variables `a`, `b`, `c` y `d` en los registros `R0`, `R1`, `R2` y `R3`, respectivamente. Además, se podrían utilizar los registros `R4` y `R5` como almacenes temporales. Esto permitiría realizar la siguiente traducción:

```
add r4, r1, r2 ; r4 contiene b + c
add r5, r1, r3 ; r5 contiene b + d
sub r0, r4, r5 ; r0 contiene r4 - r5, es decir, (b + c) - (b + d)
```

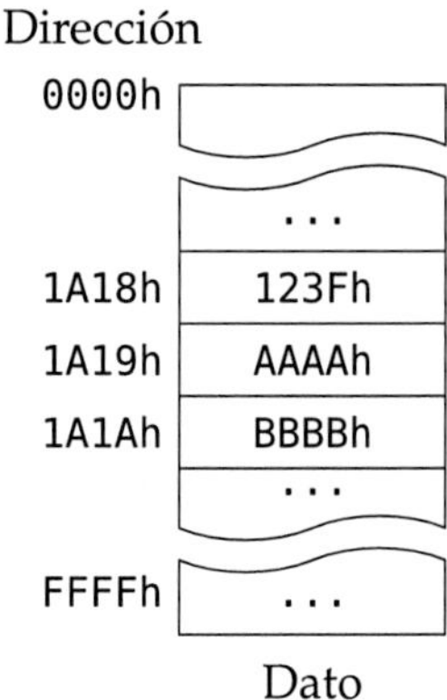

Figura 4.1: Direcciones de memoria y contenidos en el CT

4.2.2. Operandos en memoria

Un operando puede encontrarse también en una posición de memoria. Para acceder a dicha posición de memoria es necesario indicar su dirección. La primera posición de la memoria tiene asignada la dirección 0. La última depende del tamaño del espacio de direcciones del computador. En el CT una dirección se representa mediante 16 bits, por lo tanto, la última dirección de memoria será `FFFFh`. Además, una posición de memoria en esta arquitectura almacena datos de 16 bits, igual que los registros. En la figura 4.1 se muestra lo que podría ser una porción de la memoria del CT. Para simplificar, tanto las direcciones como los datos se representan en hexadecimal. El acceso a una posición de memoria se realiza siempre indicando su dirección. Por ejemplo, la posición de memoria cuya dirección es `1A18h` contiene el dato `123Fh`.

4.2.3. Operandos inmediatos

Un operando puede consistir en un valor que aparece en la secuencia de bits que codifica la instrucción, como por ejemplo un número. En estos casos se considera que el operando es inmediato.

4.2.4. Modos de direccionamiento

A la forma que tienen las instrucciones de acceder a los operandos se le denomina modos de direccionamiento. En el CT existen tres modos de direccionamiento:

- **Direccionamiento a registro.** Cuando un operando está almacenado en un registro del procesador.
- **Direccionamiento a memoria.** Cuando un operando está almacenado en una posición de memoria.
- **Direccionamiento inmediato.** Cuando un operando se encuentra de forma directa en la propia instrucción.

4.3. Sentencias de asignación

La asignación es una de las operaciones más habituales en un programa. Se utiliza para almacenar un valor en una variable. En un programa se pueden utilizar múltiples sentencias de asignación para asignar distintos valores a lo largo del tiempo a la misma variable. Por ejemplo, un programa en C++ podría incluir la siguiente sentencia de asignación:

```
a = b;
```

Esta sentencia de asignación hace una copia del valor de la variable b en la variable a, por lo tanto, después de su ejecución ambas variables tendrán el mismo valor.

4.3.1. Asignación de variables almacenadas en registros

Las variables de un programa se pueden almacenar en registros del procesador o en memoria. Cuando una variable se almacena en un registro su acceso es mucho más rápido que si se almacena en memoria. Sin embargo, debido a que los registros son un recurso mucho más limitado que la memoria, las variables se tienden a almacenar en memoria. El compilador, que es el programa que traduce de lenguaje de alto nivel al lenguaje de la máquina, es el encargado de determinar dónde almacenar cada variable, e intenta almacenar en registros aquellas variables que se utilicen más frecuentemente para hacer que el programa se ejecute lo más rápido posible.

En el caso de que el compilador decida almacenar las variables a y b en los registros R0 y R1, respectivamente, la sentencia de asignación en C++ anterior, a = b, se traduciría a la siguiente instrucción del CT:

```
mov r0, r1
```

Esta instrucción transfiere el contenido del registro R1 al registro R0. Como los operandos se encuentran en dos registros, esta instrucción realiza un direccionamiento a registro. La instrucción MOV, del inglés *move*, se puede utilizar para realizar una transferencia entre dos registros de propósito general del CT.

4.3.2. Asignación de valores inmediatos a variables

Otro ejemplo de sentencia de asignación en C++ podría ser el siguiente:

```
a = 300;
```

En este caso, se asigna el valor 300 a la variable a. En caso de que el compilador decidiese almacenar la variable a en el registro R0, esta sentencia se podría traducir a las siguientes instrucciones del CT:

```
movl r0, 2Ch
movh r0, 01h
```

Como se ha indicado anteriormente, los registros del CT almacenan datos de 16 bits. Sin embargo, debido a decisiones de diseño que se explicarán en el capítulo siguiente, no existe ninguna instrucción que permita transferir un número de 16 bits a un registro. Para realizar dicha tarea es necesario transferir el número en dos pasos: en un paso los 8 bits más significativos del número y en otro los 8 bits menos significativos, sin importar el orden. El número 300 expresado en binario natural con 16 bits se representa en hexadecimal como `012Ch`. Por lo tanto, los 8 bits más significativos se corresponden con el número `01h` y los 8 bits menos significativos con el número `2Ch`. Para realizar la transferencia a la parte baja de un registro, la parte menos significativa, se utiliza la instrucción `MOVL`, donde la `L` proviene de *low*. De forma análoga, para realizar la transferencia a la parte alta de un registro, la parte más significativa, se utiliza la instrucción `MOVH`, donde la `H` proviene de *high*.

Cuando el operando se encuentra de forma directa en la propia instrucción, como en el caso anterior, se denomina un **operando inmediato** o dato inmediato. Cuando la instrucción contiene este tipo de operandos se dice que realiza un direccionamiento inmediato. Por lo tanto, para transferir un dato inmediato a un registro en el CT se deberán utilizar las instrucciones `MOVL` y `MOVH`.

En las instrucciones `MOV`, `MOVL` y `MOVH` el operando de la izquierda actúa de operando destino y el de la derecha de operando fuente. El operando destino se modifica tras la ejecución de la instrucción mientras que el operando fuente permanece inalterado.

4.3.3. Asignación de variables almacenadas en memoria

En las sentencias de asignación intervienen frecuentemente variables que se encuentran almacenadas en memoria. Esto implica que la máquina debe acceder a dicha posición de memoria. Por ejemplo, un programa en `C++` podría contener la siguiente sentencia de asignación.

```
v = w;
```

El compilador podría decidir almacenar la variable `v` en el registro `R5` y la variable `w` en la posición de memoria cuya dirección es `1000h`. En ese caso, la traducción a instrucciones del CT podría ser la siguiente:

```
movl r0, 00h
movh r0, 10h ; El registro r0 contiene el valor 1000h
mov r5, [r0] ; Transferencia desde memoria a registro
```

Las dos primeras instrucciones almacenan en el registro `R0` el valor `1000h`, que es la dirección donde se almacena la variable `w`. Este registro se utiliza como almacén temporal. A continuación se utiliza una instrucción para transferir el contenido de la posición de memoria cuya dirección se encuentra en el registro `R0` al registro

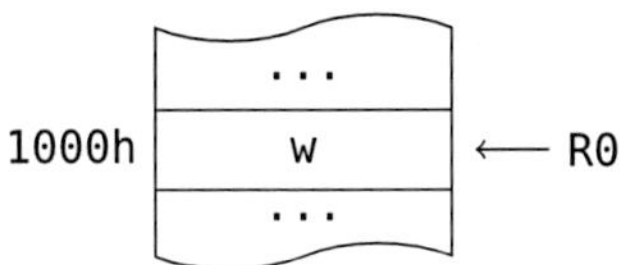

Figura 4.2: Registro puntero a una variable almacenada en memoria

Instrucción	Descripción
`MOV Rd, Rs`	Copia el contenido del registro `Rs` en el registro `Rd`
`MOV Rd, [Ri]`	Copia el contenido de la posición de memoria cuya dirección está en `Ri` en `Rd`
`MOV [Ri], Rs`	Copia el contenido del registro `Rs` en la posición de memoria cuya dirección está en `Ri`
`MOVL Rd, Inm8`	Copia en los 8 bits menos significativos de `Rd` el dato codificado en los 8 bits del campo `Inm8`
`MOVH Rd, Inm8`	Copia en los 8 bits más significativos de `Rd` el dato codificado en los 8 bits del campo `Inm8`

Tabla 4.1: Instrucciones de transferencia en el CT

`R5`, que es donde se almacena la variable `v`. En esta última instrucción se utiliza un direccionamiento a memoria y otro direccionamiento a registro.

A un registro que contiene la dirección de una variable se le denomina **registro puntero**, es decir, que apunta a dicha variable. En el CT, para realizar una transferencia entre una variable que se almacene en una posición de memoria y otra en un registro siempre es necesario utilizar un registro que apunte a la posición de memoria donde se almacene la variable. El registro puntero, que siempre se indica entre corchetes, también se denomina registro índice. Cuando en una instrucción `MOV` aparece un registro entre corchetes indica que se está accediendo a la posición de memoria a la que apunta dicho registro.

Gráficamente, cuando un registro actúa como puntero se representa tal y como se muestra en la figura 4.2. A partir de esta figura se interpreta que el registro `R0` apunta a la variable `w`, o lo que es lo mismo, el registro `R0` contiene el valor `1000h` que es la dirección de memoria donde está almacenada la variable `w`.

Siguiendo con el ejemplo anterior, en otro punto del programa en `C++` podría aparecer la sentencia de asignación inversa, tal y como se muestra a continuación:

```
w = v;
```

En este caso, la variable `w` es el destino de la asignación y, por lo tanto, se debe almacenar en la posición de memoria en la que se encuentra esta variable el valor de la variable `v`, que se encuentra almacenada en el registro `R5`. La traducción sería la siguiente:

```
movl r0, 00h
movh r0, 10h ; El registro r0 contiene el valor 1000h
mov [r0], r5 ; Transferencia desde registro a memoria
```

Al invertir el orden de los operandos de la última instrucción se provoca una transferencia desde el registro `R5` (variable `v`) a la posición de memoria apuntada por `R0` (variable `w`). Se puede observar cómo en la tercera instrucción el registro `R0` aparece entre corchetes, indicando que se está accediendo a la posición de memoria a la que apunta, en este caso al lugar donde está almacenada la variable `w`, y no al propio registro, que permanece inalterado.

Como ya se ha indicado, las variables se pueden almacenar en registros o en memoria. Sin embargo, en el CT solo se dispone de 8 registros, mientras que hay 65 536 posiciones de memoria. Esto provoca que las variables se almacenen fundamentalmente en memoria y, por lo tanto, su asignación llevará asociada transferencias de memoria. Cuando las dos variables que intervienen en una asignación se encuentran almacenadas en memoria el número de instrucciones necesarias se incrementa, tal y como se muestra a continuación.

Un programa en `C++` podría contener la siguiente sentencia de asignación:

```
p = q;
```

En este caso, las variables `p` y `q` se almacenan en las posiciones de memoria `2000h` y `2001h`, respectivamente. En el CT no existe una instrucción que permita realizar una transferencia entre dos posiciones de memoria; solo existen las instrucciones que permiten la transferencia desde un registro a memoria o desde memoria a un registro. Esto implica que la sentencia anterior se debe traducir a las instrucciones siguientes:

```
movl r0, 01h
movh r0, 20h ; El registro r0 contiene el valor 2001h, dirección de q
mov r1, [r0] ; El registro r1 contiene una copia del valor de q
movl r0, 00h
movh r0, 20h ; El registro r0 contiene el valor 2000h, dirección de p
mov [r0], r1 ; Se transfiere el valor de q a p
```

Las tres primeras instrucciones transfieren al registro `R1` el contenido de la variable `q` desde la posición de memoria cuya dirección es `2001h`. A continuación, se transfiere el registro `R1`, que contiene una copia de la variable `q`, a la posición de memoria cuya dirección es `2000h`, que es donde se almacena la variable `p`.

Como se puede observar, la transferencia entre dos posiciones de memoria necesita muchas instrucciones. Todo esto es debido a que no existe una instrucción que combine en el operando fuente y en el operando destino direccionamiento a memoria. Esto nuevamente se debe a una decisión de diseño del CT.

Es importante conocer las combinaciones de modos de direccionamiento que permiten las instrucciones `MOV`, `MOVL` y `MOVH`. La instrucción `MOV` permite tres combinaciones de modos de direccionamiento: de registro a registro, de memoria a registro y de registro a memoria. Las instrucciones `MOVL` y `MOVH` solo permiten utilizar un modo de direccionamiento a registro en el operando destino (el de la izquierda de la coma) y un direccionamiento inmediato en el operando fuente (el de la derecha de la coma). Estas instrucciones se utilizan para transferir un dato inmediato a un registro, `MOVL` para la parte baja y `MOVH` para la parte alta. En la tabla 4.1 se muestra un resumen de todas estas instrucciones. En esta tabla, el símbolo `Rd` se utiliza para indicar un registro destino, `Rs` se utiliza para indicar un registro fuente y `Ri` para indicar un registro índice.

4.4. Sentencias aritméticas y lógicas

Dentro de un programa en lenguaje de alto nivel es muy común realizar operaciones aritméticas y operaciones lógicas. A continuación se muestra un ejemplo mínimo:

```
a = b + c;
```

En este ejemplo aparece combinada una expresión aritmética con una asignación. Primero se evalúa la parte derecha de la asignación, `b + c`, y, a continuación, se asigna el resultado a la variable destino, `a`.

Las operaciones aritméticas y lógicas son llevadas a cabo por la ALU. Para poder realizar una operación aritmética o lógica en el CT es necesario transferir previamente el valor de los datos con los que se quiere operar a registros del procesador. Esto es debido a que, en el CT, las instrucciones aritméticas y lógicas solo permiten utilizar direccionamiento a registro. Por lo tanto, cuando se opera con variables que se almacenan en memoria será necesario transferirlas a registros, que se utilizarán como almacenes temporales, para poder operar con ellas. Una vez que se ha realizado la operación, el resultado es transferido nuevamente a memoria. Suponiendo que el compilador decida almacenar las variables `a`, `b` y `c` en las direcciones de memoria `1000h`, `1001h` y `1002h`, respectivamente, la traducción a instrucciones del CT de la sentencia anterior sería la siguiente:

```
movl r0, 02h
movh r0, 10h     ; El registro r0 contiene el valor 1002h, dirección de c
mov r1, [r0]     ; El registro r1 contiene el valor de c

movl r0, 01h
movh r0, 10h     ; El registro r0 contiene el valor 1001h, dirección de b
mov r2, [r0]     ; El registro r2 contiene el valor de b

add r3, r2, r1   ; El registro r3 contiene b + c

movl r0, 00h
movh r0, 10h     ; El registro r0 contiene el valor 1000h, dirección de a

mov [r0], r3     ; La variable a contiene b + c
```

En este ejemplo se utilizan instrucciones de transferencia e instrucciones aritméticas. Las instrucciones de la línea 1 y de la línea 2 transfieren al registro R0 el valor 1002h, que es la dirección de memoria donde está almacenada la variable c. La instrucción de la línea 3 realiza una transferencia desde la posición de memoria apuntada por R0 hasta el registro R1, es decir, se transfiere el contenido de la variable c al registro R1. Las dos siguientes instrucciones sirven para almacenar el valor 1001h en el registro R0, que es la dirección de memoria donde está almacenada la variable b. La instrucción de la línea 7 transfiere el contenido de la variable b al registro R2. A continuación aparece la instrucción de suma, la instrucción ADD, que realiza la suma de R2, que contiene la variable b, y R1, que contiene la variable c. El resultado se almacena en el registro R3. Por último, se hace que el registro R0 apunte a la variable a y se transfiere a esa posición de memoria el resultado de la operación aritmética anterior.

Las sentencias aritméticas pueden combinar diversas operaciones, tal y como se muestra a continuación:

```
a = (b + c) - (d + e);
```

Suponiendo que el compilador decida almacenar las variables de forma consecutiva a partir de la dirección 1000h, la traducción podría ser la siguiente:

```
1  movl r0, 04h
2  movh r0, 10h    ; El registro r0 apunta a la variable e
3  mov r1, [r0]    ; El registro r1 contiene el valor de e

5  movl r0, 03h
6  movh r0, 10h    ; El registro r0 apunta a la variable d
7  mov r2, [r0]    ; El registro r2 contiene el valor de d

9  add r3, r2, r1  ; El registro r3 contiene d + e

11 movl r0, 02h
12 movh r0, 10h    ; El registro r0 apunta a la variable c
13 mov r1, [r0]    ; El registro r1 contiene el valor de c

15 movl r0, 01h
16 movh r0, 10h    ; El registro r0 apunta a la variable b
17 mov r2, [r0]    ; El registro r2 contiene el valor de b

19 add r4, r2, r1  ; El registro r4 contiene b + c

21 sub r5, r4, r3  ; El registro r5 contiene (b + c) - (d + e)

23 movl r0, 00h
24 movh r0, 10h    ; El registro r0 apunta a la variable a
25 mov [r0], r5    ; El resultado se almacena en la variable a
```

En la instrucción de la línea 9 se suman d y e, que previamente se habían transferido a los registros R2 y R1. En la instrucción de la línea 19 se suman b y c, que previamente se habían transferido a los registros R2 y R1. Como se puede observar,

Instrucción	Descripción
`ADD Rd, Rs1, Rs2`	Suma el contenido de los registros `Rs1` y `Rs2` y almacena el resultado en `Rd`
`SUB Rd, Rs1, Rs2`	Resta al contenido del registro `Rs1` el contenido del registro `Rs2` y almacena el resultado en `Rd`
`OR Rd, Rs1, Rs2`	Realiza la operación lógica `OR` con el contenido de los registros `Rs1` y `Rs2` y almacena el resultado en `Rd`
`AND Rd, Rs1, Rs2`	Realiza la operación lógica `AND` con el contenido de los registros `Rs1` y `Rs2` y almacena el resultado en `Rd`
`XOR Rd, Rs1, Rs2`	Realiza la operación lógica `XOR` con el contenido de los registros `Rs1` y `Rs2` y almacena el resultado en `Rd`
`INC Rd/s`	Incrementa el contenido del registro `Rd/s` en una unidad
`DEC Rd/s`	Decrementa el contenido del registro `Rd/s` en una unidad
`NOT Rd/s`	Realiza la operación lógica `NOT` con los bits contenidos en el registro `Rd/s`
`NEG Rd/s`	Cambia de signo (complemento a 2) el contenido del registro `Rd/s`

Tabla 4.2: Instrucciones aritméticas y lógicas en el CT

los registros se van reutilizando. En la instrucción de la línea 21 se restan los resultados obtenidos en las sumas anteriores y, por último, en la instrucción de la línea 25 se almacena el resultado final en la variable `a`.

En el ejemplo anterior se puede apreciar cómo una sentencia en un lenguaje de alto nivel puede dar lugar a muchas instrucciones en el lenguaje de la máquina. A medida que las sentencias en lenguaje de alto nivel se vuelven más complejas, la traducción puede dar lugar a decenas o incluso cientos de instrucciones de la máquina.

De forma análoga a las instrucciones aritméticas `ADD` y `SUB` para la suma y la resta, en el CT existen las instrucciones lógicas `AND`, `OR` y `XOR`. Todas estas instrucciones tienen tres operandos, el primero actúa de destino y los otros dos de fuente.

Además, existen dos instrucciones aritméticas denominadas `INC` y `DEC` que sirven para incrementar y para decrementar, respectivamente, en una unidad el valor de un registro. Estas dos instrucciones reciben un solo operando que actúa tanto de fuente como de destino.

Las instrucciones `NOT` y `NEG` sirven para realizar la operación lógica `NOT` y para cambiar el signo de un operando, respectivamente. Estas instrucciones reciben un solo operando.

En la tabla 4.2 se muestra un resumen de todas estas instrucciones. Tal y como se puede observar, las instrucciones aritméticas y lógicas del CT solo admiten direccionamiento a registro.

4.5. Sentencias condicionales

Una cuestión que diferencia a una máquina genérica de una máquina específica es su habilidad para tomar decisiones. En función de los resultados de las operaciones realizadas puede decidir realizar unas tareas u otras. Desde el punto de vista del lenguaje de programación de alto nivel, el programador es capaz de especificar qué tarea se debe ejecutar en función de si cierta expresión lógica es cierta o falsa. En un lenguaje de alto nivel, las sentencias condicionales se suelen representar utilizando la construcción `if-then-else` (`si-entonces-si no`). Algorítmicamente, una sentencia condicional sería similar a la que se muestra a continuación:

```
if (predicado) then
  (consecuente)
else
  (alternativa)
```

Si el predicado es cierto, la máquina debe realizar las tareas indicadas en el consecuente expresado por una o más sentencias. En caso de que el predicado sea falso, se deben realizar las tareas indicadas por la alternativa. La realización de una serie de sentencias alternativas en caso de que el predicado sea falso es opcional y en muchas ocasiones no existe.

El predicado consiste en una expresión lógica que se evalúa a cierto o a falso. Puede ser algo tan simple como determinar si dos variables son iguales, o puede contener una combinación de expresiones lógicas muy complejas.

La forma de traducir una sentencia condicional de lenguaje de alto nivel a instrucciones de la máquina se basa en combinar instrucciones de **comparación** e instrucciones de **salto condicional**. Una instrucción de comparación resta el contenido de dos registros sin almacenar el resultado en ningún sitio, pero la instrucción, dado que se trata de una operación aritmética que realiza la ALU, modifica el valor de sus bits de estado. Esto permite que, en función de los valores almacenados en los bits de estado, se pueda determinar si una determinada condición es cierta. Tras esta comparación se puede utilizar una instrucción que realice un salto, es decir, que modifique el flujo de ejecución del programa en función de la condición evaluada.

Por ejemplo, una sentencia condicional simple en `C++` podría ser la siguiente:

```
if (a == b)
  c = d;
else
  d = c;
```

En esta sentencia condicional si `a` y `b` son iguales se realiza la asignación de `d` a `c`. En caso contrario, se asigna `c` a `d`. Su traducción, suponiendo que las variables `a`, `b`, `c` y `d` se almacenan en los registros `R0`, `R1`, `R2` y `R3`, respectivamente, podría ser la siguiente:

```
1    cmp r0, r1 ; a == b ?
2    brz consecuente ; Si son iguales saltar a consecuente
3    mov r3, r2 ; d = c (alternativa)
4    jmp siguiente
5  consecuente:
6    mov r2, r3 ; c = d (consecuente)
7  siguiente:
```

La instrucción de la línea 1 realiza la comparación de `a` y `b` realizando su resta. Cuando dos datos son iguales su diferencia es nula; por lo tanto, al ser el resultado 0 el bit de cero, `ZF`, tendrá valor 1. Esto quiere decir que después de ejecutar la instrucción de la línea 1 el valor de `ZF` será 1 si `a` y `b` son iguales o 0 si son distintos.

La instrucción de la línea 2 realiza un salto condicional. Este tipo de instrucciones sirven para modificar la ejecución secuencial del programa si determinada condición es cierta. En este caso, el salto se produce en función de `ZF` (`BRZ`, *BRanch* si `ZF`). Si el valor de `ZF` es 1, la instrucción de salto provoca que la siguiente instrucción a ejecutar sea la instrucción referenciada por la etiqueta `consecuente`. La instrucción a la que hace referencia una etiqueta es la instrucción que aparece a continuación de la etiqueta. En el caso de la etiqueta `consecuente`, que aparece en la línea 5, hace referencia a la instrucción de la línea 6. Tras la ejecución de la instrucción de salto se continúa con la ejecución secuencial de instrucciones.

La instrucción de la línea 2 solo realiza el salto en caso de que la condición sea cierta, es decir, en este caso que `ZF` sea 1. En caso de que la condición sea falsa, la instrucción no provoca salto y se continúa con la ejecución secuencial de las instrucciones; por lo tanto, tras ejecutar la instrucción de la línea 2 se ejecutaría la instrucción de la línea 3, que lleva a cabo la alternativa. A continuación se ejecutaría la instrucción de la línea 4. La instrucción `JMP` (*JuMP*) es una instrucción de **salto incondicional**, es decir, realiza el salto siempre, sin depender de ninguna condición. Por tanto, tras la ejecución de la instrucción de la línea 4 se ejecutará la instrucción referenciada por la etiqueta `siguiente`. El salto a la etiqueta `siguiente` evita ejecutar el consecuente en caso de haber ejecutado previamente la alternativa.

La máquina no entiende directamente el significado de una etiqueta, al igual que no entiende el significado de un mnemónico. Durante el proceso de codificación de las instrucciones, las etiquetas serán reemplazadas por desplazamientos relativos. Este aspecto se estudiará en el capítulo 5.

Como se ha indicado anteriormente, la parte alternativa en una sentencia condicional es opcional y, por lo tanto, puede no aparecer. A continuación se muestra un ejemplo:

```
if (a == b)
  c = d;
```

En este caso, su traducción sería la siguiente:

Magnitudes sin signo	Relación	Magnitudes con signo
ZF $= 1$	$=$	ZF $= 1$
ZF $= 0$	$\neq$	ZF $= 0$
CF $= 0$ y ZF $= 0$	$>$	SF $=$ OF y ZF $= 0$
CF $= 0$	$\geq$	SF $=$ OF
CF $= 1$	$<$	SF $\neq$ OF
CF $= 1$ o ZF $= 1$	$\leq$	SF $\neq$ OF o ZF $= 1$

Tabla 4.3: Bits de estado para determinar la certeza de una relación

```
  cmp r0, r1 ; a == b ?
  brz consecuente ; Si son iguales saltar a consecuente
  jmp siguiente
consecuente:
  mov r2, r3 ; c = d (consecuente)
siguiente:
```

La traducción es muy similar al ejemplo anterior, con la diferencia de que en este caso no hay alternativa.

Como se ha comentado anteriormente, toda sentencia condicional se traduce en una combinación de instrucciones de comparación, saltos condicionales e incondicionales, dependiendo de la complejidad de la condición. La instrucción o instrucciones de salto condicional que se deben utilizar dependen de la condición. Por ejemplo, tal y como se ha visto en los casos anteriores, la certeza de la igualdad se puede determinar comprobando si el bit de cero es 1. La condición contraria, la desigualdad, se puede determinar comprobando si el bit de cero es 0. En función de los bits de estado de la ALU se puede determinar la certeza de cualquier relación: $=$, $\neq$, $>$, $\geq$, $<$, o $\leq$. La combinación de valores que se deben comprobar en los bits de estado de la ALU para determinar la certeza de cualquiera de estas relaciones se muestra en la tabla 4.3. Como se puede observar, las combinaciones de los bits de estado no son las mismas para las magnitudes sin signo (naturales) que para las magnitudes con signo (enteros en complemento a 2). Para poder traducir una sentencia condicional es requisito conocer si los datos con los que se trabaja representan magnitudes con o sin signo. En los ejemplos anteriores este requisito no fue necesario, ya que la igualdad y desigualdad se comprueban siempre con el mismo bit, `ZF`, independientemente de si representan magnitudes con o sin signo.

El CT proporciona instrucciones de salto condicionales para cada bit de estado de la ALU, tanto si tiene valor 1 como si tiene valor 0. Las instrucciones `BRZ` y `BRNZ` son dos ejemplos que realizan el salto si `ZF` tiene valor 1 o 0, respectivamente. En la tabla 4.4 se muestra un resumen de todas estas instrucciones.

A partir de toda esta información se puede analizar la traducción de sentencias condicionales más complejas. Por ejemplo, en la sentencia condicional siguiente, si el valor de `a` es menor que el de `b` se realiza la asignación de `d` a `c`. Todas las variables almacenan números naturales.

Instrucción	Descripción
`CMP Rs1, Rs2`	Compara dos registros restando su contenido
`JMP Etiqueta`	Realiza un salto incondicional a la instrucción referenciada por `Etiqueta`
`BRC Etiqueta`	Realiza un salto a la instrucción referenciada por `Etiqueta` si el bit de acarreo, `CF`, tiene valor 1
`BRNC Etiqueta`	Realiza un salto a la instrucción referenciada por `Etiqueta` si el bit de acarreo, `CF`, tiene valor 0
`BRO Etiqueta`	Realiza un salto a la instrucción referenciada por `Etiqueta` si el bit de desbordamiento, `OF`, tiene valor 1
`BRNO Etiqueta`	Realiza un salto a la instrucción referenciada por `Etiqueta` si el bit de desbordamiento, `OF`, tiene valor 0
`BRZ Etiqueta`	Realiza un salto a la instrucción referenciada por `Etiqueta` si el bit de cero, `ZF`, tiene valor 1
`BRNZ Etiqueta`	Realiza un salto a la instrucción referenciada por `Etiqueta` si el bit de cero, `ZF`, tiene valor 0
`BRS Etiqueta`	Realiza un salto a la instrucción referenciada por `Etiqueta` si el bit de signo, `SF`, tiene valor 1
`BRNS Etiqueta`	Realiza un salto a la instrucción referenciada por `Etiqueta` si el bit de signo, `SF`, tiene valor 0

Tabla 4.4: Instrucciones para la toma de decisiones en el CT

```
if (a < b)
  c = d;
```

Generalmente, las variables se almacenarán en memoria, y serán necesarias instrucciones de movimiento para transferir su valor a registros temporales antes de realizar la comparación y la asignación. En este caso, para simplificar se va a suponer que las variables `a`, `b`, `c` y `d` se almacenan en los registros `R0`, `R1`, `R2` y `R3`, respectivamente. La traducción sería la siguiente:

```
  cmp r0, r1
  brc consecuente ; Saltar si r0 < r1, es decir, CF = 1
  jmp siguiente
consecuente:
  mov r2, r3
siguiente:
```

La traducción se realiza siguiendo el esquema mostrado anteriormente. En primer lugar se debe determinar la certeza de la relación «menor que». Para ello hay que fijarse en los bits de estado que sirven para determinar la certeza de dicha relación. La relación «menor que», para magnitudes sin signo, es cierta cuando `CF` = 1, tal y como se muestra en la tabla 4.3. Por lo tanto, la instrucción `BRC`, que salta cuando `CF` = 1, provoca que se ejecute la instrucción de asignación cuando se da la relación «menor que». Cuando la condición es falsa, la instrucción `BRC` no provoca salto, con lo que se ejecutará el salto incondicional `JMP`, que evita que se ejecute el consecuente.

Otro ejemplo de traducción sería el que se genera a partir de la siguiente sentencia:

```
if (a <= b)
  c = d;
```

Partiendo de la misma asignación de variables que almacenan números naturales a registros, la traducción sería la siguiente:

```
  cmp r0, r1
  ; Saltar si r0 <= r1, es decir, CF = 1 o ZF = 1
  brc consecuente
  brz consecuente
  jmp siguiente
consecuente:
  mov r2, r3
siguiente:
```

En este caso, la certeza de la relación «menor o igual que» está determinada por `CF` = 1 o `ZF` = 1. La implementación a partir de esta combinación de valores consiste en realizar un salto en función del primer bit y, a continuación, realizar otro salto en función del segundo bit. Cuando el primer salto tiene éxito, se provoca la ejecución de la instrucción de asignación. Si el primer salto no tiene éxito, entonces se ejecuta el segundo, y si tiene éxito, también se ejecuta la instrucción de asignación. Si `CF` = 0 y

`ZF` = 0 se ejecuta la instrucción de salto incondicional de la línea 5, y la instrucción de asignación no se ejecuta. Solamente cuando `CF` = 1 o `ZF` = 1 se ejecuta la instrucción de asignación, es decir, cuando `R0`, `a`, sea menor o igual que `R1`, `b`.

Otra sentencia condicional en `C++` podría ser la siguiente:

```
if (a > b)
  c = d;
```

Siguiendo con la misma asignación de variables que almacenan números naturales a registros, la traducción sería la siguiente:

```
1    cmp r0, r1
2    ; Saltar si r0 > r1, es decir, CF = 0 y ZF = 0
3    brnc comprueba_ZF_0
4    jmp siguiente
5  comprueba_ZF_0:
6    brnz consecuente
7    jmp siguiente
8  consecuente:
9    mov r2, r3
10 siguiente:
```

La certeza de la relación «mayor que» está determinada por `CF` = 0 y `ZF` = 0. Por lo tanto, para comprobar la certeza de dicha relación es necesario comprobar si `CF` contiene el valor 0 y, solamente en caso afirmativo, si `ZF` también contiene el valor 0. Si cualquiera de estos dos bits de estado tiene otro valor quiere decir que la condición es falsa. La instrucción de la línea 3 realiza un salto si `CF` = 0. Este salto llega a la instrucción de la línea 6 que, a su vez, salta a la instrucción de la línea 9 si `ZF` = 0, ejecutando la instrucción de asignación. Si la instrucción de la línea 3 no salta porque `CF` = 1, entonces se ejecuta la instrucción de salto incondicional que provoca que no se ejecute el consecuente, la instrucción de asignación. En caso de que la instrucción de la línea 3 salte pero no lo haga la instrucción de la línea 6, la instrucción de asignación tampoco es ejecutada. Con esta combinación de saltos se consigue que la instrucción de asignación solo se ejecute cuando `R0`, `a`, sea mayor que `R1`, `b`, tal y como se expresaba en la sentencia condicional en `C++`.

4.6. Bucles

Los bucles son otra de las construcciones fundamentales de un lenguaje de programación. Permiten que el programador ordene a la máquina que ejecute un conjunto de sentencias de forma repetitiva. Generalmente, los bucles terminan cuando se cumple una determinada condición o cuando se ha realizado un determinado número de iteraciones.

4.6.1. Bucle *for*

Una de las construcciones iterativas más utilizadas es el bucle `for`. A continuación se muestra un ejemplo de bucle `for` que ejecuta una sentencia aritmética y de asignación diez veces.

```
for (i = 0; i < 10; i++)
  a = a + i;
```

La traducción del código anterior, suponiendo que las variables `i` y `a` contienen números naturales[1] y se almacenan en los registros `R0` y `R2`, respectivamente, podría ser la siguiente:

```
1    xor r0, r0, r0 ; i = 0
2    movl r1, 10
3    movh r1, 0

5  inicio_for:
6    cmp r0, r1
7    brnc fin_for ; Si i >= 10 entonces se termina el bucle for

9    ; Cuerpo del for
10   add r2, r2, r0 ; a = a + i

12   inc r0 ; i++
13   jmp inicio_for
14 fin_for:
```

En primer lugar, las instrucciones de las tres primeras líneas realizan la inicialización de variables. La instrucción de la línea 1 realiza una operación lógica `XOR` sobre el registro `R0`, que almacena la variable `i`, para poner la variable a 0. Esta instrucción es equivalente a copiar el valor 0 a dicho registro. Las dos siguientes instrucciones inicializan el registro temporal `R1` a 10, que es el número de iteraciones del bucle. La etiqueta `inicio_for` indica el comienzo del bucle, que empieza determinando si se cumple la condición `i` $<$ 10. En caso de que la condición sea falsa, es decir, si `CF` $= 0$, la instrucción `BRNC` salta, provocando que se termine el bucle. En caso de que, efectivamente, `i` sea menor que 10 se ejecuta el cuerpo del bucle, se incrementa la variable `i` en una unidad y se retorna nuevamente al comienzo del bucle con un salto incondicional.

Una sentencia `for` está compuesta de otras sentencias más sencillas, incluyendo sentencias de asignación, sentencias aritméticas y sentencias condicionales. Es por ello que la forma de traducir los bucles resulta muy similar a los ejemplos vistos anteriormente en este capítulo.

[1] En lenguaje C++ una variable de tipo número natural se declara como `unsigned int`.

4.6.2. Bucle *while*

Otra construcción iterativa muy utilizada es el bucle `while`, que sirve para ejecutar un conjunto de sentencias mientras una determinada condición sea cierta. Cualquier bucle implementado con un `for` se puede implementar con un `while`, y viceversa, aunque el bucle `for` se utiliza más a menudo cuando se conoce el número de iteraciones.

Un ejemplo de bucle `while` en C++ podría ser el siguiente:

```
while (i != j)
{
  a = a + i;
  i++;
}
```

Suponiendo que la variable `i` se almacena en el registro `R0`, que la variable `j` se almacena en el registro `R1` y que la variable `a` se almacena en el registro `R2`, su traducción podría ser la siguiente:

```
inicio_while:
  cmp r0, r1
  brz fin_while ; Si i = j entonces se termina el bucle while

  ; Cuerpo del while
  add r2, r2, r0 ; a = a + i
  inc r0 ; i++

  jmp inicio_while
fin_while:
```

La traducción de un bucle `while` es muy similar a la del bucle `for`. Se comienza comprobando la condición. Si es falsa, se termina el bucle. Si es cierta, se ejecuta el cuerpo del bucle y se retorna nuevamente al principio.

4.6.3. Bucle *do-while*

La tercera construcción que se suele utilizar para crear bucles es `do-while`. Esta construcción, al igual que el bucle `while`, permite ejecutar un conjunto de sentencias mientras una determinada condición sea cierta. La diferencia con el bucle `while` es que en el bucle `do-while` la condición se comprueba al final, no al principio, por lo que, como mínimo, siempre se ejecuta una iteración del bucle.

Un ejemplo básico en C++ de bucle `do-while` podría ser el siguiente:

```
do
{
  a = a + i;
  i++;
} while (i != j);
```

Su traducción, suponiendo nuevamente que la variable `i` se almacena en `R0`, `j` en `R1` y `a` en `R2`, podría ser la siguiente:

```
1 inicio_do_while:

3   ; Cuerpo del do-while
4   add r2, r2, r0 ; a = a + i
5   inc r0 ; i++

7   cmp r0, r1
8   brnz inicio_do_while ; Si i != j entonces se itera
```

La traducción es ligeramente más sencilla, al no ser necesaria la utilización de instrucciones de salto incondicional. En este caso, el bucle termina cuando la instrucción de la línea 8 no provoca salto, es decir, cuando la condición sea falsa (`i` sea igual a `j`). Mientras que la condición sea cierta, el cuerpo del bucle se ejecutará repetidamente.

4.6.4. Ejemplo de bucle para iterar sobre los elementos de un vector

A continuación se muestra otro ejemplo de bucle en `C++`. En este caso se itera sobre los elementos de un vector, restando a cada elemento el valor 25.

```
for (i = 0; i < 100; i++)
  V[i] = V[i] - 25;
```

Suponiendo que la variable `i` se almacena en `R0` y los elementos del vector `V` se almacenan a partir de la dirección de memoria `1000h`, la traducción del código anterior podría ser la siguiente:

```
  xor r0, r0, r0 ; i = 0
  movl r1, 100
  movh r1, 0 ; r1 = 100 (número de iteraciones)

inicio_for:
  cmp r0, r1
  brnc fin_for ; Si i >= 100 entonces se termina el bucle for

  ; Cuerpo del for
  movl r2, 00h
  movh r2, 10h ; r2 = V (dirección de V)
  add r2, r2, r0 ; r2 = V + i (dirección de V[i])

  mov r3, [r2] ; r3 = V[i]

  movl r4, 25
  movh r4, 0 ; r4 = 25

  sub r3, r3, r4 ; r3 = V[i] - 25
  mov [r2], r3 ; V[i] = r3, es decir, V[i] = V[i] - 25
```

```
    inc r0 ; i++
    jmp inicio_for
fin_for:
```

Las primeras líneas no difieren sustancialmente del ejemplo analizado anteriormente. Se inicializa la variable `i` a 0 y se utiliza el registro `R1` para almacenar el número de iteraciones. Tras el inicio del bucle `for` comienza el cuerpo del bucle. En primer lugar, en el registro `R2` se almacena la dirección de comienzo del vector `V`. Sumando a este registro el valor de `i` se obtiene la dirección de la posición `i` del vector `V`. Una vez que se tiene la dirección de `V[i]` se transfiere su contenido a `R3`, se le resta el valor 25 y el resultado se transfiere de nuevo a memoria. Por último, se incrementa `i` en una unidad y se retorna al inicio del bucle.

El compilador que realiza la traducción de lenguaje de alto nivel al lenguaje de la máquina, en principio, realiza la traducción de cada sentencia de forma independiente. Sin embargo, resulta evidente que esta forma de traducción no proporciona resultados óptimos. Es tarea del compilador intentar optimizar la generación de código de forma que, utilizando el mínimo número de instrucciones, se consiga el mismo resultado. Por ejemplo, en el caso anterior se podrían mover las instrucciones que almacenan el valor 25 en el registro `R4` antes del comienzo del bucle. El resultado de la ejecución del código proporcionaría los mismos resultados, pero en cada iteración se ejecutarían dos instrucciones menos. Teniendo en cuenta que el bucle consta de 100 iteraciones, resultaría en un ahorro de 200 instrucciones menos a ejecutar. Optimizaciones similares podrían reducir incluso más el número de instrucciones a ejecutar. Todos los compiladores actuales son capaces de generar código muy optimizado, incluso más óptimo que si un programador lo escribiese de forma manual.

4.7. Procedimientos

En los orígenes de la programación, la forma en la que los programadores indicaban a la máquina las tareas a realizar tenía mucho de intuición y de improvisación. Con el tiempo, y a medida que los programas se hicieron más complejos, fueron surgiendo diversas técnicas, también llamadas metodologías, con el objetivo de organizar los programas. Una de las técnicas con más éxito ha sido la **programación estructurada**. Esta técnica se basa en dividir el problema a solucionar en subproblemas. Cada uno de los subproblemas, más sencillos que el original, se soluciona de forma independiente. La combinación de todas estas soluciones parciales proporciona la solución al problema de partida.

Dentro de la programación estructurada un elemento fundamental es el **procedimiento** o subrutina. Los procedimientos se utilizan para encapsular la implementación de un algoritmo que resuelve un subproblema. La utilización de procedimientos aumenta notablemente la legibilidad del código y permite su reutilización, ya que en distintos problemas hay subproblemas que se repiten.

Hay múltiples términos para denominar a los procedimientos, dependiendo del lenguaje de programación en el que se trabaje. Por ejemplo, en C++ es más habitual hablar de función en lugar de procedimiento.

Un procedimiento es un fragmento de código que puede ser llamado y ejecutado desde cualquier punto de un programa. Está diseñado para realizar una determinada tarea muy concreta y para retornar al lugar desde donde fue llamado una vez que su ejecución termine. Generalmente, los procedimientos reciben información durante la llamada. Esta información, expresada a través de **parámetros**, se procesa durante la ejecución del procedimiento. Un procedimiento puede o no recibir parámetros; cuando los recibe se dice que el procedimiento está parametrizado, es decir, que ejecuta una tarea en función de los parámetros recibidos.

Un ejemplo de procedimiento en C++ podría ser el procedimiento Suma, que recibe dos números y retorna su suma:

```
int Suma(int a, int b)
{
  return a + b;
}
```

Un ejemplo de llamada a este procedimiento podría ser la siguiente:

```
Resultado = Suma(4, 7);
```

En este ejemplo se llama al procedimiento Suma pasándole dos parámetros: 4 y 7. El resultado del procedimiento, la suma de los parámetros, se almacena en la variable Resultado.

El hecho de llamar a un procedimiento supone la realización de las siguientes tareas:

1. Situar los parámetros en algún lugar donde el procedimiento pueda acceder a ellos.
2. Transferir la ejecución del programa al código del procedimiento.
3. Reservar el almacenamiento necesario para llevar a cabo la ejecución dentro del procedimiento.
4. Ejecutar el fragmento de programa que implementa el procedimiento.
5. Almacenar el resultado del procedimiento en algún lugar donde el código que lo llamó puede acceder a él.
6. Retornar al lugar del programa justo a continuación desde donde se llamó al procedimiento.

Para poder llevar a cabo todas estas tareas son necesarios recursos de almacenamiento temporales, incluyendo recursos para almacenar los parámetros, para almacenar los datos que se necesiten durante la ejecución o para recordar el lugar adónde se debe retornar. Dentro de la máquina se pueden utilizar los registros pero, como ya se ha mencionado, los registros proporcionan unos recursos de almacenamiento muy limitados. En general, no hay suficientes registros para poder implementar la llamada a un procedimiento solamente utilizando registros. La solución es utilizar la memoria.

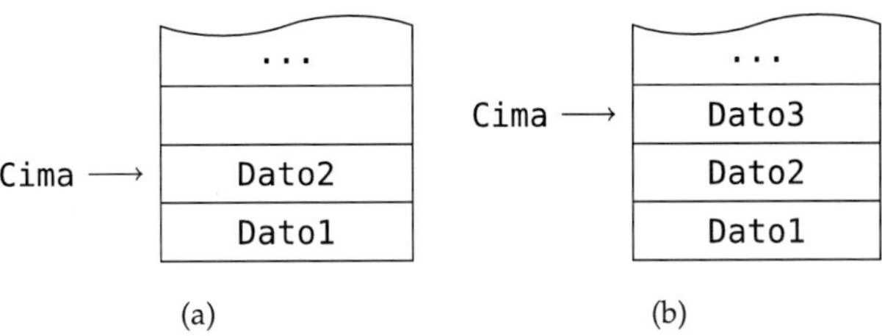

Figura 4.3: Operación de apilar datos en la pila: (a) antes de apilar `Dato3`; (b) después de apilar `Dato3`

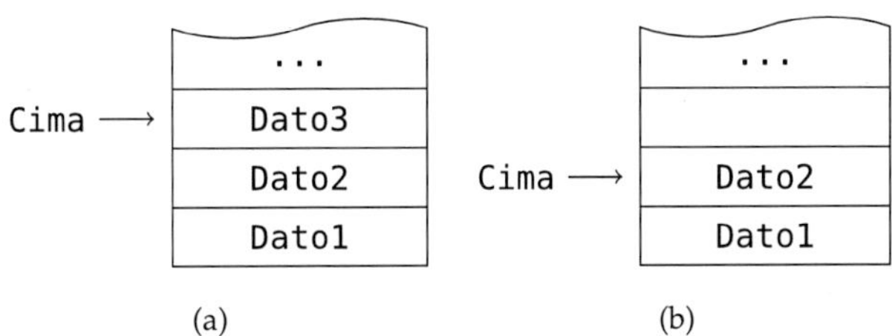

Figura 4.4: Operación de desapilar datos de la pila: (a) antes de desapilar `Dato3`; (b) después de desapilar `Dato3`

4.7.1. La pila

Para simplificar la utilización de la memoria como almacén de datos temporales surge la **pila**, que consiste en una estructura de datos implementada mediante un conjunto de posiciones de memoria consecutivas. Sobre esta zona de memoria se definen dos operaciones: `PUSH` y `POP`. La operación `PUSH` (apilar) sirve para almacenar en la pila un nuevo dato, y la operación `POP` (desapilar) sirve para extraer de la pila un dato que previamente había sido almacenado. La operación `PUSH` supone una escritura en la pila y la operación `POP` una lectura de la pila.

La pila es una estructura de datos tipo LIFO (*Last In First Out*), es decir, usando `POP` los datos se sacan en el orden contrario en el que fueron introducidos usando `PUSH`. La operación de apilar siempre almacena el nuevo dato sobre el último almacenado. Para poder realizar esta operación es, por lo tanto, necesario tener una referencia que apunte al lugar donde se ha almacenado el último elemento, es decir, a la **cima de la pila**. Tras apilar el nuevo dato, la cima de la pila se actualiza para que apunte a la nueva posición. En la figura 4.3 se muestra un ejemplo.

La operación de desapilar realiza la tarea inversa, eliminando de la pila el dato almacenado en la cima, tal y como se muestra en la figura 4.4. Tras desapilar, la cima se actualiza nuevamente.

En el CT, el funcionamiento de la pila es similar al mostrado. Para apilar se utiliza la instrucción `PUSH` y para desapilar la instrucción `POP`. La posición de la cima de la pila se almacena en el registro `R7`, también denominado **registro puntero de pila**. En los programas que usen la pila no se debe modificar el registro `R7` directamente, ya que esto podría implicar una utilización incorrecta de la pila. Cuando se apila un dato, el registro R7 se decrementa en una unidad para apuntar a la nueva cima, y cuando se desapila, el registro R7 se ajusta de nuevo incrementándolo. El registro R7, por lo tanto, apunta siempre al último dato apilado.

4.7.2. Llamada a procedimientos con paso de parámetros a través de registros

Una vez visto el funcionamiento de la pila, se va a proceder a ver un ejemplo mínimo de procedimiento donde se observará el uso de la pila.

La traducción al CT de la llamada al procedimiento `Suma`, suponiendo que el procedimiento retorna el resultado en `R0` y que la variable `Resultado` se almacena en la dirección de memoria `1000h`, podría ser la siguiente:

```
1 movl r1, 4 ; Pasar el primer parámetro en r1
2 movh r1, 0
3 movl r2, 7 ; Pasar el segundo parámetro en r2
4 movh r2, 0
5 call Suma
6 movl r3, 0
7 movh r3, 10h
8 mov [r3], r0
```

Para pasar los parámetros al procedimiento hay dos opciones: los registros o la pila. En este caso se ha hecho uso de los registros. En primer lugar, se cargan los parámetros en los registros. En este caso se carga en el registro `R1` el parámetro 4 y en el registro `R2` el parámetro 7. A continuación, se llama al procedimiento con la instrucción de la línea 5. La instrucción de llamada `CALL` funciona de forma similar a un salto, transfiriendo el flujo de ejecución del programa a la primera instrucción del procedimiento etiquetado por `Suma`. Cuando el procedimiento termina, retorna a la siguiente instrucción después de la llamada al procedimiento. En este ejemplo se retorna a la instrucción de la línea 6, que es la que se encuentra a continuación de la instrucción de llamada. En las dos siguientes instrucciones se carga en el registro temporal `R3` la dirección de `Resultado` y, por último, se almacena en dicha variable el resultado del procedimiento que estaba en `R0`.

La instrucción de llamada a un procedimiento funciona de forma similar a un salto en el sentido de que también modifica el flujo de ejecución secuencial del programa. La diferencia con la instrucción de salto es que la instrucción de llamada a un procedimiento necesita almacenar la dirección a la que se debe retornar cuando se termine el procedimiento. En el CT, la dirección de retorno del procedimiento se almacena siempre en la pila, por lo tanto, la instrucción `CALL` hace uso de una posición en la pila almacenando la dirección de retorno del procedimiento.

La traducción del procedimiento `Suma`, en este caso, es muy sencilla:

```
Suma:
  add r0, r1, r2
  ret
```

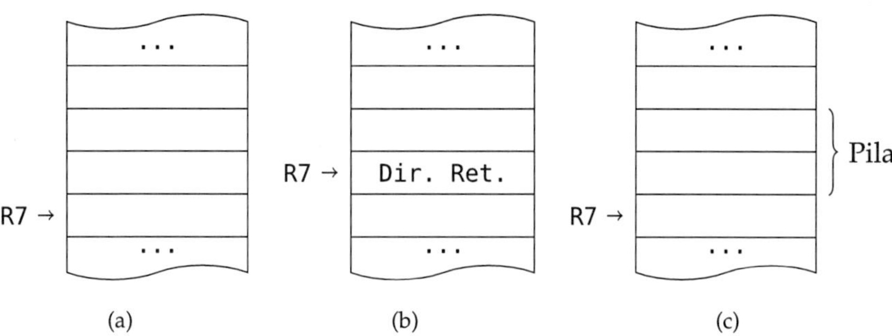

Figura 4.5: Evolución de la pila en la llamada a un procedimiento: (a) antes de la llamada; (b) después de la llamada; (c) después del retorno

Instrucción	Descripción
`CALL Etiqueta`	Llama al procedimiento cuyo nombre es `Etiqueta`
`RET`	Retorna del procedimiento
`PUSH Rs`	Apila el contenido del registro `Rs`
`POP Rd`	Desapila un valor en el registro `Rd`

Tabla 4.5: Instrucciones para el uso de procedimientos en el CT

Para sumar los dos parámetros que llegan a través de los registros `R1` y `R2`, y almacenar el resultado en `R0`, donde se devuelve el resultado del procedimiento, es suficiente con utilizar la instrucción de la línea 2. Después, se retorna con la instrucción de la línea 3. La instrucción de retorno `RET` devuelve el flujo de ejecución del programa a la instrucción que se encuentra a continuación de la llamada al procedimiento. La instrucción `RET` obtiene la dirección de retorno de la cima de la pila, lugar donde fue almacenada por la instrucción `CALL`.

En la figura 4.5 se muestra el estado de la pila en diferentes instantes. Inicialmente, el espacio de memoria reservado para la pila está vacío. Cuando la pila está vacía, el registro puntero de pila `R7` apunta una posición por debajo de la primera que está reservada para la pila. Cuando se llama al procedimiento, se apila la dirección de retorno y el registro `R7` se decrementa en una unidad para apuntar a dicho dato, que ahora representa la cima de la pila. Cuando se retorna del procedimiento, se desapila la dirección de retorno, restableciendo el estado inicial.

En la tabla 4.5 se muestra un resumen de todas las instrucciones que se utilizan en los procedimientos. Además de la instrucción `CALL` y `RET` vistas en el ejemplo anterior, la instrucción `PUSH` sirve para apilar el contenido de un registro y la instrucción `POP` para desapilar un dato, transfiriéndolo a un registro destino. En el ejemplo sencillo que se acaba de estudiar, las instrucciones `PUSH` y `POP` no han sido utilizadas. Sin embargo, en los próximos apartados se verán ejemplos donde se podrá comprobar la importancia de estas instrucciones en los procedimientos.

4.7.3. Llamada a procedimientos con paso de parámetros a través de la pila

En el ejemplo anterior, se ha supuesto que el compilador traduce el paso de parámetros al procedimiento a través de registros. Este caso, aunque deseable, es poco frecuente debido al número limitado de registros en un procesador. En general, el paso de parámetros a un procedimiento se realiza a través de la pila. La traducción de la llamada al procedimiento `Suma` utilizando paso de parámetros a través de la pila sería la siguiente:

```
1  movl r1, 7
2  movh r1, 0
3  push r1 ; Paso del segundo parámetro
4  movl r1, 4
5  movh r1, 0
6  push r1 ; Paso del primer parámetro

8  call Suma ; Llamada al procedimiento

10 inc r7 ; Eliminación de los parámetros
11 inc r7

13 movl r3, 0
14 movh r3, 10h
15 mov [r3], r0
```

Las seis primeras instrucciones se encargan del paso de parámetros. Debido a que las instrucciones `PUSH` y `POP` solo permiten el direccionamiento a registro, es necesario transferir el valor inmediato a un registro antes de apilarlo. En este caso se ha utilizado el registro `R1` para apilar los dos parámetros, pero se podría haber utilizado cualquier otro registro (salvo `R7`). La instrucción de la línea 3 apila el contenido de `R1`, que en ese momento tiene el valor 7, el segundo parámetro. El primer parámetro se apila con la instrucción de la línea 6. Es habitual apilar los parámetros de derecha a izquierda según aparecen en la instrucción de llamada al procedimiento en el lenguaje de alto nivel. De esta forma, el parámetro al que primero se accede en la pila coincide con el primer parámetro del procedimiento. Tras apilar los parámetros se llama al procedimiento con la instrucción de la línea 8, que apila la dirección de retorno, en este caso la dirección de la instrucción de la línea 10. En la figura 4.6 se muestra el estado de la pila mientras se apilan los registros y tras llamar al procedimiento.

El código del procedimiento con paso de parámetros a través de la pila cambia sustancialmente. La nueva traducción se muestra a continuación:

```
Suma:
  push r6 ; Prólogo
  mov r6, r7

  push r1 ; Salvaguarda de registros
  push r2
```

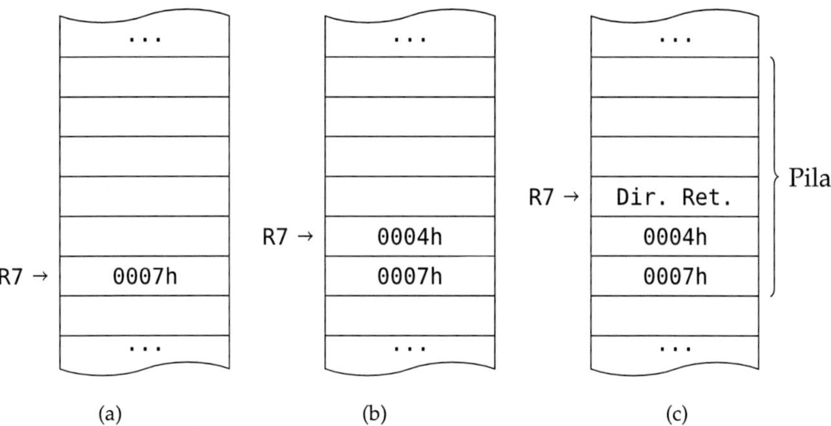

Figura 4.6: Llamada a un procedimiento con paso de parámetros a través de la pila: (a) después de apilar el segundo parámetro; (b) después de apilar el primer parámetro; (c) después de la llamada al procedimiento

```
inc r6
inc r6
mov r1, [r6] ; Acceso al primer parámetro
inc r6
mov r2, [r6] ; Acceso al segundo parámetro

add r0, r1, r2 ; Cuerpo del procedimiento

pop r2 ; Restauración de registros
pop r1

pop r6 ; Epílogo
ret
```

El código de un procedimiento con paso de parámetros a través de la pila sigue un esquema fijo que contiene los siguientes pasos:

- **Prólogo.** Durante el prólogo del procedimiento se salvaguarda el valor del registro R6, apilándolo, y se hace una copia del registro R7 (puntero de pila) en el registro R6. La copia del registro R6 en la pila se hace para preservar su valor durante la llamada al procedimiento, ya que dicha copia luego será restaurada y el registro R6 recuperará su valor original. Con la copia del registro R7 al registro R6 se consigue que R6 apunte al último dato apilado. El estado de la pila después del prólogo se muestra en la figura 4.7(a).
- **Salvaguarda de registros.** Un procedimiento debe ser diseñado como una caja negra, ocultando su implementación y simplemente mostrando su interfaz de llamada. La especificación de la interfaz de un procedimiento indica cuántos parámetros recibe, en qué localización y en qué orden. Además, también es necesario especificar dónde se retorna el resultado, en caso de que el procedimiento produzca un valor de retorno. Debido a que un procedimiento se

diseña para ser reutilizado, no se puede hacer ninguna suposición sobre el uso de los registros que realiza el invocador del procedimiento. Es por ello que los registros que se utilicen dentro de un procedimiento deben ser guardados antes de ser modificados y restaurados antes de retornar. De esta forma, desde el punto de vista del invocador del procedimiento es como si dichos registros nunca se hubieran modificado. El lugar adecuado para crear una copia del valor original de los registros antes de ser modificados es justamente después del prólogo. Se deberá crear una copia en la pila de todos aquellos registros que se vayan a modificar durante la ejecución del procedimiento, con la excepción del registro que se utilice para retornar el resultado. En el procedimiento anterior, la instrucción de la línea 5 y la instrucción de la línea 6 crean una copia de los registros `R1` y `R2`, que se van a modificar durante la ejecución del procedimiento. El registro `R0` no se guarda, ya que se utiliza para retornar el resultado. El registro `R6` ya se había guardado durante el prólogo. El estado de la pila después de la salvaguarda de registros se muestra en la figura 4.7(b). El registro `R7` apunta al último dato apilado, pero `R6` no se modifica, manteniendo su contenido y, por lo tanto, apuntando a la misma posición de memoria.

- **Acceso a parámetros.** Para acceder a los parámetros que se reciben a través de la pila se utilizará el registro `R6` como puntero. Tras el prólogo, `R6` apunta dos posiciones por encima del primer parámetro. Las instrucciones 8 y 9 incrementan en total en dos unidades el valor de `R6`, provocando que quede apuntando al primer parámetro, tal y como se muestra en la figura 4.8(a). Una vez que se tiene el registro `R6` apuntando a un parámetro se realiza la transferencia del dato al que hace referencia a un registro, en este caso a `R1`, en la instrucción de la línea 10. Para acceder al segundo parámetro se vuelve a incrementar `R6` en la instrucción de la línea 11, provocando el resultado mostrado en la figura 4.8(b). En la instrucción de la línea 12 se lleva a cabo la transferencia del dato al que hace referencia el registro `R6` al registro `R2`. En caso de que hubiera más parámetros, se seguiría incrementado el registro `R6` para utilizarlo como registro puntero y se irían realizando transferencias a registros.

- **Cuerpo del procedimiento.** Tras acceder a los parámetros se implementa el cuerpo del procedimiento. Este paso es particular para cada procedimiento dependiendo de la tarea que vaya a realizar. En este caso, consiste simplemente en la suma realizada en la instrucción de la línea 14.

- **Restauración de registros.** Después de terminar el cuerpo del procedimiento, se restauran los registros utilizados. Estas instrucciones desapilan los registros guardados (`R1` y `R2`) restaurándolos al valor original que tenían antes de entrar en el procedimiento. La restauración se realiza en orden inverso a como fueron guardados los registros, dado que, como se ha indicado anteriormente, la pila es una estructura de datos de tipo LIFO. El estado de la pila después de restaurar los registros se muestra en la figura 4.9(a).

- **Epílogo.** El epílogo es el último paso que se ejecuta en el procedimiento. Se encarga de restaurar el registro `R6`, utilizado como puntero auxiliar en la pila, y de retornar, desapilando la dirección de retorno y devolviendo el control

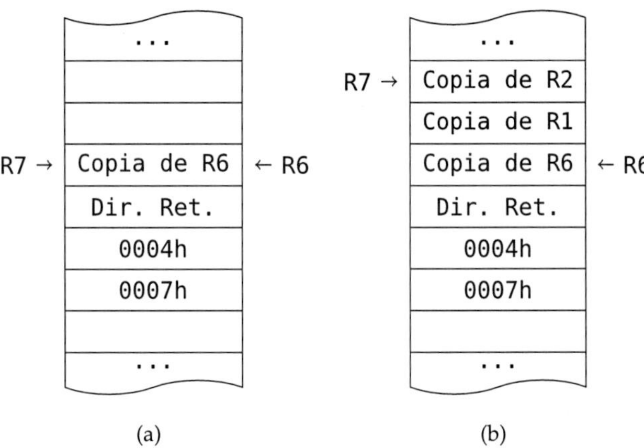

Figura 4.7: Estado de la pila durante el prólogo y la salvaguarda de registros: (a) después del prólogo; (b) después de la salvaguarda de registros

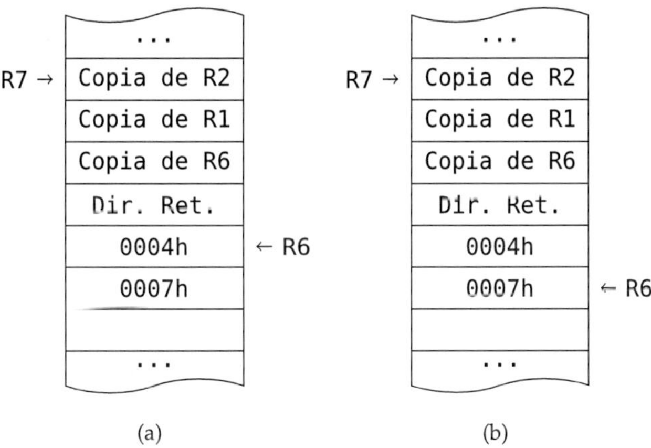

Figura 4.8: Estado de la pila durante el acceso a los parámetros: (a) acceso al primer parámetro; (b) acceso al segundo parámetro

del programa al invocador del procedimiento. El estado de la pila después del epílogo se muestra en la figura 4.9(b).

Tras retornar del procedimiento, en la pila aún están almacenados los parámetros que se le pasaron. Para eliminar esos datos de la pila es suficiente con incrementar el registro puntero de pila R7 en tantas unidades como parámetros haya almacenados, en este caso en dos unidades. De esta forma, se consigue dejar la pila en el estado inicial, tal y como se muestra en la figura 4.9(c).

El incremento del registro R7 no extrae los datos de la pila, simplemente los desreferencia. De esta forma, los sucesivos usos de la pila sobrescribirán estos datos.

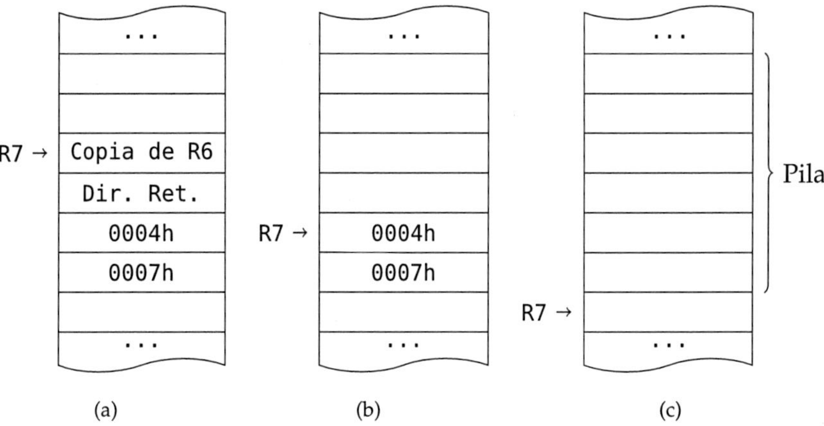

Figura 4.9: Estado de la pila durante la finalización del procedimiento: (a) después de la restauración de registros; (b) después del epílogo; (c) después de eliminar los parámetros

Es importante darse cuenta de que tanto la instrucción POP, que desapila, como un simple incremento de R7, que desreferencia, tienen un resultado similar salvo que POP almacena el dato desapilado en un registro. Cuando no es necesario obtener el valor del dato que se elimina de la pila, se usa el incremento de R7, al ser su uso más eficiente que la instrucción POP.

4.7.4. Variables locales

Todos los procedimientos que reciben parámetros a través de la pila siguen un esquema de traducción similar, repitiendo los pasos descritos anteriormente. Otro ejemplo donde se puede observar la repetición de estos pasos es el siguiente:

```
void Intercambiar(int& a, int& b)
{
  int temp;

  temp = a;
  a = b;
  b = temp;
}
```

El procedimiento sirve para intercambiar el valor de dos variables. Este procedimiento, además, contiene novedades respecto a los anteriores: recibe parámetros por referencia y utiliza una variable local. Los parámetros por **referencia** implican que lo que recibe el procedimiento es la **dirección** de la variable, no una copia de su **valor**. Las variables locales son variables cuyo ciclo de vida se restringe al procedimiento donde se definen; se crean al comienzo y se destruyen al salir. Para almacenar las variables locales se pueden utilizar registros, en caso de que sea posible, o la pila.

Cuando se utiliza la pila, será necesario reservar espacio para las variables tras el prólogo. La traducción del procedimiento anterior se muestra a continuación:

```
1  Intercambiar:
2    push r6 ; Prólogo
3    mov r6, r7

5    dec r7 ; Reserva de espacio para la variable local temp

7    push r1 ; Salvaguarda de registros
8    push r2
9    push r3

11   inc r6
12   inc r6
13   mov r1, [r6] ; Acceso a la dirección de a
14   inc r6
15   mov r2, [r6] ; Acceso a la dirección de b

17   movl r3, 4
18   movh r3, 0
19   sub r6, r6, r3 ; R6 apunta a la variable local temp

21   mov r3, [r1] ; r3 = a
22   mov [r6], r3 ; temp = a

24   mov r3, [r2] ; r3 = b
25   mov [r1], r3 ; a = b

27   mov r3, [r6] ; r3 = temp
28   mov [r2], r3 ; b = temp

30   pop r3 ; Restauración de registros
31   pop r2
32   pop r1

34   inc r7 ; Eliminar la variable local

36   pop r6 ; Epílogo
37   ret
```

El procedimiento comienza nuevamente con el prólogo. A continuación, aparece la instrucción de la línea 5 que se utiliza para reservar espacio en la pila. En este caso, el compilador ha decidido almacenar la variable local `temp` en la pila. Para reservar espacio en la pila para una variable es suficiente con decrementar en una unidad el valor de `R7`. En caso de que se almacenasen más variables sería necesario decrementar más el registro puntero de pila. En el ejemplo, el hueco que queda en la pila tras decrementar `R7` será utilizado para almacenar la variable local `temp`.

Tras el acceso a los parámetros, el registro `R6` se va a utilizar como apuntador a la variable local. Sin embargo, en este instante se encuentra apuntado al parámetro con la dirección de `b`. Para que `R6` apunte a la variable local será necesario decrementarlo en cuatro unidades, tal y como se realiza tras el acceso a los parámetros.

En el cuerpo del procedimiento se implementan las sentencias de asignación. En este caso hay que tener en cuenta que los parámetros se reciben por referencia, es decir, lo que se ha copiado en el registro `R1` y en el registro `R2` es la dirección del parámetro, no el parámetro en sí. Por lo tanto, el registro `R1` apunta a la variable `a`, el registro `R2` apunta a la variable `b` y el registro `R6` apunta a la variable `temp`. La instrucción de la línea 21 se utiliza para transferir el valor del parámetro `a`, apuntado por `R1`, al registro temporal `R3`. A continuación, en la instrucción de la línea 22 se copia el valor de `a`, que ahora está en `R3`, a la variable `temp`, apuntada por el registro `R6`. Siguiendo el mismo esquema se implementa la asignación de `b` a `a` y de `temp` a `b`.

Por último, se restauran los registros, se elimina la variable local de la pila en la instrucción de la línea 34, y se retorna.

4.7.5. Ejemplo completo

Para finalizar con los ejemplos de traducción de `C++` al CT se va a plantear un pequeño programa donde se combinan los diferentes tipos de sentencias estudiadas hasta el momento. En este programa se va a hacer uso de procedimientos anidados, es decir, un procedimiento que llama a otro. Para ello se va a estudiar la traducción de un programa que cuenta el número de elementos positivos de una lista mediante dos procedimientos: `EsPositivo` y `ContarPositivos`.

El código del procedimiento `EsPositivo` se muestra a continuación:

```
int EsPositivo(int Num)
{
  if (Num < 0)
    return 0;
  return 1;
}
```

Este procedimiento sirve para determinar si un número entero es positivo. En caso de que así lo sea se retorna 1, y en caso contrario retorna 0. Su traducción podría ser la siguiente:

```
EsPositivo:
  push r6 ; Prólogo
  mov r6, r7

  push r1 ; Salvaguarda de registros
  push r2

  inc r6
  inc r6
  mov r1, [r6] ; Acceso al parámetro

  ; Cuerpo del procedimiento
  xor r2, r2, r2
  cmp r1, r2
  brs negativo

  movl r0, 1
  movh r0, 0
  jmp siguiente
```

```
21 negativo:
22   movl r0, 0
23   movh r0, 0

25 siguiente:

27   pop r2 ; Restauración de registros
28   pop r1

30   pop r6 ; Epílogo
31   ret
```

Como se puede observar, vuelven a aparecer todos los pasos descritos anteriormente. Se comienza por el prólogo y la salvaguarda de registros. A continuación, se accede al parámetro y se traduce el cuerpo del procedimiento. En este caso, el cuerpo consiste en una sentencia condicional. Para determinar si un número es positivo se compara con 0. El número será negativo si el resultado de la comparación es menor que 0. La relación menor para números enteros es cierta cuando $\texttt{SF} \neq \texttt{OF}$. Cuando se compara un número con 0, restándolo, el resultado nunca genera *overflow* ($\texttt{OF} = 0$), por lo que la combinación de bits anterior es equivalente a $\texttt{SF} \neq 0$ y, por lo tanto, también a $\texttt{SF} = 1$. En consecuencia, la instrucción de la línea 15 salta cuando el bit de signo está a 1, lo que quiere decir que el número es negativo. En caso de que así lo sea se almacena en el registro `R0`, el registro donde se almacena el valor de retorno, el número 0. En caso de que la instrucción de la línea 15 no salte, es decir, en caso de que el número sea positivo, se ejecutan las instrucciones que almacenan en el registro `R0` el valor 1. Por último, se restauran los registros y se retorna del procedimiento.

Es muy habitual que un procedimiento llame a otro procedimiento, o incluso que se llame a sí mismo en el caso de procedimientos recursivos. Por ejemplo, el procedimiento `EsPositivo` se podría utilizar para contar cuántos números de un vector son positivos, tal y como se muestra a continuación:

```
int ContarPositivos(int Vector[], unsigned int NumElems)
{
  int NumPos;
  unsigned int i;

  NumPos = 0;
  for (i = 0; i < NumElems; i++)
  {
    if (EsPositivo(Vector[i]) == 1)
      NumPos++;
  }
  return NumPos;
}
```

El procedimiento `ContarPositivos` recibe dos parámetros y retorna cuántos elementos del vector son positivos. Este procedimiento utiliza, además, variables locales. La traducción del procedimiento se muestra a continuación:

```
ContarPositivos:
  push r6 ; Prólogo
  mov r6, r7

  dec r7 ; Reserva de espacio para la variable local NumPos

  push r1 ; Salvaguarda de registros
  push r2
  push r3
  push r4
  push r5

  inc r6
  inc r6
  mov r1, [r6] ; Acceso al vector
  inc r6
  mov r2, [r6] ; Acceso al número de elementos

  movl r4, 4
  movh r4, 0
  sub r6, r6, r4 ; r6 apunta a la variable local NumPos

  ; Cuerpo del procedimiento
  xor r4, r4, r4
  mov [r6], r4 ; NumPos = 0

  ; Comienzo del bucle
  xor r3, r3, r3 ; i = 0
  mov r4, r2 ; r4 = Número de iteraciones = Número de elementos

inicio_for:
  cmp r3, r4
  brnc fin_for ; Si i >= NumElems entonces se termina el bucle for

  ; Cuerpo del for
  mov r5, r1 ; r5 = Vector (dirección de Vector)
  add r5, r5, r3 ; r5 = Vector + i (dirección de Vector[i])
  mov r5, [r5] ; r5 = Vector[i]

  push r5
  call EsPositivo
  inc r7

  movl r5, 1
  movh r5, 0
  cmp r0, r5
  brz consecuente; Si Valor de retorno del proc. es 1 entonces saltar
  jmp siguiente

consecuente:
  mov r2, [r6] ; r2 = NumPos
  inc r2 ; NumPos++
  mov [r6], r2

siguiente:
  inc r3 ; i++
  jmp inicio_for

fin_for:
```

```
mov r0, [r6] ; r0 = NumPos

pop r5 ; Restauración de registros
pop r4
pop r3
pop r2
pop r1

inc r7 ; Eliminar la variable local NumPos

pop r6 ; Epílogo
ret
```

El procedimiento comienza nuevamente con el prólogo. A continuación, aparece la instrucción para reservar espacio en la pila. En este caso, el compilador ha decidido almacenar la variable local `i` en el registro `R3` y la variable local `NumPos` en la pila. El hueco que queda en la pila tras decrementar `R7` será utilizado para almacenar la variable local `NumPos`. El estado de la pila en este momento se muestra en la figura 4.10(a).

La salvaguarda de registros y el acceso a los parámetros son los siguientes pasos. Esta fase del procedimiento no representa ninguna novedad, se guardan los registros que se van a modificar y se accede a los dos parámetros que recibe el procedimiento. En `R1` se carga la dirección del vector y en `R2` el número de elementos. Tras el acceso a los parámetros, el registro `R6` se va a utilizar como apuntador a la variable local. Sin embargo, en este instante se encuentra apuntado al parámetro con el número de elementos, tal y como se muestra en la figura 4.10(b). Para que `R6` apunte a la variable local será necesario decrementarlo en cuatro unidades, tal y como se realiza en las instrucciones posteriores al acceso a los parámetros. Tras la ejecución de estas instrucciones, el estado de la pila se representa en la figura 4.10(c).

El cuerpo del procedimiento comienza con la asignación a la variable `NumPos` del valor 0. Como la variable local `NumPos` es apuntada por `R6`, su traducción consiste en transferir el valor 0 a esa posición de memoria. A continuación, aparece la implementación del bucle `for` siguiendo el esquema visto en el apartado 4.6, donde la variable `i` se almacena en el registro `R3` y el número de iteraciones en el registro `R4`. En este caso el número de iteraciones será igual al número de elementos del vector que se recibe como parámetro.

En el cuerpo del bucle aparece una sentencia condicional que depende del retorno del procedimiento `EsPositivo`. En primer lugar es necesario llamar al procedimiento, pasándole como parámetro el elemento `i`-ésimo de `Vector`. Para acceder a `Vector[i]` se sigue el esquema de acceso a un elemento de un vector visto anteriormente. A continuación se apila el dato y se llama al procedimiento. Justo antes de apilar el dato, el estado de la pila era el que se muestra en la figura 4.11(a). Después de la ejecución de la salvaguarda de registros del procedimiento `EsPositivo` el estado de la pila será el que se muestra en la figura 4.11(b).

Tras el retorno del procedimiento `EsPositivo` se incrementa `NumPos` en una unidad si el valor de retorno, recibido en el registro `R0`, es 1. Para incrementar `NumPos` es necesario mover el valor de la variable a un registro temporal, en este caso `R2`. Tras el incremento, se escribe el nuevo valor en memoria.

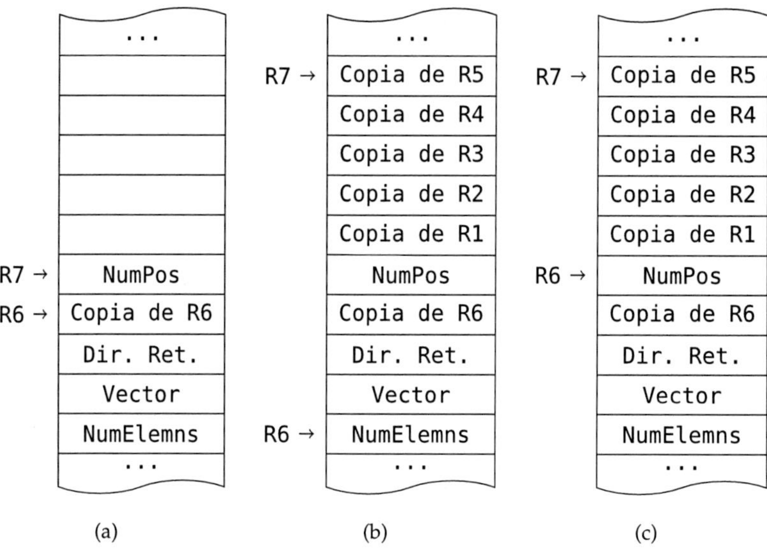

Figura 4.10: Estado de la pila durante la ejecución de un procedimiento con una variable local: (a) después del prólogo y la reserva de espacio; (b) después de la salvaguarda de los registros y del acceso a los parámetros; (c) después de ajustar el registro `R6` para que apunte a la variable local

Una vez que se ha terminado el bucle, se mueve `NumPos` a `R0` en la instrucción de la línea 60, se restauran los registros, se elimina la variable local de la pila en la instrucción de la línea 68, y se retorna.

Tal y como se observa en la figura 4.11(b), cada procedimiento ocupa un conjunto de posiciones consecutivas en la pila. Estas posiciones siempre contienen, para cada procedimiento, los parámetros, la dirección de retorno, la copia del registro `R6`, las variables locales y la copia de los registros. Al conjunto de estas posiciones de memoria se le denomina el **marco de pila** del procedimiento. En la figura 4.12 se muestra la forma en la que un procedimiento genérico hace uso de la pila.

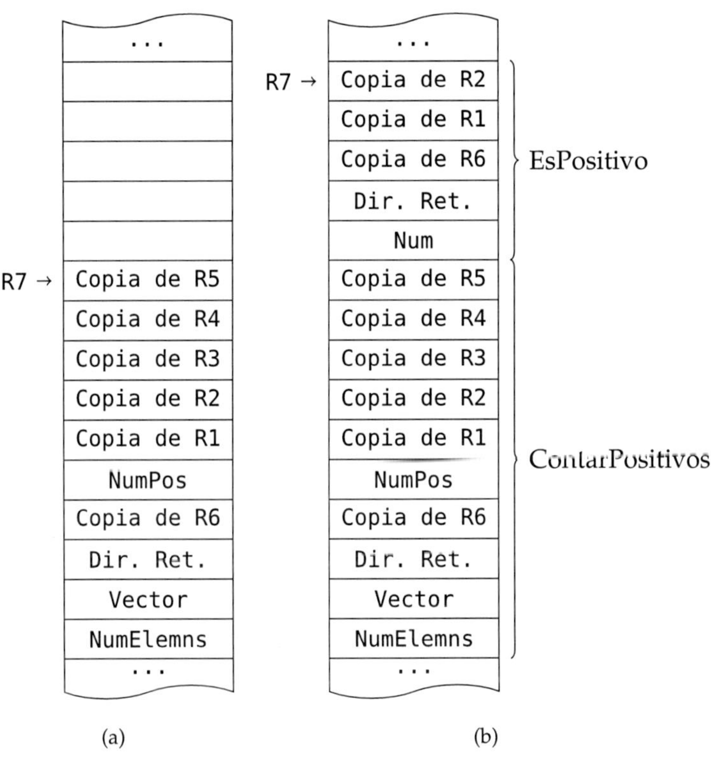

Figura 4.11: Estado de la pila durante la ejecución anidada de procedimientos: (a) antes de llamar al procedimiento `EsPositivo`; (b) después de ejecutar la salvaguarda de registros dentro del procedimiento `EsPositivo`

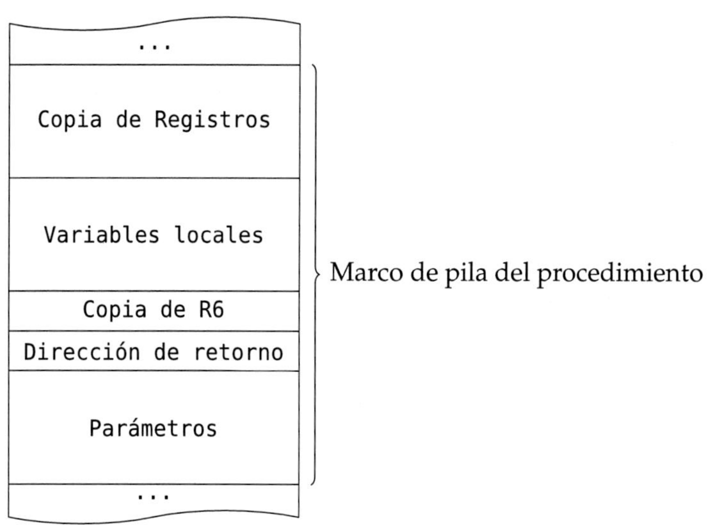

Figura 4.12: Uso general de la pila durante un procedimiento

Capítulo 5

El procesador

El procesador es el componente central y más importante de la arquitectura del computador, tal como se ha descrito en el capítulo 3. Denominado también unidad central de procesamiento o CPU (*Central Processing Unit*), su misión consiste en leer y ejecutar el programa que representa el problema a resolver. El objetivo de este capítulo es mostrar cómo el procesador lleva a cabo su trabajo que, aunque pueda parecer fácil, en realidad reviste bastante complejidad por la enorme cantidad de detalles que han de considerarse.

El estudio del procesador que se realiza en este capítulo se desglosa en dos niveles: un primer nivel más externo, en el que se describe cómo se usa el procesador, y un segundo nivel, más interno, en el que se describen las acciones que se llevan a cabo para conseguir el resultado esperado del uso del procesador.

Para ilustrar el funcionamiento del procesador se utiliza una CPU simplificada, la del CT, en vez de una CPU real. Esta elección permite centrarse en los aspectos importantes del funcionamiento obviando hasta cierto punto la complejidad que acompaña a la implementación de una CPU real.

5.1. Procesador y programa

El computador es una máquina genérica capaz de resolver múltiples problemas. Tal como se ha estudiado en el capítulo 3, la solución al problema a resolver se describe mediante un algoritmo. Este algoritmo está implementado mediante un lenguaje de programación en lo que se denomina un programa, programa fuente, o simplemente fuente.

El objetivo del programa es enumerar las operaciones que se deben realizar para completar el algoritmo. Las operaciones varían dependiendo del tipo de lenguaje de programación. En los lenguajes de programación de alto nivel las operaciones elementales que se pueden especificar son complejas y compactas, resultando su sintaxis más próxima al lenguaje humano. En cambio, en los lenguajes de bajo nivel las operaciones elementales que se pueden llevar a cabo se encuentran más próximas a la CPU, resultando su sintaxis poco legible, lo que hace difícil la comprensión del código. Este es el caso del lenguaje ensamblador.

En lenguaje ensamblador, el algoritmo viene descrito mediante operaciones elementales que forman parte de la arquitectura del juego de instrucciones o ISA (*Instruction Set Architecture*), es decir, aquellas instrucciones que la CPU sabe realizar porque se ha diseñado con el hardware necesario para llevarlas a cabo. Así pues, cada una de las instrucciones elementales que forman parte del juego de instrucciones de la CPU, y que pueden formar parte de un programa en ensamblador, se representa mediante una secuencia de bits única que la CPU reconoce. Esta secuencia de bits recibe el nombre de **código de instrucción**. El programa, escrito en lenguaje ensamblador, se traduce a una sucesión de códigos de instrucción, cada uno de los cuales se corresponde con una instrucción a realizar. A esta representación del programa fuente escrita en binario, que es entendible por la CPU, se la denomina **programa máquina** o representación en **código máquina**.

Un problema genérico a resolver tiene dos representaciones: una orientada a las personas y escrita en un lenguaje de programación (código fuente), y la otra orientada al procesador y representada mediante secuencias de bits (código máquina). El proceso de traducción de código fuente a código máquina recibe el nombre de **compilación**. La compilación realiza un proceso de traducción, más o menos complicado dependiendo del lenguaje de programación utilizado, que transforma el código fuente, primero en instrucciones básicas que la CPU sabe hacer y, posteriormente, en su representación en código binario, es decir, en código máquina.

Una vez que el programa que resuelve el problema está representado mediante secuencias de bits que la CPU puede entender, se debe tener en cuenta que las instrucciones, en la mayoría de los casos, se llevan a cabo sobre uno o varios datos, como se ha estudiado en el capítulo anterior. Estos datos, también denominados operandos, han de estar representados, al igual que las instrucciones, en binario para que la CPU pueda trabajar con ellos. Por lo tanto, para ejecutar cualquier programa, la CPU debe procesar una gran cantidad de información binaria que representa la **codificación** tanto de las instrucciones como de sus operandos.

Todas las secuencias de bits que representan el problema a resolver deben estar disponibles para la CPU. Sin embargo, la CPU tiene una pequeña capacidad de almacenamiento que no es suficiente para toda la información binaria a procesar. Para solventar este inconveniente, la información binaria que representa la codificación de instrucciones y datos se almacena en la memoria. Por lo tanto, en el trabajo de la CPU existe una gran dependencia de la memoria: de ella se reciben los códigos de instrucción y la codificación de los operandos de entrada, y a ella se llevan las codificaciones de los operandos resultantes. Este intercambio de información se lleva a cabo a través del bus del sistema, tal como se ha presentado en el capítulo 3 y como se estudiará en profundidad más adelante.

En este capítulo, se estudia el funcionamiento de la CPU desde dos puntos de vista: a nivel de **máquina convencional** y a nivel de **micromáquina**. En el primer caso, se emplea una visión más externa que aborda cómo se obtiene el código de instrucción, cuáles son las unidades funcionales que componen la CPU y cuál es el funcionamiento general en el procesamiento de una instrucción. En el segundo caso, se profundiza en el proceso de ejecución de las instrucciones, en su división en pasos de ejecución y en la forma en la que se realiza el control de la ejecución.

5.2. Estudio a nivel de máquina convencional

El estudio del proceso de ejecución de un programa requiere conocer varios aspectos generales de la arquitectura de un computador que vienen dados por la CPU. A continuación, se describe una arquitectura muy simple para ilustrar los conceptos básicos de funcionamiento del computador. Los computadores reales usan estos conceptos básicos y los extienden, dando como resultado un aumento de complejidad. Gracias a esta complejidad, los computadores reales buscan aumentar la funcionalidad, incorporando nuevas instrucciones básicas, así como una mayor velocidad de procesamiento, introduciendo procesos de optimización que permitan ejecutar un mayor número de instrucciones en el mismo tiempo.

Tomando como ejemplo la arquitectura simplificada del CT se estudia, en primer lugar, la forma de obtener los códigos de instrucción que representan cada una de las instrucciones básicas de un programa fuente escrito en ensamblador. Posteriormente, se describe cómo a partir de cada código de instrucción se lleva a cabo la ejecución de la instrucción sobre los componentes de la CPU.

5.2.1. Parámetros básicos del procesador

La arquitectura de un procesador queda definida por los siguientes parámetros:

- **Ancho de la CPU.** Es el tamaño en bits de los operandos que maneja. Este parámetro viene definido por el tamaño de los elementos internos de la CPU.
- **Número de palabras de memoria direccionables (m).** Es el número de palabras distintas que la CPU puede direccionar, es decir, a las que podría acceder. Este número de palabras viene fijado por el número de líneas disponibles en el bus de direcciones, de la forma $m = 2^a$, donde a es el número de líneas del bus de direcciones.
- **Tamaño de las palabras de memoria a las que se accede (n).** Es el número de bits que se pueden almacenar en una posición de memoria. El caso más simple se da cuando coincide con el número de líneas del bus de datos, d.

  Este parámetro es importante, pues determina el número de posiciones (direcciones) de memoria que hacen falta para almacenar un dato. Así, para un dato de tamaño 16 bits, en el caso de un tamaño de palabra de memoria de 8 bits, son necesarias dos posiciones de memoria para almacenar el dato (8 bits en cada posición). En cambio, si el tamaño de palabra es de 16 bits, una sola posición de memoria bastaría para almacenar el dato[1].

A su vez, la CPU de un computador queda definida por tres elementos:

- **Conjunto de registros.** Son los registros o almacenes temporales de información binaria de los que dispone la CPU y que pueden ser utilizados por las instrucciones.

[1]Para una posición de memoria debe hacerse una clara distinción entre dirección y contenido. Un ejemplo cotidiano podría ser la casa donde se habita (posición); la casa tendrá una dirección para llegar hasta ella, y un contenido, que serán las personas que la habitan.

- **Juego de instrucciones.** Como se ha estudiado en el capítulo anterior, es el conjunto de operaciones básicas que la CPU sabe hacer por su diseño. Estas operaciones pueden llevarse a cabo sobre uno o varios operandos.
- **Modos de direccionamiento.** Son las diferentes formas que tienen las instrucciones de acceder a los datos. Los operandos de las instrucciones pueden estar almacenados en los registros de la CPU, en memoria o pueden formar parte de la propia instrucción. Dependiendo de su ubicación se procederá de una forma u otra.

Atendiendo al funcionamiento interno de la CPU y a la forma de realizar su trabajo se pueden distinguir dos unidades funcionales:

- **Camino de datos o *Datapath*.** Es la parte ejecutiva de la CPU. En ella tiene lugar la ejecución de las instrucciones y está formada a su vez por tres elementos:
  - **Registros.** Almacenes de datos internos de la CPU.
  - **Unidades de procesamiento.** Realizan el procesamiento de los datos:
    - **Unidad aritmético-lógica o ALU (*Airthmetic Logic Unit*).** Se encarga de realizar las operaciones lógicas y las aritméticas con datos enteros.
    - **Unidad de coma flotante o FPU (*Floating Point Unit*).** Su misión es realizar los cálculos con datos en coma flotante. Esta unidad tiene un uso específico y puede no estar presente en algunas CPU.
  - **Buses internos.** Son el conjunto de líneas de comunicación que sirven para interconectar las unidades de procesamiento y los registros.

  Todos los elementos del camino de datos o *datapath* realizan su trabajo atendiendo a señales de control.
- **Unidad de control o UC.** Es la encargada de generar todas las señales de control necesarias, y en el orden adecuado, para que cada instrucción pueda ejecutarse sobre el camino de datos.

5.2.2. Arquitectura del CT

Para estudiar los conceptos básicos del funcionamiento de la CPU se utiliza un computador muy sencillo que se denomina CT. Este computador está formado por una CPU muy simple y por el resto de elementos de la arquitectura con los que la CPU interactúa. El CT y su CPU existen solo a nivel de simulador. Cualquier otra CPU real que se pueda tomar como ejemplo resultaría más compleja y presentaría particularidades específicas de funcionamiento con el fin de aumentar tanto su funcionalidad como su capacidad de procesamiento. El objetivo de la CPU del CT es permitir entender los conceptos básicos para luego extenderlos y ser capaces de comprender el funcionamiento de cualquier CPU real.

La arquitectura de la CPU del CT está definida, como la de cualquier otra CPU, por el conjunto de parámetros descrito anteriormente. Se trata de una arquitectura de 16 bits, lo que quiere decir que sus componentes tendrán un tamaño de 16 bits. Los parámetros concretos son los siguientes:

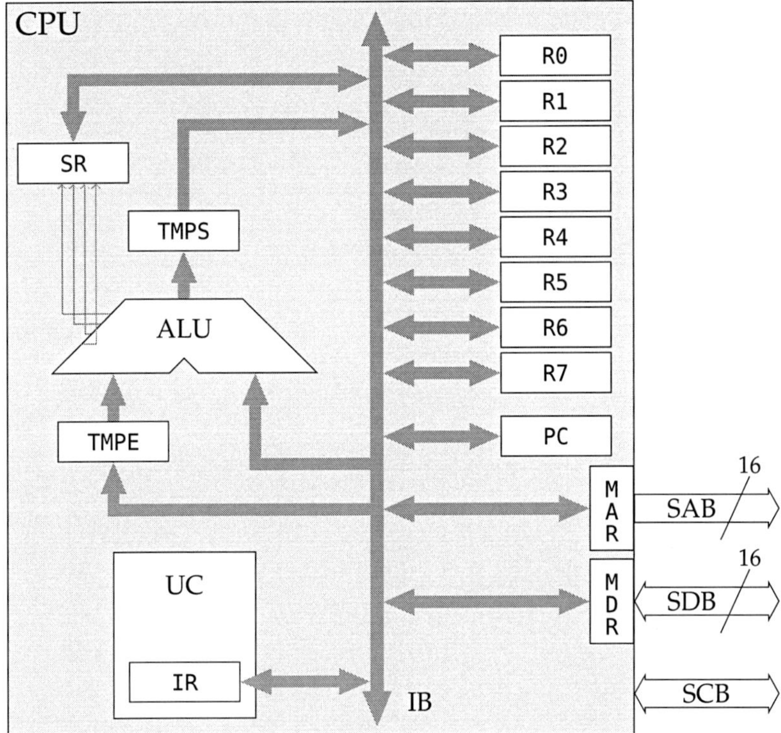

Figura 5.1: Esquema interno de la CPU del CT con el camino de datos y la unidad de control

- Ancho de la CPU. El ancho de la CPU del CT es de 16 bits. Este valor determina el tamaño en bits de los componentes internos de la CPU tales como registros, ALU o bus interno.
- Número de palabras de memoria direccionables (m). El bus de direcciones del CT tiene 16 líneas. Cada línea equivale a 1 bit. Por lo tanto, es posible distinguir o direccionar hasta $m = 2^{16} = 65\,536 = 64$ Kipalabras o posiciones de memoria.
- Tamaño de las palabras de memoria (n). Cada posición de memoria tiene una capacidad de almacenamiento de 16 bits. El ancho de la palabra de memoria coincide en este caso con el número de líneas del bus de datos: 16.

La figura 5.1 representa el esquema interno simplificado de la CPU del CT. En este esquema se pueden observar los elementos que componen el camino de datos (registros, ALU y bus interno) y la unidad de control. Además, también se muestran los diferentes tipos de elementos que forman parte de la arquitectura. Existen tres tipos de elementos: buses, registros y unidades funcionales.

Los buses son grupos de líneas por las que circula la información. Los buses existentes en el CT son los siguientes:

- Bus interno o IB (*Internal Bus*). Es el bus que interconecta todos los elementos que componen la CPU.
- Bus de direcciones del sistema o SAB (*System Address Bus*). Por sus líneas la CPU envía los bits que representan las direcciones de memoria o de E/S a las que desea acceder para leer o almacenar un dato. El número de líneas (ancho del bus) determina la cantidad de memoria direccionable.
- Bus de datos del sistema o SDB (*System Data Bus*). Por sus líneas circulan los bits que representan tanto los datos como los códigos de las instrucciones a ejecutar.
- Bus de control del sistema o SCB (*System Control Bus*). Por este bus circulan las señales de control que gestionan el intercambio de información entre los distintos componentes de la arquitectura del computador: CPU, memoria y E/S.

Los registros son almacenes temporales de 16 bits en los que el procesador guarda datos y direcciones a los que necesita acceder con rapidez para ejecutar las instrucciones. A continuación, se describen los registros que forman parte de la CPU del CT así como su cometido:

- `R0`, `R1`, `R2`, `R3`, `R4`, `R5`, `R6` y `R7`. Registros de propósito general. Sirven para almacenar los operandos que utilizan las instrucciones. Son, por tanto, accesibles por el programador. Aunque todos tienen un uso general, el registro `R7` se emplea en la programación como puntero de pila y debe evitarse en lo posible su uso.
- Contador de programa o `PC` (*Program Counter*). Es un registro especialmente importante, ya que gobierna el orden de ejecución de las instrucciones. El registro `PC` contiene la dirección de memoria en la que se almacena el código de la siguiente instrucción a ejecutar.

  Se puede ver que si se cambia el valor del registro `PC` se puede hacer que se ejecuten diferentes instrucciones. Si se incrementa el valor del `PC` de uno en uno, se van ejecutando secuencialmente las instrucciones almacenadas en memoria. En cambio, si se modifica el valor del registro `PC` en una cantidad mayor, que puede ser tanto positiva como negativa, se consigue que se ejecute una instrucción más adelantada (si la cantidad añadida es positiva) o más retrasada (si la cantidad es negativa). Esta posibilidad de modificación del registro `PC` permite controlar el orden de ejecución del programa, y es lo que se denomina **control de flujo de ejecución**. Las instrucciones de control de flujo pueden modificar el valor del registro `PC`.
- Registro de datos de memoria o `MDR` (*Memory Data Register*). Este registro comunica el procesador con el bus de datos del sistema. Es la puerta de entrada de los códigos de instrucción y datos que se envían al procesador, y a su vez es también la puerta de salida de los datos que envía el procesador tanto a la memoria como al sistema de E/S del computador. El sentido del flujo de información va a depender tanto del tipo de instrucción como de la fase en la que se encuentre la instrucción, como se estudiará en el apartado 5.3.

- Registro de direcciones de memoria o `MAR` (*Memory Address Register*). Este registro comunica el procesador con el bus de direcciones del sistema. A través de este registro el procesador envía la dirección de memoria o del sistema de E/S a la que desea acceder, bien para leer un código de instrucción o bien para leer o escribir un dato.
- Registro de instrucción o `IR` (*Instruction Register*). Su misión es almacenar el código máquina de la instrucción a ejecutar. Este registro está integrado en la unidad de control. A partir de la información contenida en el registro `IR` la unidad de control sabe qué instrucción se va a ejecutar y generará las señales necesarias.
- Registro de estado o `SR` (*Status Register*). Este registro almacena los valores de los bits que indican el estado asociado a la última operación realizada por la ALU.

  Este registro, a diferencia del resto de registros del procesador, solo tiene 5 bits. De estos 5 bits, los 4 que están directamente relacionados con la ALU, como se ha estudiado en el capítulo 2, son:

  - Bit de cero o `ZF` (*Zero Flag*). Cuando tiene el valor 1 indica que el resultado de la última operación realizada por la ALU ha dado como resultado el valor 0.
  - Bit de acarreo o `CF` (*Carry Flag*). Cuando este bit toma el valor 1 indica que el resultado de la última operación realizada por la ALU ha producido un acarreo. Se debe tener en cuenta que este bit se puede activar en todas las operaciones que realiza la ALU, pero solo es significativo cuando se están realizando operaciones aritméticas con números naturales.
  - Bit de desbordamiento u `OF` (*Overflow Flag*). Cuando este bit toma el valor 1 indica que el resultado de la última operación realizada en la ALU ha producido un desbordamiento aritmético y, por lo tanto, el resultado obtenido no es correcto al no ser representable con el número de bits con los que se está trabajando. Se debe tener en cuenta que, al igual que el bit de acarreo, este bit se puede activar en todas las operaciones que realiza la ALU, pero solo es significativo cuando se están realizando operaciones aritméticas con números enteros.
  - Bit de signo o `SF` (*Sign Flag*). Cuando este bit toma el valor 1 indica que el resultado obtenido es un número negativo, es decir, el bit más significativo del resultado de la ALU es un 1. Al igual que los dos bits anteriores, aunque este bit se puede activar en todas las operaciones que realiza la ALU, solo es significativo cuando se están realizando operaciones aritméticas con números enteros.

  Todos estos bits del registro de estado son accesibles mediante las instrucciones de control de flujo de tipo condicional. Este tipo de instrucciones producen un cambio en el orden de ejecución del programa dependiendo del valor de los bits del registro de estado.

  Existe un quinto bit en el registro de estado que no está asociado con el resultado de operaciones realizadas por la ALU, sino con el sistema de E/S:

- Bit de interrupción o IF (*Interruption Flag*). Cuando este bit toma el valor 1, indica que la ejecución del programa que está llevando a cabo la CPU podrá ser interrumpida temporalmente a petición de algún elemento externo mediante la activación de la línea de petición de interrupción. En caso de que este bit tome el valor 0, la CPU no permitirá interrupciones.

- Registro temporal de entrada para la ALU o TMPE. Sirve para almacenar uno de los dos operandos de entrada con los que puede operar la ALU.
- Registro temporal de salida para la ALU o TMPS. Sirve para almacenar temporalmente el resultado obtenido en la ALU.

Además de los componentes individuales que se han descrito, en el procesador también aparecen dos grandes bloques que realizan tareas complejas:

- Unidad aritmético-lógica o ALU. Es el elemento de la CPU encargado de realizar las operaciones aritméticas y lógicas. Es un sistema digital de tipo combinacional que recibe como entradas dos operandos y varias señales de control que especifican la operación a realizar, y produce como salida un resultado y el valor de los bits del registro de estado. Los dos operandos de entrada deben estar presentes simultáneamente en ambas entradas de la ALU, pero como el bus interno no puede suministrar a la vez los dos operandos, el primero se coloca previamente en el registro TMPE. Posteriormente, la ALU realizará la operación entre el valor almacenado en el registro TMPE y el valor presente en el bus interno, quedando el resultado almacenado en el registro TMPS.
- Unidad de control o UC. Como se estudiará más adelante, una instrucción implica el movimiento de bits que representan los códigos de instrucción y los datos a través de varios elementos de la CPU. Estos movimientos están dirigidos mediante señales de control. La unidad de control es la encargada de generar las señales de control necesarias para cada instrucción, así como de secuenciarlas correctamente. La información de las señales a generar la obtiene, fundamentalmente, a partir del código binario de la instrucción almacenado en el registro IR, registro que forma parte de la unidad de control.

En la figura 5.2 se puede observar el aspecto del CT en el simulador, donde la parte principal es la CPU y en la parte inferior aparecen el resto de componentes del computador.

5.2.3. Juego de instrucciones

Como se ha mencionado anteriormente, el código fuente de un programa que implementa el algoritmo de resolución de un problema está escrito en un lenguaje de programación. El caso más simple de lenguaje de programación es el lenguaje ensamblador, donde sus sentencias se corresponden con una instrucción elemental del procesador. Tanto los lenguajes de programación de alto nivel como el lenguaje ensamblador son representaciones del algoritmo orientadas a las personas. Esta representación no es válida para el procesador, ya que este solo reconoce secuencias de bits, es decir, código máquina.

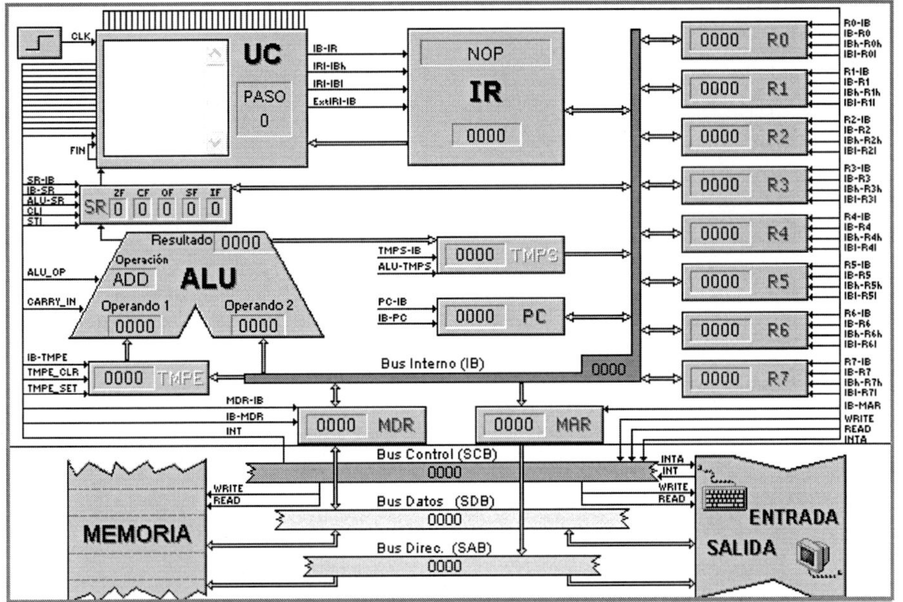

Figura 5.2: Aspecto del CT y su CPU en el simulador

El proceso de compilación del lenguaje ensamblador se encarga de traducir el código fuente, entendible por las personas, al código máquina entendible por el procesador. A cada instrucción elemental del programa fuente se le asigna un código representativo según las características de la instrucción, expresado mediante una secuencia de bits. El proceso de compilación se lleva a cabo tanto con las instrucciones como con los operandos que estas utilizan. Al final, se obtiene una sucesión de secuencias de bits que constituyen el código máquina asociado al programa. En la figura 5.3 se puede observar cómo el algoritmo que resuelve la búsqueda del máximo en una lista de siete números se expresa en el programa fuente en ensamblador y cómo a cada instrucción en ensamblador se le asocia su traducción a código máquina.

El código máquina generado tras el proceso de compilación se almacena en la memoria para que el procesador pueda acceder a él y leer tanto los códigos de las instrucciones a ejecutar como los operandos de entrada a utilizar. Durante la ejecución del programa el procesador también puede guardar en la memoria los resultados obtenidos, es decir, los operandos de salida.

El código asociado a cada instrucción se define en el momento del diseño del procesador, cuando se establece su juego de instrucciones, es decir, qué instrucciones elementales implementa el procesador y qué tipos de operandos están permitidos. A partir de estas características se les asigna una codificación binaria.

Cuanto mayor sea el número de instrucciones elementales soportadas por el procesador, más bits serán necesarios para distinguirlas y, por lo tanto, mayor será la complejidad del código. Además, el tipo de operandos permitido en las instrucciones

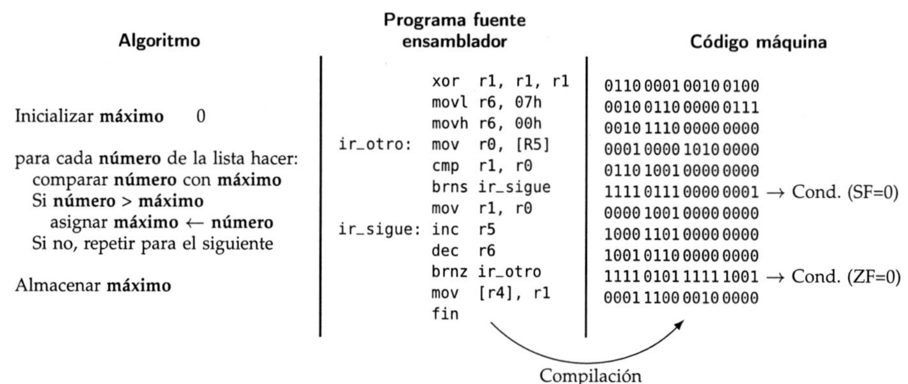

Figura 5.3: Ejemplo de traducción de un programa fuente ensamblador a código máquina

influye en los modos de direccionamiento. Cuanto mayor sea el número de modos de direccionamiento permitido más complejo será el código de instrucción.

Juego de instrucciones del CT

A continuación se presenta el juego de instrucciones del CT, así como las decisiones que ha sido necesario tomar en su diseño.

Diseño del juego de instrucciones del CT. Para ilustrar los conceptos básicos del computador se está utilizando el CT. Teniendo en cuenta su arquitectura simplificada se diseña su juego de instrucciones y se muestra su proceso de codificación.

A la hora de diseñar el juego de instrucciones del CT se han tomado las siguientes decisiones:

1. El tamaño del código de instrucción es fijo e igual para todas las instrucciones. El tamaño elegido es de 16 bits.

   Esta decisión sitúa al CT dentro de las arquitecturas de tipo RISC[2]. Además, el tamaño elegido, 16 bits, coincide con el tamaño de la palabra de memoria direccionable. Esta decisión implica que cada código de instrucción se almacena en una única posición de memoria. De esta forma, un programa formado por n instrucciones ocupará n posiciones de memoria consecutivas, tal como se puede observar en la figura 5.4.

2. Se admiten tres tipos generales de instrucciones:

[2]En el capítulo 3 se describen las características de los dos grandes grupos de arquitecturas de juegos de instrucciones: CISC y RISC.

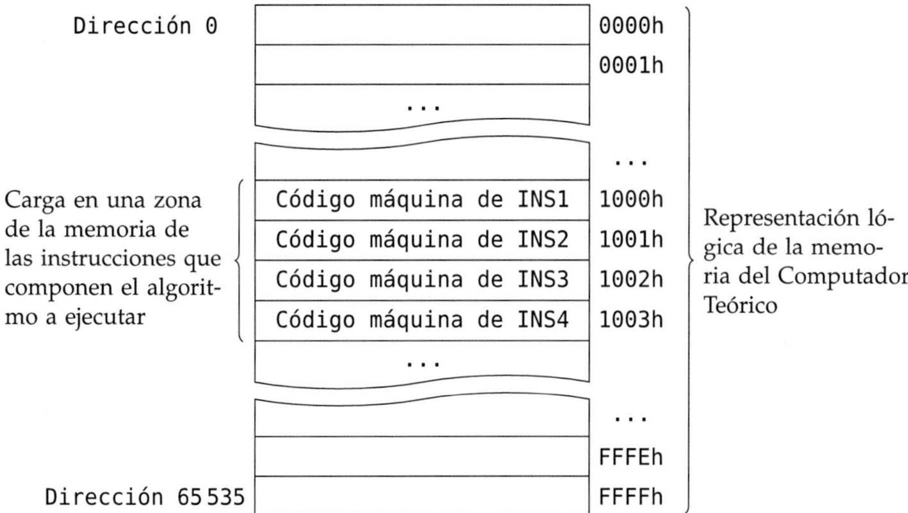

Figura 5.4: Almacenamiento en memoria de un programa según la arquitectura del CT

- Instrucciones de movimiento. También llamadas de desplazamiento. Estas instrucciones sirven para mover un operando desde un origen a un destino. En algunos casos, bien el origen o el destino está implícito en la propia instrucción. Sus mnemónicos son: `MOV`, `MOVL`, `MOVH`, `PUSH` y `POP`.
- Instrucciones aritmético-lógicas. Son las instrucciones que realizan las operaciones aritméticas y lógicas. Siempre se realizan en la ALU. El número de operandos puede variar según la instrucción. Existen instrucciones con tres operandos (operando destino y operandos fuente): `ADD`, `SUB`, `OR`, `AND` y `XOR`; dos operandos (solo operandos fuente, el resultado es irrelevante): `CMP`; y de un solo operando (el operando fuente es también destino): `NOT`, `INC`, `DEC` y `NEG`.
- Instrucciones de control de flujo. Estas instrucciones permiten modificar el orden en el que se ejecutan las instrucciones de un programa. Son muy variadas, dependiendo de la forma de modificar el orden de ejecución. Los mnemónicos de las instrucciones que pueden englobarse en este grupo son: `CLI`, `STI`, `INT` e `IRET` asociadas a las interrupciones; `CALL` y `RET` asociadas a los procedimientos; y `JMP` y `BR??` asociadas a los saltos.

3. Solo se admiten tres modos de direccionamiento:

   - Direccionamiento a registro. Los operandos a utilizar se encuentran almacenados en registros de la CPU: `MOV R5, R4`.
   - Direccionamiento inmediato. En este tipo de direccionamiento uno de los operandos forma parte del código de la instrucción, es decir, se suministra directamente. Este es el tipo de direccionamiento que se utiliza cuando se quiere escribir un valor concreto en un registro: `MOVL R2, 20h`.

- Direccionamiento a memoria o indirecto. En este tipo de direccionamiento uno de los operandos está almacenado en memoria. No se admite la posibilidad de que ambos operandos se encuentren simultáneamente en memoria. En estas instrucciones la CPU necesita la dirección de memoria donde se encuentra almacenado el operando para poder acceder a él. Esta dirección se almacena en un registro. Para distinguir, desde el punto de vista de las personas, cuándo el registro almacena un operando de cuándo almacena una dirección a la que ha de acceder la CPU para buscar el operando, el mnemónico empleado varía ligeramente. Cuando se utiliza un direccionamiento a memoria, el registro que contiene la dirección se escribe entre corchetes para distinguirlo de cuando el registro almacena un operando: `MOV [R5], R4`.

Codificación de instrucciones en el CT

Una vez descritas las restricciones de diseño del CT, se procede a establecer el juego de instrucciones que será capaz de ejecutar. El juego de instrucciones está limitado al uso de 16 bits por condiciones de diseño. En el anexo A se recogen los prototipos de todas las instrucciones posibles con su correspondiente codificación binaria equivalente.

El proceso de codificación consiste en obtener el código binario correspondiente al mnemónico de una instrucción expresada en ensamblador. El proceso contrario, decodificación, consiste en identificar el mnemónico de instrucción al que corresponde una secuencia de bits. Para realizar con soltura ambas operaciones, es importante saber interpretar adecuadamente la tabla de codificación.

Todos los códigos de instrucción utilizan los 5 bits más significativos para indicar el tipo de instrucción. Con 5 bits se pueden distinguir $2^5 = 32$ tipos de instrucciones diferentes. Estos 5 bits más significativos se desglosan a su vez en dos grupos atendiendo al tipo de instrucción. Un primer grupo formado por los 2 o 3 bits más significativos indica el tipo de instrucción, mientras que el resto de los bits harán referencia al orden de la instrucción dentro del grupo.

Así, la secuencia de bits `00 XXX` (donde `X` puede representar cualquier bit) está reservada para las instrucciones de tipo desplazamiento; con los 3 bits variables se pueden distinguir hasta ocho instrucciones diferentes. El código `00 000b`, se asigna a la instrucción `NOP` (*No Operation Performed*, no hacer nada), y así sucesivamente hasta el mayor código posible, que se asigna a la instrucción `POP`.

El valor de los 2 bits más significativos `01b` se asocia a las instrucciones aritmético-lógicas con tres y dos operandos. El primer código posible, `01 000b`, se asigna a la instrucción `ADD`, y así sucesivamente hasta la instrucción `CMP`, única instrucción con dos operandos.

La siguiente pareja de bits más significativos, `10b`, no se emplea directamente, sino que se divide en dos subgrupos, para distinguir por un lado instrucciones aritméticas y por otro instrucciones asociadas a las interrupciones. Esta distinción se realiza tomando los 3 bits más significativos en vez de 2. Los códigos que comienzan por `100 XXb` se emplean para representar las instrucciones aritméticas de un operando, desde la instrucción `NOT`, `100 00b`, hasta la instrucción `NEG`, `100 11b`. De la misma forma se procede con las instrucciones asociadas a las interrupciones, cuyos códigos comenzarán por 101b.

El último valor posible para el grupo de 2 bits, 11b, se asigna a las instrucciones de control de flujo. De la misma forma, los códigos se asignan de forma secuencial a las instrucciones, con la salvedad de las instrucciones de salto condicional, que se les asigna el código 11 110b. Esta codificación es una decisión de diseño con el fin de facilitar la tarea de identificación de estas instrucciones. Como el código de la instrucción suele escribirse en hexadecimal, estas instrucciones serán las únicas que comiencen por el dígito hexadecimal Fh.

El resto de los 11 bits disponibles se utilizan para codificar los operandos de las instrucciones. Así, cuando se utilice un registro como operando son necesarios 3 bits para identificar el registro entre los ocho registros posibles. Si se requieren tres operandos de tipo registro serán necesarios 9 bits.

Cuando se emplea direccionamiento inmediato, el dato que se quiere cargar en el operando de tipo registro viene incluido en los 8 bits menos significativos del código de la instrucción. Así por ejemplo, si se quiere mover al registro R5 el valor 260, lo primero que se debe hacer es escribir el valor en binario o hexadecimal: 0000 0001 0000 0100b o 0104h. No es posible colocar los 16 bits simultáneamente en el registro; por ello, existen dos instrucciones de direccionamiento inmediato, MOVL y MOVH, cada una de las cuales se encarga de almacenar la parte baja y alta, respectivamente, en el registro. En el ejemplo, el valor 260, representado en hexadecimal y dividido en sus dos bytes quedaría: 01h y 04h. Las instrucciones y códigos necesarios para mover el dato son las siguientes:

Mnemónico	Código de instrucción
MOVL R5, 04	00 100 101 00000100b
MOVH R5, 01	00 101 101 00000001b

Se puede observar que la diferencia entre las instrucciones es el código de instrucción y el valor del dato inmediato. Las instrucciones en el orden inverso producirían el mismo efecto.

Finalmente, en las instrucciones en las que no son necesarios los 11 bits para codificar los operandos, los bits sobrantes ocupan las posiciones menos significativas y su valor será 0.

Ejemplos de codificación de instrucciones. El proceso de codificación de instrucciones es, en general, sencillo. Consiste en ir asignando los bits correspondientes en función del mnemónico de instrucción dado. La principal dificultad se encuentra en las instrucciones de control de flujo cuando su desplazamiento es negativo.

Para ilustrar el proceso de codificación se obtendrá el código máquina de dos instrucciones. El mnemónico de la primera instrucción es el siguiente: MOV R3, [R2]. Esta instrucción accede a la posición de memoria cuya dirección está almacenada en el registro R2 (operando origen que, además, al ir entre corchetes indica un direccionamiento a memoria) y copia el contenido de esa posición de memoria al registro R3. Su código de instrucción se obtiene de la siguiente forma:

1. Se busca en la tabla de codificación (anexo A) el patrón que encaje con el mnemónico de la instrucción, en este caso: `MOV Rd, [Ri]`, donde `Rd` es el registro destino y `Ri` es el registro índice que contiene la dirección de memoria a la que se accede.

2. En la fila donde se encuentre el mnemónico patrón se proporciona el patrón de codificación: `00 010 Rd Ri 00000b`.

3. El último paso consiste en sustituir las expresiones `Rd` y `Ri` por los bits que codifican los registros utilizados. Se usan 3 bits que codifican el número del registro utilizado. Así, `R3` = `011b` y `R2` = `010b`.

4. Finalmente, se juntan todos los bits para obtener el código de instrucción: `0001 0011 0100 0000b`. Por simplicidad, el código de una instrucción se suele expresar en hexadecimal: `1340h`.

El segundo ejemplo de mnemónico a codificar es el siguiente: `JMP -6`. Esta instrucción pertenece al grupo de las instrucciones de control de flujo, indicando que tiene que realizar un salto hacia instrucciones almacenadas en posiciones de memoria anteriores a la instrucción actual de valor 6. Su código de instrucción se obtiene de la siguiente forma:

1. Se busca en la tabla de codificación el patrón que encaje con el mnemónico de la instrucción, en este caso: `JMP Inm_8`, donde `Inm_8` es el valor del desplazamiento expresado en binario, es decir, un dato inmediato de 8 bits.

2. En la fila donde se encuentre el mnemónico patrón se proporciona el patrón de codificación: `11 000 000 Inm_8`.

3. Para completar el código se debe expresar el desplazamiento en binario con 8 bits. Para ello se expresa la magnitud del desplazamiento, 6, en binario natural con 8 bits: `0000 0110b`. Como el valor es negativo, se representa utilizando el convenio de complemento a 2, también con 8 bits: `1111 1010b`.

4. Finalmente, juntando todos los bits se obtiene el código de instrucción: `1100 0000 1111 1010b` = `C0FAh`.

Ejemplos de decodificación de instrucciones. El proceso inverso a la codificación estudiada anteriormente se denomina decodificación de instrucciones. En este caso se suministra un código binario y se debe determinar a qué instrucción se refiere. Esta es la tarea que debe realizar el procesador al recibir cada código de instrucción para saber lo que ha de hacer para ejecutar la instrucción.

Se van a considerar dos ejemplos y se verán, para cada uno de ellos, los pasos a seguir para obtener el mnemónico de instrucción a partir del código binario. El primer ejemplo parte del código de instrucción `5478h`. Se procede de la siguiente forma:

1. Se expresa el código de instrucción hexadecimal en binario con 16 bits: `5478h` = `0101 0100 0111 1000b`.

2. Con ayuda de la tabla de codificación (anexo A) se interpretan los bits. En primer lugar se consideran los 5 bits más significativos que identifican la instrucción. Se comienza por los 2 o 3 bits más significativos que indican a qué grupo pertenece la instrucción. En este caso, los 2 bits más significativos son `01b`, es decir, grupo de instrucciones aritmético-lógicas con dos o tres operandos. Atendiendo a los 3 bits siguientes se encuentra la instrucción dentro del grupo. En este caso los 3 bits siguientes son `010b`, que se corresponden con la operación lógica `OR`.

3. Una vez se ha identificado la instrucción, se obtiene su código patrón: `01 010 Rd Rs1 Rs2 00`. Se interpretan los bits desconocidos del código según el patrón para identificar a los operandos.

4. Sustituyendo los bits que representan los operandos por su nombre se llega al mnemónico final: `OR R4, R3, R6`.

A continuación se muestra el segundo ejemplo, en el que se parte del código de instrucción `F4F9h`:

1. En primer lugar, se expresa el código hexadecimal en binario con 16 bits: `F4F9h` = `1111 0100 1111 1001b`.

2. Se consideran los 5 bits más significativos para identificar la instrucción. Se puede proceder como en el ejemplo anterior, si bien en este caso no es necesario, pues por el diseño de la tabla de códigos las instrucciones de salto condicional son las únicas cuyo primer dígito hexadecimal es `Fh`.

3. Una vez se ha identificado la instrucción, se obtiene su código patrón: `11 11 0 Cond Inm_8`. Se interpretan los bits desconocidos del código según el patrón para identificar el resto de argumentos de la instrucción.

4. Sustituyendo los bits de acuerdo a su significado se llega al mnemónico final.

   Los bits `100b` del campo `Cond` hacen referencia a la condición de salto en caso de que el bit de cero se active, es decir, `ZF = 1`.

   Los 8 bits siguientes codifican el valor del desplazamiento `1111 1001b`. Como su bit más significativo es 1 indica que es un valor negativo. Por lo tanto, se debe interpretar en complemento a 2. La magnitud asociada al desplazamiento después de aplicarle el complemento a 2 es `0000 0111b`, es decir, un desplazamiento de 7 posiciones hacia atrás.

   Finalmente se obtiene que el mnemónico de la instrucción es `BRZ -7`.

5.2.4. Ejecución de instrucciones

En el proceso de codificación, el programa fuente en ensamblador se transforma en el programa máquina, donde tanto los datos como las instrucciones se representan mediante código binario que el procesador entiende. Estos códigos máquina están almacenados en memoria; en el caso del CT cada uno en una posición de memoria, tal como se observa en la figura 5.4.

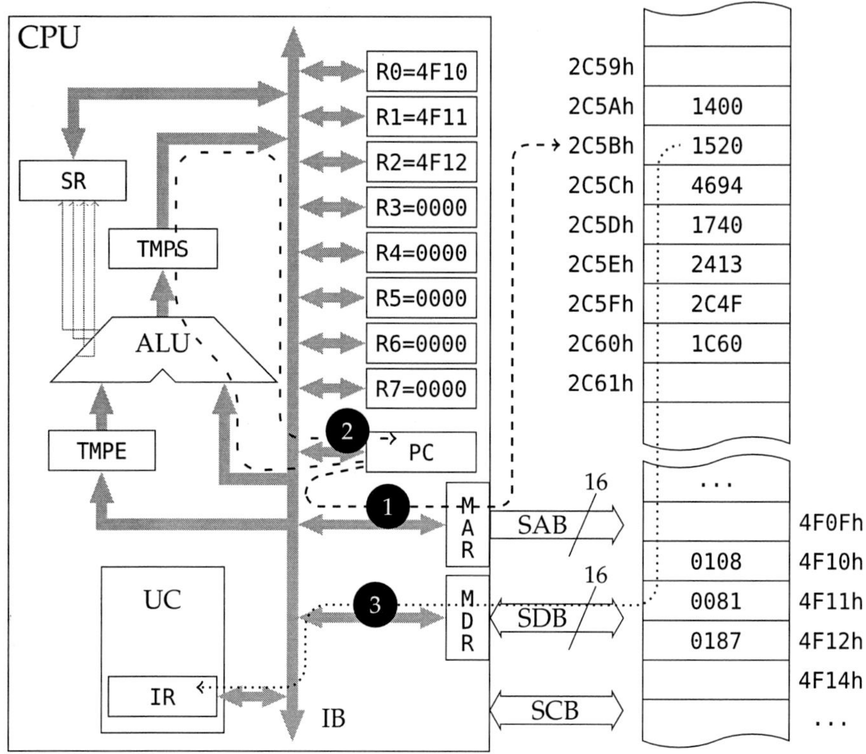

Figura 5.5: Esquema de ejecución de instrucciones en el procesador del CT

Sin embargo, para que las instrucciones del programa puedan ejecutarse, los códigos de instrucción han de llegar al procesador, de forma que este pueda interpretarlos y operar según el tipo de instrucción.

La forma en que se consigue que el procesador comience a ejecutar cualquier programa consiste en utilizar dos registros clave: el registro `PC`, contador de programa, y el registro `IR`, registro de instrucción.

El registro contador de programa se inicializa, durante el proceso de carga del programa, con la dirección de memoria donde se haya almacenado el código de la primera instrucción a ejecutar.

Una vez que el registro PC ha sido inicializado la CPU repetirá de forma indefinida el siguiente proceso de funcionamiento:

1. Se procede a buscar el código de la instrucción a ejecutar. El registro `PC` contiene la dirección de memoria donde se haya almacenado el código de instrucción. El procesador da la orden de acceder a esa posición para proceder a la lectura del código de instrucción. Para ello coloca el valor almacenado en `PC` en el registro de direcciones de memoria, `MAR`. El registro `MAR` comunica el procesador con el bus de direcciones del sistema. Por lo tanto, el valor de `MAR` se interpreta

como una dirección que se envía a todos los elementos conectados al bus de direcciones, incluyendo la memoria. Finalmente, se activa la señal de lectura en el bus de control para indicarle a la memoria que envíe una copia del dato al procesador. El conjunto de estas acciones se recoge con el número 1 en la figura 5.5 y recibe el nombre de **búsqueda de la instrucción**.

2. La velocidad de trabajo de las memorias de los computadores actuales es más lenta que la del procesador, por ese motivo la CPU debe esperar hasta recibir el código almacenado en la memoria (la memoria, una vez recibe la dirección, ha de buscar entre todas sus posiciones y posteriormente enviar el dato). El procesador aprovecha este tiempo de espera para incrementar el valor del `PC` de forma que apunte (contenga la dirección) a la siguiente instrucción a ejecutar. En el caso del CT, se consigue incrementando el valor del registro `PC` en 1, pues las instrucciones se almacenan en memoria en posiciones contiguas. En los computadores reales esto no tiene por qué ser así. En la figura 5.5 se identifica con el número 2 este proceso, que recibe el nombre de **incremento del contador de programa**.

3. Transcurrido un tiempo, la memoria está en disposición de enviar el código de instrucción solicitado. El valor, que representa el código de la instrucción, se envía a través del bus de datos del sistema, que comunica todos los elementos de la arquitectura del computador. El procesador recibe en el registro de datos de memoria, `MDR`, el código de instrucción a ejecutar. Para poder iniciar la ejecución de la instrucción, el código de instrucción debe llevarse al registro `IR` donde será interpretado o decodificado. En la figura 5.5 se identifica con el número 3 el proceso seguido en este paso.

4. A partir de este punto, la unidad de control genera las señales necesarias para que la instrucción se complete. Las señales de control son diferentes según el código de instrucción recibido en el registro `IR`. Este proceso recibe el nombre de **decodificación o interpretación de la instrucción** e inicia la **fase de ejecución** propiamente dicha de la instrucción.

Las acciones identificadas en la figura 5.5, desde que la dirección sale del registro `PC` hasta que el código de instrucción llega al registro `IR`, son idénticas para todas las instrucciones. En cambio, las acciones requeridas para cada instrucción son diferentes dependiendo de la interpretación del código de instrucción almacenado en el registro `IR`. Es común agrupar las acciones en dos fases:

- **Fase 1. Búsqueda e incremento del contador de programa.** Esta fase se corresponde con las acciones identificadas con los números 1, 2 y 3 en la figura 5.5.

- **Fase 2. Ejecución de la instrucción propiamente dicha.** Esta fase engloba las acciones a realizar que son específicas de cada instrucción y que se determinan a partir de la decodificación del valor almacenado en el registro `IR`.

5.3. Estudio a nivel de micromáquina

En este apartado se describe con mayor detalle cómo se lleva a cabo la ejecución de instrucciones dentro del procesador. Aparecen dos aspectos clave: la unidad de control y el ciclo de ejecución.

En el apartado anterior se ha estudiado cómo se lleva a cabo la ejecución de las instrucciones y cómo esta se divide en dos fases: búsqueda e incremento del contador de programa y ejecución propiamente dicha. La primera fase es común a todas las instrucciones, mientras que la segunda es específica de cada instrucción.

Cada una de estas fases se caracteriza por requerir la realización de varias acciones. Así por ejemplo, en la fase de búsqueda hay que enviar el valor del registro `PC` al registro `MAR` para luego proceder a la lectura del código de instrucción almacenado en esa posición. Posteriormente, en el incremento del contador de programa, el valor del registro `PC` debe resultar incrementado en una unidad, etc.

La realización de estas acciones requiere que la información se mueva a través de los distintos elementos del procesador: ALU, registros, unidad de control y buses. Así por ejemplo, acceder a la posición de memoria donde está almacenado el código de la instrucción requiere que el valor del registro `PC` pase al bus interno, de este al registro `MAR` y a través del bus de direcciones del sistema alcance la memoria. Este tránsito de un elemento a otro es posible mediante el uso de **señales de control** que se activan para permitir las transiciones.

Por lo tanto, para ejecutar una instrucción se deben ir activando las señales de control necesarias para que la información fluya según las acciones a realizar. Como el número de señales de control es elevado y su activación correcta es complicada, el procesador dispone de un bloque denominado **unidad de control** (UC) encargado específicamente de la generación de las señales de control. La UC se encarga de generar las señales de control necesarias para que se lleve a cabo la ejecución de la instrucción. Desde la UC parten líneas que llegan a todos los componentes del procesador por donde viajan las señales de control.

En el caso del procesador del CT se dispone de un conjunto de señales de control que es posible activar. En la figura 5.6 aparece una pantalla del simulador del CT con todas las posibles señales de control que se pueden activar.

5.3.1. Pasos de ejecución

La unidad de control debe generar las señales necesarias para ejecutar cada una de las instrucciones, así como secuenciarlas en pasos de ejecución. Para ello debe tener en cuenta las limitaciones impuestas por el hardware del computador. En el caso del CT, las limitaciones que se consideran, derivadas de decisiones de su diseño, son las siguientes:

- **Los buses solo pueden estar ocupados en cada momento por un dato.** Es decir, no se puede enviar al bus interno el valor de los registros `R5` y `R0` a la vez. El valor que tendría el bus sería incierto y distinto de los valores originales.

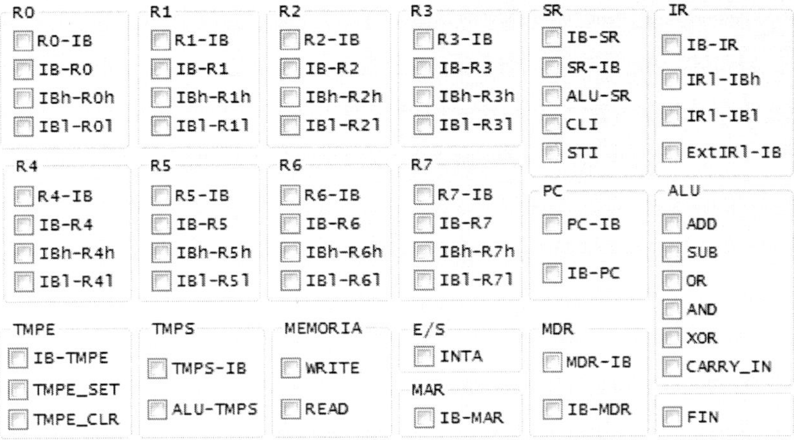

Figura 5.6: Señales de control disponibles en el CT

- **La unidad de control es un sistema síncrono.** Esto quiere decir que está gobernada por una señal de reloj que controla la activación y desactivación de las señales de control.

Las acciones a ejecutar para completar una instrucción requieren la activación de múltiples señales de control. La activación de las señales de control se organiza en lo que se llama pasos de ejecución que cumplen las restricciones de diseño descritas. Un **paso de ejecución** consiste en el conjunto de todas las señales de control que se activan durante un ciclo de reloj y se caracteriza porque solamente puede aparecer un único valor en el bus interno durante su ejecución. Un paso de ejecución consume un ciclo de reloj.

Aparte de las restricciones de diseño mencionadas, y que han servido para introducir el concepto de paso de ejecución, existe otra limitación impuesta por el sistema de memoria:

- **La memoria es más lenta que el procesador.** La velocidad de la CPU es mayor que la de la memoria (cuando se pide un dato, una vez pedido, se debe buscar en memoria antes de poder responder). En el caso del CT se considera que la memoria requiere un ciclo adicional antes de que el dato esté listo, es decir, si se accede a memoria en el ciclo de reloj r, la operación no quedará completa hasta el ciclo de reloj $r + 2$.

Esta diferencia de velocidades entre CPU y memoria puede hacer que la CPU se quede esperando por la memoria sin hacer ninguna tarea efectiva; es lo que se conoce como **ciclo de espera**. Un ciclo de espera es un paso de ejecución en el cual la UC debe esperar a que responda la memoria; se consume tiempo pero no se hace nada. Este comportamiento supone una penalización en el rendimiento de la CPU, por lo que se debe evitar en lo posible. Los ciclos de espera se producen en las operaciones que implican acceso a la memoria.

5.3.2. Ejemplos de ejecución de instrucciones

En este apartado, y a modo de ejemplo, se va a describir el proceso de ejecución de una instrucción y cómo las acciones a realizar están controladas por las correspondientes señales de control que la UC se encarga de generar. Las señales de control posibles son las que aparecen en la figura 5.6.

Toda instrucción consta de dos fases, que a su vez englobaban varias acciones tal como se ha descrito en el apartado 5.2.4 e ilustrado en la figura 5.5.

Búsqueda e incremento del contador de programa

Las acciones recogidas en la figura 5.5 son comunes a todas las instrucciones y, por lo tanto, las acciones de control generadas durante esta fase aparecerán en todas las instrucciones.

Inicialmente, se lleva el valor del registro PC al registro MAR. Esta acción requiere activar las señales PC-IB e IB-MAR, es decir, que el valor del registro PC pase al bus interno y de este al registro MAR. A continuación se activa la señal READ, para indicar a la memoria que envíe una copia del valor almacenado en dicha posición.

Una vez enviado el valor del registro PC, se puede modificar su valor para apuntar a la siguiente dirección. En el caso del CT, esta operación requiere incrementar el valor del registro PC en una unidad. Para realizar este incremento se le sumará 1 al valor del registro PC a través de la ALU.

La ALU requiere dos operandos, el valor del registro TMPE y el valor que está en el bus interno, IB. En el bus IB ya se dispone del valor de PC, por las señales anteriores, así que solo falta que el registro TMPE tenga el valor 0001h. Sin embargo, esto no es posible ya que solo existen señales de control que permiten poner este registro a 0000h o a FFFFh. Lo que se hace es inicializar el registro TMPE con el valor 0000h, es decir, se suma 0 al PC y, adicionalmente, se activa la señal de acarreo CARRY_IN. La señal de acarreo suma 1 a la suma de TMPE y el contenido del bus IB. Se tiene, por tanto, TMPE$\leftarrow$(0)+IB$\leftarrow$(PC)+1 = PC+1, que es lo que se buscaba. Esta acción requiere activar las señales de control TMPE_CLR, para poner el registro TMPE a 0, CARRY_IN y ADD. Una vez se realiza la suma, el resultado estará disponible en el registro de salida de la ALU, previa activación de la señal ALU-TMPS.

Una vez sumada una unidad al valor que contiene el registro PC, solo falta actualizarlo, es decir, llevar el valor del registro TMPS (PC incrementado) al registro PC activando las correspondientes señales de control. Sin embargo, esta acción no es posible en este paso, pues llevar el resultado del registro TMPS al registro PC requiere usar el bus interno, que en este paso está ocupado por el valor del registro PC (PC sin incrementar). Dado que no es posible llevar a cabo más acciones en este paso, es necesario esperar al siguiente ciclo de reloj para que el IB quede libre y se pueda continuar.

Resumiendo, en el primer paso de ejecución de la instrucción se realiza la búsqueda del código de instrucción y se comienza el incremento del registro contador de programa. Las señales activas son: PC-IB, IB-MAR, READ, TMPE_CLR, CARRY_IN, ADD y ALU-TMPS.

En el segundo paso de ejecución, que se lleva a cabo en el siguiente ciclo de reloj, se completa la acción de incremento del contador de programa mediante la activación de las señales de control TMPS-IB e IB-PC. En este ciclo de reloj no se puede realizar ninguna tarea más, pues por las restricciones de diseño se debe esperar un ciclo a que la memoria envíe el valor solicitado, en este caso el código de instrucción.

En el tercer paso de ejecución, la memoria envía a través del bus de datos el código de instrucción almacenado en la dirección suministrada en el primer paso. El procesador recibe el código de instrucción en el registro MDR de interfaz al bus de datos y lo envía al registro IR. Esta acción requiere activar las señales de control MDR-IB e IB-IR.

En la tabla siguiente se recogen todas señales activas y su secuenciación en pasos de ejecución que constituyen la fase de búsqueda e incremento del contador de programa común a todas las instrucciones:

Paso	Señales de control activas
1	PC-IB, IB-MAR, READ, TMPE_CLR, CARRY_IN, ADD, ALU-TMPS
2	TMPS-IB, IB-PC
3	MDR-IB, IB-IR

Ejecución de la instrucción propiamente dicha

En la ejecución de una instrucción, los pasos de ejecución que siguen a los tres anteriores dependen del código de instrucción recibido en el registro IR. A continuación se detallan los pasos correspondientes a algunas instrucciones.

Instrucción aritmética: SUB R3, R3, R6. En el caso de esta instrucción, la decodificación del código de instrucción recibido en el registro IR en el paso 3 de la fase anterior indica que al valor almacenado en el registro R3, minuendo, se le debe restar el valor almacenado en el registro R6, sustraendo, y el resultado se debe almacenar en el registro R3, sobreescribiendo el valor previo.

Una vez determinadas las acciones a realizar se procede a llevarlas a cabo activando las señales de control necesarias. Las limitaciones de diseño determinarán la división de la ejecución en pasos.

En la ALU, el primer operando se debe almacenar en el registro TMPE, por lo que las señales necesarias son R3-IB e IB-TMPE. El segundo operando de la ALU debe estar en el bus IB. Como este está ocupado con el primer operando, ha de esperarse al siguiente ciclo de reloj, lo que determina un nuevo paso de ejecución.

En este nuevo paso se coloca el segundo operando en el bus IB, ahora libre, y se procede a realizar la operación, guardando el resultado y el valor de los bits de estado que indican las características del resultado de la operación. Las señales a activar son R6-IB, SUB, ALU-TMPS y ALU-SR. Llevar el resultado del registro TMPS al registro destino requiere usar de nuevo el bus IB, pero como en este paso está ocupado por el segundo operando, se debe esperar al siguiente ciclo de reloj.

El último paso de ejecución consiste en llevar el resultado del registro TMPS al registro destino e indicar el fin de la instrucción. Las señales de control necesarias son

`TMPS-IB`, `IB-R3` y `FIN`. La señal `FIN` marca el final de la ejecución de una instrucción y sirve para indicar que puede comenzar la ejecución de una nueva instrucción.

En la tabla siguiente se muestran las señales de control necesarias y su secuenciación en pasos de la fase de ejecución de la instrucción:

`SUB R3, R3, R6`

Paso	Señales de control activas
4	R3-IB, IB-TMPE
5	R6-IB, SUB, ALU-TMPS, ALU-SR
6	TMPS-IB, IB-R3, FIN

Instrucción de escritura en memoria: `MOV [R4], R2`. La decodificación del código de esta instrucción indica que el valor almacenado en el registro `R2` se debe almacenar en memoria en la posición indicada por el registro `R4`. Al utilizar los corchetes se indica que el operando es una posición de memoria, en este caso el destino.

Para completar esta instrucción se deben llevar a cabo las siguientes acciones:

- Llevar al registro `MAR` la dirección de memoria en la que se almacenará el dato. Se ocupa el bus `IB`, por lo que corresponde a un paso de ejecución.
- Llevar al registro `MDR` el dato a escribir en memoria y generar la orden de escritura. Nueva ocupación del bus `IB` y, por lo tanto, nuevo paso de ejecución.
- Espera por la memoria. De acuerdo con las restricciones de diseño descritas anteriormente, la memoria requiere un ciclo adicional para realizar su trabajo. Por lo tanto, en este paso de ejecución se completa el proceso de escritura y se indica el fin de la instrucción. La CPU no ha estado haciendo ninguna tarea efectiva; es lo que se corresponde a un ciclo de espera.

En la tabla siguiente se muestran las señales de control y secuenciación en pasos de la fase de ejecución de la instrucción:

`MOV [R4], R2`

Paso	Señales de control activas
4	R4-IB, IB-MAR
5	R2-IB, IB-MDR, WRITE
6	FIN

Instrucción de control de flujo: `BRZ -8`. En este caso que se trata de una instrucción de salto condicional. La ejecución del programa debe retroceder (saltar hacia atrás) ocho posiciones, pero solo si se cumple la condición. En este caso la condición es que el bit de cero sea 1, es decir, que el resultado de la operación anterior en la ALU haya sido 0.

Las instrucciones de tipo condicional plantean dos posibilidades de acción dependiendo si se cumple la condición o no. El caso más simple se da cuando la condición no se cumple. En este caso la única señal de control a generar en la fase de ejecución de la instrucción es `FIN`, para indicar que la instrucción ha finalizado:

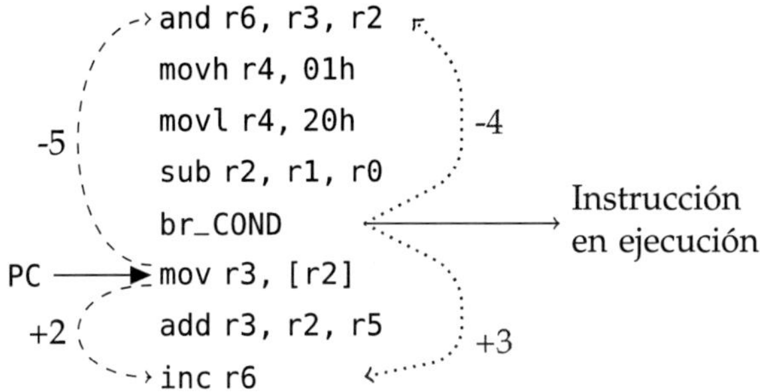

Figura 5.7: Influencia del incremento del PC en los desplazamientos

`BRZ -8` (ZF = 0)

Paso	Señales de control activas
4	`FIN`

En cambio, si la condición es cierta, el valor del desplazamiento debe sumarse al valor del registro `PC` para obtener la nueva posición donde continuará la ejecución del programa, es decir, `PC=PC+Inm_8` que, particularizado a esta instrucción, es `PC=PC+`(-8).

En este tipo de instrucciones se deben tener en cuenta dos detalles importantes:

1. El incremento del contador de programa. Cuando se está ejecutando una instrucción, el valor del registro `PC` se ha incrementado en el paso 2 para apuntar a la siguiente instrucción, aunque todavía no haya empezado a ejecutarse la instrucción en curso propiamente dicha (no lo hará hasta el paso 4). Este comportamiento influye en el valor que debe tener el desplazamiento en las instrucciones de control de flujo para alcanzar la instrucción destino.

   En la figura 5.7 se puede observar con mayor claridad este comportamiento. Si se está ejecutando la instrucción de salto condicional y se pretende que se ejecute una instrucción previa (salto hacia atrás), por ejemplo la instrucción `AND R6, R3, R2`, se debe retroceder cuatro instrucciones. Sin embargo, debido a que el registro `PC` ya ha sido incrementado en una unidad, el valor del desplazamiento sería uno más, es decir, -5.

   De la misma forma, si se desea alcanzar una instrucción posterior (salto hacia adelante), instrucción `INC R6`, hay que adelantar tres instrucciones, pero como el `PC` ya ha sido incrementado en una unidad, el valor del desplazamiento será uno menos, es decir, 2.

   Este comportamiento se debe tener en cuenta a la hora de calcular los desplazamientos que utilizan las instrucciones de control de flujo[3]. El valor del desplazamiento repercutirá posteriormente en la codificación de la instrucción.

[3]En el caso de utilizar etiquetas, el incremento del registro `PC` se calcula automáticamente en el proceso de traducción a código máquina.

2. Extensión de signo. El valor almacenado en el registro PC es una cantidad de 16 bits, mientras que el valor del desplazamiento se expresa como un operando inmediato dentro del código de la propia instrucción y, como se ha estudiado, este operando tiene un tamaño de 8 bits. Se debe sumar, por tanto, una cantidad de 16 bits con otra de 8 bits, que puede ser positiva o negativa.

   La técnica que se utiliza es representar la cantidad de 8 bits mediante una cantidad equivalente de 16 bits repitiendo 8 veces su bit más significativo. Como el bit más significativo de una cantidad entera representada en complemento a 2 codifica su signo, y se está repitiendo este bit, la técnica recibe el nombre de **extensión de signo**. Así, el desplazamiento cuyo valor es 2 codificado con 8 bits se escribe como 0000 0010b. Extendiendo su bit de signo hasta alcanzar los 16 bits sería 0000 0000 0000 0010b. En el caso de un desplazamiento negativo la transformación es idéntica, pero ahora el bit de signo vale 1. Para un desplazamiento de -2 se pasaría de 1111 1110b con 8 bits a 1111 1111 1111 1110b con 16 bits.

Teniendo en cuenta los detalles anteriores, cuando en la instrucción de control de flujo se determina que la condición es cierta, se suma al registro PC el valor del desplazamiento, que se encuentra como dato inmediato codificado con 8 bits en el código de la instrucción. Para completar la instrucción deben llevarse a cabo las siguientes acciones:

- Llevar el valor del registro PC al registro TMPE, primer operando de la ALU.
- Colocar en el bus IB el valor del desplazamiento, extendido a 16 bits, para poder sumarlo en la ALU. De esta tarea se encarga la señal de control ExtIRl-IB.
- Actualizar el valor del registro PC con el resultado de la operación. La próxima instrucción a ejecutar ya no será la que está almacenada en la posición de memoria siguiente a la actual, sino la que esté almacenada en la nueva posición indicada por el registro PC.

En la tabla siguiente se muestran las señales de control y secuenciación en pasos de la fase de ejecución de la instrucción:

BRZ -8 (ZF $= 1$)

Paso	Señales de control activas
4	PC-IB, IB-TMPE
5	ExtIRl-IB, ADD, ALU-TMPS
6	TMPS-IB, IB-PC, FIN

Otras instrucciones. Existen más instrucciones que presentan algún tipo de particularidad, tales como las de direccionamiento inmediato. En estas instrucciones el dato se suministra como un operando inmediato en el código de la instrucción con 8 bits. El operando está almacenado en los 8 bits menos significativos del registro IR, que los volcará a la parte adecuada del bus (señales IRl-IBl o IRl-IBh) y de este a la parte correspondiente del registro destino (señales IBl-RXl o IBh-RXh).

Las instrucciones aritméticas con un operando también presentan una cierta dosis de ingenio a la hora de realizarlas, ya que la ALU requiere dos operandos y solo se dispone de uno. En este caso se hace uso de las operaciones aritmético-lógicas disponibles en la ALU, así como de las señales de control del registro `TMPE` para llevar a cabo este tipo de instrucciones.

5.4. La unidad de control

La unidad de control es el elemento de la CPU que se encarga de generar las señales de control necesarias para que se ejecuten las instrucciones. Este componente es un sistema digital síncrono, es decir, entre sus entradas incluye una señal de reloj que le sirve para establecer una secuenciación de las señales de control. Por lo tanto, la unidad de control se encarga de generar las señales de control necesarias y en el orden adecuado para que se ejecute la instrucción.

Como se ha explicado en el apartado anterior, la ejecución de una instrucción está dividida en pasos de ejecución. Estos pasos de ejecución están determinados por las restricciones hardware de funcionamiento del procesador, siendo la más habitual la ocupación del bus `IB`. En cada paso de ejecución la UC genera las señales adecuadas y estas se van activando en el orden preciso para realizar las acciones necesarias dependiendo de la instrucción en curso.

Cada paso de ejecución se corresponde con un ciclo de la señal de reloj que llega a la UC. Por lo tanto, conociendo el número de pasos que requiere una instrucción, es posible conocer el número de ciclos de reloj necesarios para su ejecución, y con ello el tiempo que tarda en ejecutarse la instrucción. El tiempo del ciclo coincide con el periodo de la señal de reloj, que es la inversa de la frecuencia de la señal de reloj. Así, si se conoce la frecuencia de trabajo de un procesador y el número de pasos de ejecución de una instrucción es posible determinar el tiempo que tarda en ejecutarse. Por ejemplo, para una frecuencia f de 1 MHz, el período T se calcula de la siguiente forma: $T = 1/f = 1/1 \times 10^6$ Hz = 1×10^{-6} s $= 1\mu s$.

La UC debe tener en cuenta los aspectos siguientes a la hora de generar las señales de control para cada una de las instrucciones de un programa:

1. La instrucción que se está ejecutando. Esta información la obtiene a partir del código de instrucción almacenado en el registro `IR`.

2. El paso de ejecución de la instrucción. Dependiendo del paso de ejecución las señales varían, por lo que se deben tener en cuenta los ciclos de la señal de reloj para contabilizar el paso de ejecución.

3. En las instrucciones de salto condicional, el valor de los bits `ZCOS` del registro de estado.

A partir de esta información de entrada, la UC produce como salida la activación de las señales de control adecuadas. Un esquema general del funcionamiento descrito de la UC se puede observar en la figura 5.8.

Dependiendo del tipo de circuitos empleados para obtener las señales de control, las UC se pueden clasificar en dos tipos: UC cableadas y UC microprogramadas.

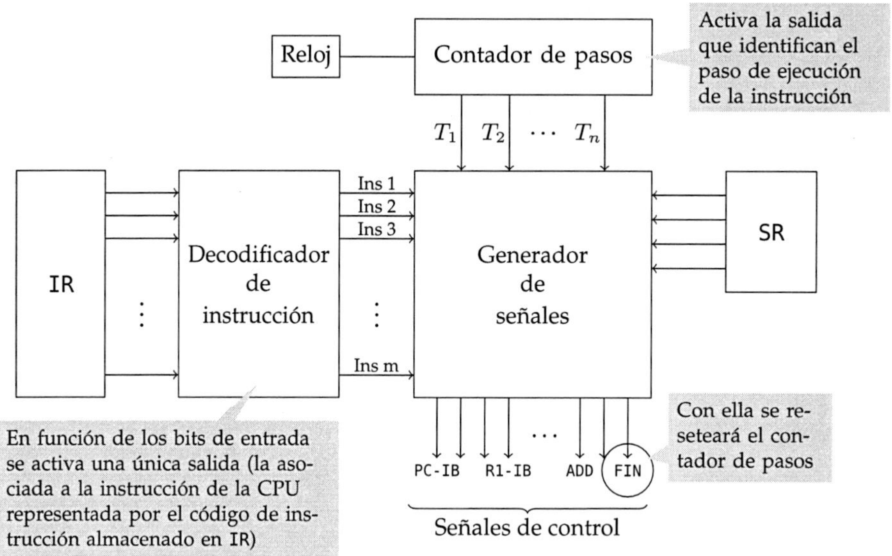

Figura 5.8: Esquema general del funcionamiento de la unidad de control

5.4.1. Unidad de control cableada

En una unidad de control cableada cada señal de control se obtiene como resultado de una función lógica que tiene como entradas el tipo de instrucción, el paso de instrucción en el que se activa la señal y los bits del registro SR. En este tipo de UC, el módulo generador de señales está formado por sistemas combinacionales que implementan estas funciones.

Por ejemplo, en el caso de la señal ALU-TMPS, a la hora de construir un sistema combinacional que implemente su función lógica se procedería de la siguiente forma:

1. Se buscan las ocurrencias de la señal en todas las instrucciones.
2. Se comprueba en qué paso de ejecución, dentro de cada instrucción, aparece la señal.
3. Se construye un sistema combinacional que se active en esas condiciones.

La señal ALU-TMPS aparece en todas las instrucciones en el paso 1 (para incrementar el valor del registro PC), en las instrucciones aritmético-lógicas de dos y tres operandos en el paso 5, en las instrucciones de control de flujo con desplazamiento relativo al PC (un valor que se suma al registro PC) en el paso 5 y en las instrucciones aritméticas de un operando en el paso 4. La función lógica resultante, implementada con puertas lógicas, se puede observar en la figura 5.9.

En el caso de las instrucciones de salto de tipo condicional, además del tipo de instrucción y paso de ejecución, se debe tener en cuenta también el valor de los bits del registro de estado. En caso de no cumplirse la condición se genera la señal de

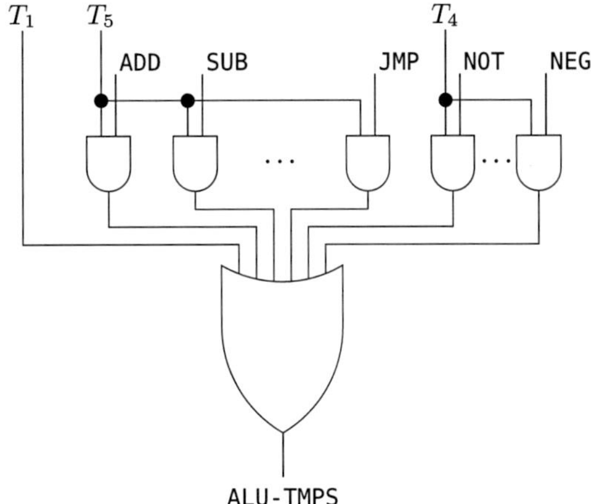

Figura 5.9: Sistema digital combinacional que implementa la señal `ALU-TMPS` en una UC cableada

control `FIN`, mientras que si la condición es cierta se activan las señales de control correspondientes al paso de ejecución 4 y siguientes hasta completar la instrucción. En la figura 5.10 se puede observar esta influencia en la implementación del sistema combinacional[4].

El circuito generador de señales de la UC cableada implementa todas las funciones lógicas necesarias para activar las señales de control. La forma de implementar estas funciones lógicas variará dependiendo de los componentes utilizados.

5.4.2. Unidad de control microprogramada

En el caso de una UC microprogramada el planteamiento es diferente. Este nuevo planteamiento se basa en utilizar una secuencia de bits que representa el estado de todas y cada una de las posibles señales de control. Así, un valor del bit a 1 indica que la señal a la que representa el bit está activada, mientras que un valor del bit a 0 indica que no está activada. En el caso del CT se disponen de 61 señales de control posibles, por lo que se empleará una secuencia de 61 bits.

A la secuencia de bits que representa el estado de todas las señales de control en cada momento se la denomina **palabra de control**. De esta forma, cualquier paso de ejecución de una instrucción está representado por una palabra de control, que indica el estado de las señales en cada paso. La figura 5.11 representa un ejemplo correspondiente a los pasos 2 y 3 de cualquier instrucción.

Una instrucción requiere para completarse varios pasos de ejecución. Como cada paso de ejecución tiene asociada una palabra de control, una instrucción tendrá asignado un conjunto de palabras de control (tantas como pasos de ejecución). Al conjunto de palabras de control asociadas a una instrucción se le denomina **microprograma**

[4]En la figura, el bloque etiquetado como MPX representa un multiplexor.

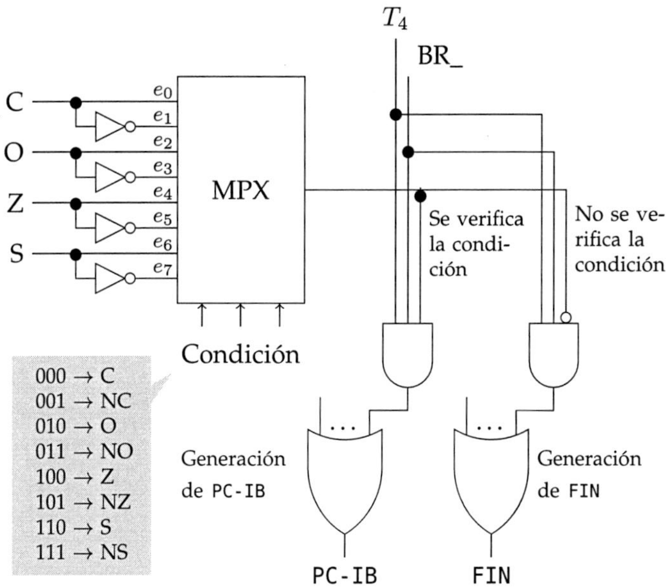

Figura 5.10: Influencia de los bits de estado en la generación de las señales de control

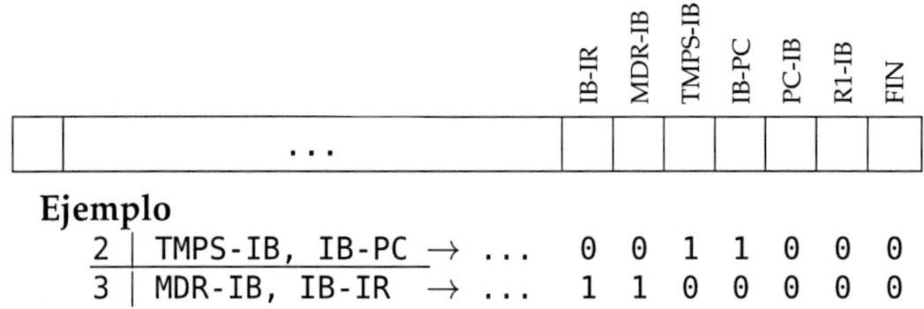

Figura 5.11: Ejemplo de palabras de control para diferentes pasos de ejecución

de instrucción. Por lo tanto, cada instrucción tiene asociado un microprograma de instrucción. El conjunto de todos los microprogramas que representan las palabras de control asociadas a todas las instrucciones se almacenan en una memoria interna a la UC, que recibe el nombre de **memoria de microprograma**. En la figura 5.12 se representan estos conceptos.

La UC microprogramada plantea la ejecución de una instrucción como una lectura en la memoria de microprograma de palabras de control que indican el estado de las señales de control correspondientes. Las palabras de control de una instrucción ocupan posiciones consecutivas en la memoria de microprograma, por lo que solo es necesario saber en qué posición de la memoria de microprograma comienza el microprograma de instrucción para ejecutarlo. Este comportamiento recuerda la forma en la que la CPU de un computador ejecuta instrucciones a nivel de máquina

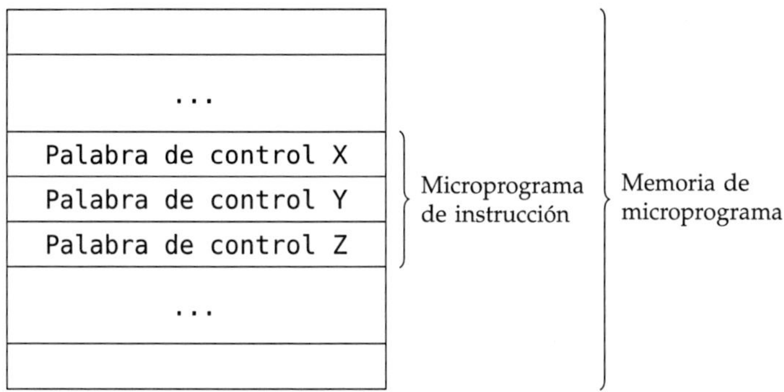

Figura 5.12: Microprograma de instrucción y memoria de microprograma

convencional, tal como se describe en el apartado 5.2.4. Al igual que el procesador usa el registro PC para indicar la dirección de memoria donde se encuentra la instrucción a ejecutar, la UC emplea un registro llamado **microcontador de programa** (µPC) para almacenar la dirección de la memoria de microprograma correspondiente a la palabra de control del microprograma a ejecutar. A partir de la dirección inicial del µPC, su valor se irá incrementando hasta recorrer todas las palabras de control asociadas al microprograma de instrucción.

Un último detalle que debe resolver la UC microprogramada es la determinación de la dirección inicial que debe colocar en el registro µPC para acceder al microprograma de instrucción correspondiente a la instrucción a ejecutar. Esta tarea la realiza un circuito generador de la dirección que recibe como entradas el valor del registro IR, el código máquina de la instrucción a ejecutar, y el registro SR para las instrucciones condicionales. A partir de estas entradas genera como salida la dirección de comienzo del microprograma. Esta dirección solo se genera una vez para cada instrucción; posteriormente se irá incrementando automáticamente el µPC hasta encontrar la señal de control FIN. La figura 5.13 muestra de forma esquemática este comportamiento.

5.4.3. Comparativa entre unidades de control

Cada uno de los tipos de UC descritos en los dos apartados anteriores tiene sus ventajas e inconvenientes. Así, en el caso de la UC cableada, su principal ventaja es la velocidad, al tratarse de un sistema combinacional simple, mientras que su principal inconveniente proviene de la complejidad por el gran número de circuitos que deben implementarse.

En el caso de la UC microprogramada, su principal ventaja es la sencillez de funcionamiento y la flexibilidad; cambiando el microprograma de instrucción se puede cambiar la forma de funcionamiento de una instrucción. En cambio, el principal inconveniente viene dado por el elevado número de bits necesarios en la palabra de control, especialmente a medida que se incrementan las posibles señales de control, ya que repercute en el tamaño de la memoria de microprograma.

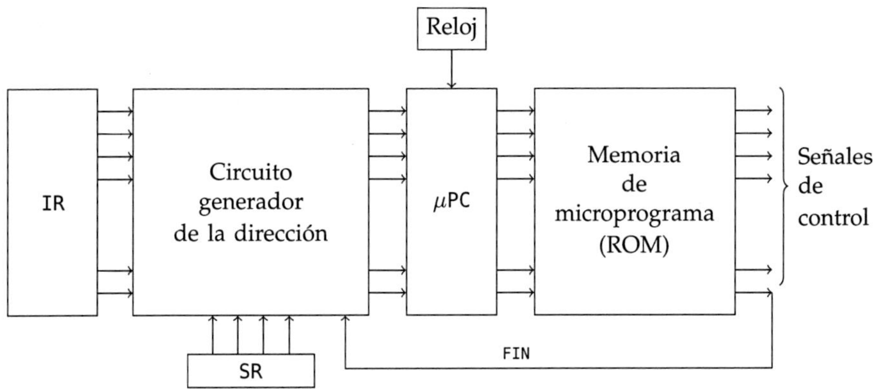

Figura 5.13: Esquema general de funcionamiento de una UC microprogramada

En las CPU de los computadores actuales se usan UC híbridas que tratan de aprovechar lo mejor de cada uno de los dos tipos descritos. Las UC cableadas se emplean para instrucciones sencillas y frecuentes, mientras que las UC microprogramadas se restringen al caso de instrucciones complejas y poco frecuentes.

Capítulo 6

El sistema de memoria

El sistema de memoria es uno de los grandes bloques que constituyen la arquitectura del computador. Aunque el papel principal en el proceso de ejecución de instrucciones lo ejerce el procesador, este no podría llevarlo a cabo sin la ayuda del sistema de memoria, que es el encargado de almacenar tanto los códigos de instrucción como los datos que requiere el procesador para ejecutar un programa. Por lo tanto, el procesador es absolutamente dependiente del sistema de memoria para realizar su trabajo, hasta el punto de que llega a pararse si la memoria no es capaz de enviar o recibir información con la suficiente rapidez.

En este capítulo se estudia cómo se construye el sistema de memoria del computador partiendo de componentes digitales elementales. Para ello es necesario conocer conceptos tales como espacio de direcciones y mapa de memoria.

6.1. Espacio de direcciones

En un hipotético almacén que simule el funcionamiento del sistema de memoria, cada lugar donde sea posible colocar mercancía debería estar identificado para poder acudir en otro momento a retirar o actualizar esa mercancía. Esa identificación es su dirección. El conjunto de todas las ubicaciones posibles del almacén, cada una con su dirección, constituye el **espacio de direcciones** posibles.

Un elemento de memoria (chip, módulo, sistema, etc.) funciona como un almacén donde cada espacio de almacenamiento está representado por una **posición de memoria** y la mercancía por una secuencia de bits, denominada **palabra** o palabra de memoria. El tamaño de la palabra dependerá del tipo de dispositivo al que se haga referencia. La palabra representa el contenido de la posición de memoria y requiere una **dirección** para poder ser accedida. Como los elementos de memoria son sistemas digitales, la dirección es una secuencia de P bits. El espacio de direcciones del elemento de memoria vendrá dado por todas las direcciones posibles que se puedan formar con los P bits utilizados para expresar la dirección, es decir, todas las combinaciones posibles de P bits. Por lo tanto, el tamaño del espacio de direcciones será 2^P.

De la misma forma que se ha determinado el espacio de direcciones para un elemento de memoria, también se puede determinar el espacio de direcciones de un computador. El espacio de direcciones o espacio direccionable de un computador es el número total de direcciones que puede manejar el procesador. Normalmente, este número de direcciones está relacionado con el número de líneas que se utilizan en el bus de direcciones, a. Así pues, el tamaño del espacio de direcciones del computador será 2^a.

En el caso del CT, su bus de direcciones es de 16 líneas, por lo que su espacio direccionable es de 2^{16} o 64 Kipalabras. Expresado en hexadecimal, el rango de direcciones posibles va desde `0000h` hasta `FFFFh`.

En el caso de la arquitectura x86-32, en la que su bus de direcciones consta de 32 líneas, su espacio direccionable es de 2^{32} o 4 Gipalabras. Expresado en hexadecimal, el rango de direcciones posibles cubre desde la dirección `0000 0000h` hasta `FFFF FFFFh`.

El espacio direccionable representa el conjunto de direcciones que un computador puede manejar, y en las que, por lo tanto, se pueden almacenar palabras. Sin embargo, esta capacidad máxima no tiene por qué estar totalmente utilizada. Así por ejemplo, en un computador con arquitectura x86-32, que como se ha indicado tendría capacidad para direccionar 4 Gipalabras, en la práctica puede tener memoria instalada para almacenar solamente 1 o 2 Gipalabras de memoria. La forma en la que se utiliza el espacio direccionable constituye lo que se conoce como **mapa de memoria**, que se estudiará más adelante en este capítulo.

6.2. Dispositivos de memoria

Como se ha descrito en el apartado anterior, el espacio de memoria direccionable por un computador depende del número de líneas de su bus de direcciones. A medida que este número aumenta, la capacidad de direccionamiento, y por lo tanto el tamaño del espacio direccionable, crece hasta alcanzar un valor muy elevado[1].

El sistema de memoria que da soporte físico al espacio de direcciones puede estar formado por memorias de diversos tipos: memorias ROM de solo lectura, memorias RAM de acceso aleatorio o memorias asociadas a dispositivos periféricos. Cada uno de estos tipos de memoria lleva asociado uno o varios dispositivos donde se almacenan físicamente los bits. El término dispositivo de memoria se emplea en general para cualquier elemento que sea capaz de almacenar bits, independientemente de su capacidad, y, al igual que todos los elementos del computador, está construido utilizando sistemas digitales.

Existe, no obstante, un problema cuando se trata de construir un dispositivo de memoria para el computador: la capacidad de almacenamiento que requiere el computador es lo suficientemente grande como para que no sea posible construirlo con un único componente. Por lo tanto, se combinan dispositivos de memoria más sencillos para obtener el dispositivo de memoria final.

Así, si se considera la memoria de tipo RAM de un computador, en general, el dispositivo de memoria que sirve de almacenamiento se conoce como **módulo de**

[1] Este valor es especialmente elevado en las arquitecturas de computadores de 64 bits.

Figura 6.1: Aspecto de un módulo de memoria de un computador formado por chips

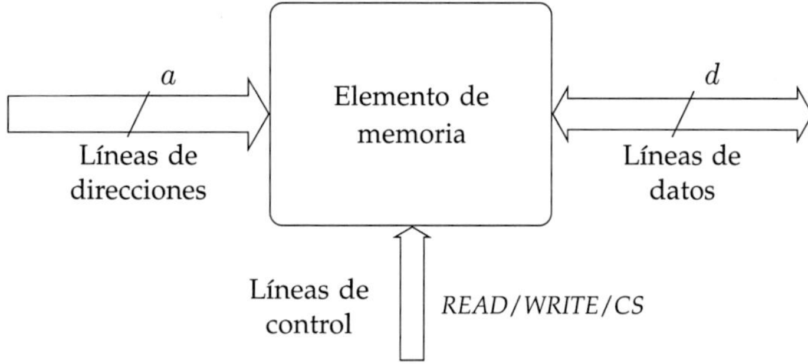

Figura 6.2: Esquema general de un elemento de memoria

memoria. Este dispositivo de memoria está formado por otros dispositivos más simples a los que se les denomina chips de memoria, como se puede observar en la figura 6.1.

Cualquier elemento de memoria, sea un chip, un módulo o el sistema de memoria completo del computador, se caracteriza por unos parámetros comunes, que como se puede observar en la figura 6.2, son:

- **Líneas de direcciones.** Es el conjunto de líneas que se utilizan para enviar la dirección a la que se quiere acceder. El número de líneas de direcciones es igual al número de bits de la dirección. El número total de posiciones de memoria a las que se puede acceder con a bits es $2^a = M$.

- **Líneas de datos.** Es el conjunto de líneas que se utilizan para escribir o leer los bits almacenados en una posición de memoria. Con d líneas se pueden escribir o leer d bits simultáneamente. Se suele representar este valor por N. También se conoce este número N como el ancho de palabra del elemento de memoria.

- **Líneas de control.** Es el conjunto de líneas que se utilizan para enviar los valores que gobiernan el funcionamiento del dispositivo de memoria. Entre todas las existentes, las más importantes son las de `READ`, `WRITE` y `CS`. `READ` y `WRITE` se utilizan para indicar que se desea realizar una operación de lectura o escritura de la posición de memoria direccionada. La señal `CS` (*Chip Select*) sirve para activar o desactivar el elemento de memoria. Cuando el elemento de memoria

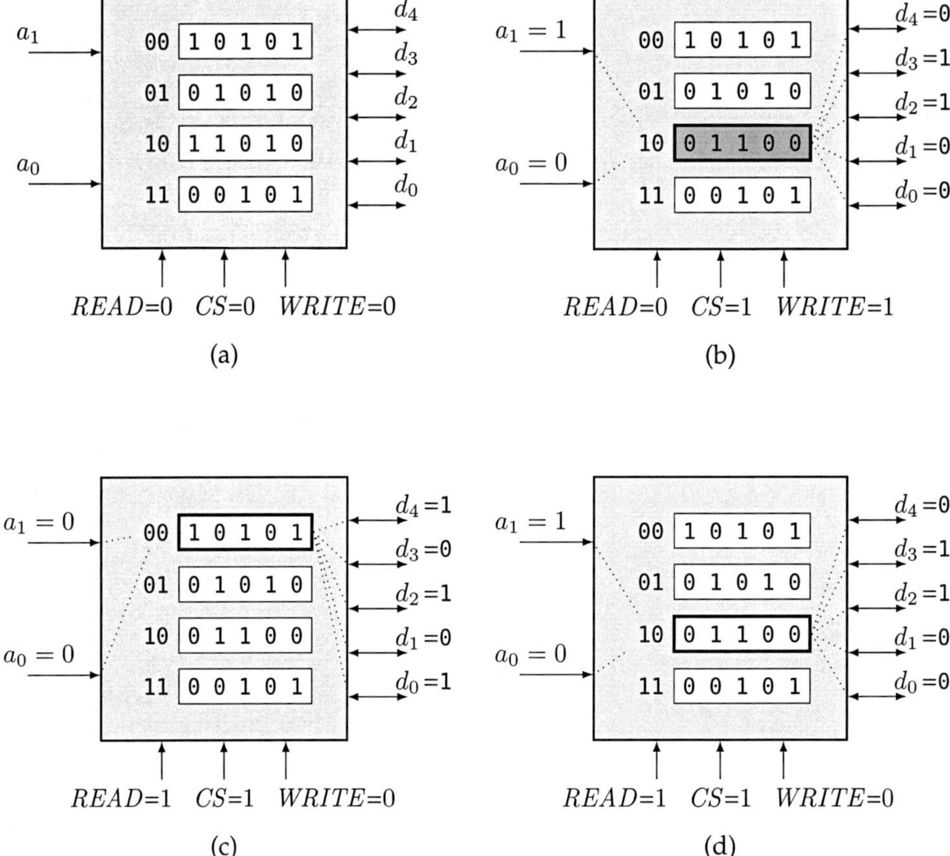

Figura 6.3: Ejemplo de funcionamiento de una memoria: (a) situación inicial; (b) escribir el dato `01100b` en la dirección `10b`; (c) leer el contenido de la dirección `00b`; (d) leer el contenido de la dirección `10b`

está desactivado se considera desconectado del entorno. En este caso, aunque se coloque una dirección en las líneas de dirección y se le envíe una orden a través de las líneas de control, el elemento no hará nada.

- **Capacidad.** Es la cantidad total de bits que es capaz de almacenar el elemento de memoria. Se expresa como $M \times N$, es decir, $M = 2^a$ palabras de memoria de N bits cada una.
- **Parámetros temporales.** Son un conjunto de tiempos que indican cuánto se debe esperar para recibir un dato cuando realiza una operación de lectura y el tiempo que ha de transcurrir hasta que el dato quede almacenado en memoria cuando se hace una operación de escritura. Normalmente se expresan en ciclos.

La figura 6.3 ilustra un ejemplo de funcionamiento de una memoria con dos líneas de direcciones y cinco líneas de datos. Partiendo de la situación incial de la memoria, mostrada en la figura 6.3(a), se escribe el dato `0 1100b` en la dirección `10b`. Para ello es necesario poner a 1 la entrada CS, colocar la dirección en las líneas de direcciones, colocar en las líneas de datos el dato a escribir y generar un flanco ascendente en la entrada $WRITE$, tal como se muestra en la figura 6.3(b). A continuación, se llevan a cabo dos operaciones de lectura para obtener el contenido de las direcciones `00b` y `10b`. Para realizar cada una de las operaciones de lectura es necesario activar la línea CS, colocar la dirección que se desea leer en las líneas de dirección y activar la línea $READ$, tal como se muestra en las figuras 6.3(c) y 6.3(d).

6.3. Tipos de memorias

Estos son los tipos de memoria más utilizados en la actualidad:

- Flash ROM[2]. Es un tipo de memoria con almacenamiento persistente (no pierde los datos cuando no está alimentada). Uno de sus usos es almacenar código que tiene que estar siempre disponible y no suele cambiar, como el código que sirve para arrancar el computador. También se utiliza en tarjetas de memoria, discos duros de estado sólido (SSD) y memorias USB.
- Static RAM[3] (SRAM). Es un tipo de memoria con almacenamiento no persistente basada en transistores. Es muy rápida pero más cara que la DRAM estudiada a continuación. Además, el espacio para almacenar un bit es mayor, con lo que la SRAM tiene menor densidad de almacenamiento de información. Se utiliza en la caché del procesador, que es una memoria de poca capacidad que suele estar en el propio chip del computador.
- Dynamic RAM (DRAM). Es un tipo de memoria con almacenamiento no persistente basada en transistores y condensadores. Los condensadores pierden la información con el tiempo, por lo que hay que recargalos periódicamente con una operación llamada «refresco». Este proceso lleva un tiempo y hace que esta memoria sea más lenta que la SRAM; como ventajas, es más barata y tiene mayor densidad de almacenamiento de información. Se utiliza para la memoria principal del sistema.

6.4. Mapa de memoria

En el apartado 6.1 se definió el espacio direccionable como el número máximo de direcciones que el computador puede manejar. En la práctica no todas las direcciones están asociadas a dispositivos de memoria: existen direcciones en las cuales no es posible almacenar nada. Así, el **mapa de memoria** es la organización del espacio direccionable, es decir, indica cómo se asignan rangos de direcciones a determinados dispositivos de memoria.

[2]ROM es el acrónimo de *Read Only Memory* (memoria de sólo lectura), pero en la actualidad estas memorias se pueden escribir.

[3]RAM es el acrónimo de *Random Access Memory* (memoria de acceso aleatorio).

Normalmente, el espacio de direcciones puede estar ocupado por dispositivos de memoria de diversos tipos: RAM, ROM o memoria asociada a periféricos, y también parte del espacio de direcciones puede estar vacío. Por ejemplo, en el caso de un computador basado en la arquitectura x86-32, el espacio direccionable es de 4 Gipalabras, aunque durante muchos años era habitual que la memoria principal instalada fuese menor que esa cantidad.

El mapa de memoria sirve para conocer qué rangos de direcciones están asignados a los diferentes dispositivos de memoria, ya que cada uno de ellos sirve para cometidos diferentes:

- **ROM.** Es una zona de memoria de solo lectura. En ella se almacena el programa de arranque del computador con dos misiones principales:

  1. Inicializar todos los elementos básicos del computador (vídeo, teclado, etc.).
  2. Cargar en memoria RAM el código encargado de que el sistema operativo, que gobierna la máquina, se copie de disco a memoria para que comience a ejecutarse.

  Dependiendo de la arquitectura, la memoria ROM puede tener encomendadas más tareas. Por ejemplo, en el caso de sistemas PC la memoria ROM contiene también un conjunto de rutinas que permiten realizar operaciones básicas de E/S, lo que se conoce como BIOS (*Basic Input Output System*).

- **RAM.** Es el tipo de memoria mayoritario. Los dispositivos de este tipo de memoria se denominan módulos y puede existir más de un módulo para cubrir todo el espacio de direcciones asignado a la memoria RAM. Es una memoria en la que está permitida la lectura y la escritura. En ella se almacena el sistema operativo y los programas en ejecución, tanto código como datos.

- **Memoria asociada a periféricos.** Esta zona de memoria está formada por memoria de tipo RAM y/o registros. Ocupan direcciones del espacio direccionable, pero físicamente están ubicados en las interfaces de los periféricos. Su misión es almacenar los datos leídos o escritos en los dispositivos periféricos.

  Como ejemplo más frecuente de uso de memoria RAM asociada a periféricos se puede citar la memoria de vídeo. En la memoria RAM de vídeo se escribe la información a mostrar en pantalla, pero esta memoria forma parte, generalmente, de la propia interfaz de vídeo y no es utilizable por la CPU para almacenar información.

  Un ejemplo del uso de registros asociados a periféricos se encuentra en el teclado, donde los códigos que identifican a las teclas pulsadas se almacenan en un registro desde donde son leídos. Este registro tiene asociada una dirección del espacio de direcciones, pero está físicamente en la interfaz de teclado.

En la figura 6.4 se muestra de forma esquemática el concepto de mapa de memoria sobre el espacio direccionable.

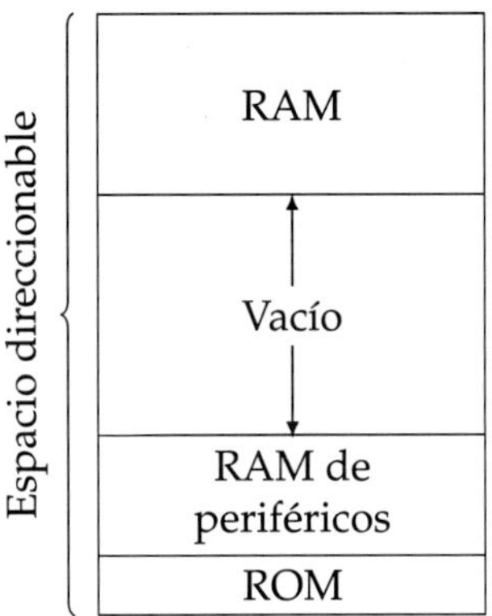

Figura 6.4: Espacio direccionable y mapa de memoria

6.5. Construcción del mapa de memoria

En este apartado se estudia cómo se consigue integrar dentro del espacio de direcciones del computador un módulo de memoria que cubre un menor número de direcciones que la capacidad total del sistema de memoria. Al proceso de asociación de un rango de direcciones del espacio direccionable a un dispositivo concreto se le denomina **mapear**.

6.5.1. Caso simple

A continuación se desarrolla un ejemplo simple de integración de módulos de memoria en el espacio de direcciones del computador. Se supone que se trabaja con una CPU cuyo ancho de bus de direcciones es de 4 líneas. Por lo tanto, su espacio de direcciones es de $2^4 = 16$ direcciones.

En el espacio de direcciones de esta CPU se pretende colocar un módulo de memoria RAM y otro de memoria ROM, ambos de 4 palabras. Se pretende mapear los módulos de forma que la memoria RAM esté asignada a las 4 direcciones más bajas del espacio de direcciones y la memoria ROM a las 4 direcciones más altas del espacio de direcciones. La figura 6.5 representa el mapa de direcciones que se pretende construir sobre el espacio direccionable del computador.

Los módulos de memoria que se desean integrar en el mapa de memoria almacenan 4 palabras, es decir, dan soporte a 4 direcciones de memoria. Por lo tanto, cada módulo requiere 2 líneas de dirección ($2^2 = 4$); serán las líneas a_1 y a_0. Las direcciones a las que dan soporte son: `00b`, `01b`, `10b` y `11b`.

Los módulos de memoria cuentan con una entrada de control llamada `CS` que permite activar o desactivar el módulo y que, en este contexto, se denominará **entrada de activación**, `EA`.

La CPU en cuyo espacio de direcciones se desea integrar los módulos cuenta con 4 líneas de direcciones (a_3, a_2, a_1 y a_0). Se emplearán las líneas sobrantes (a_3 y a_2)

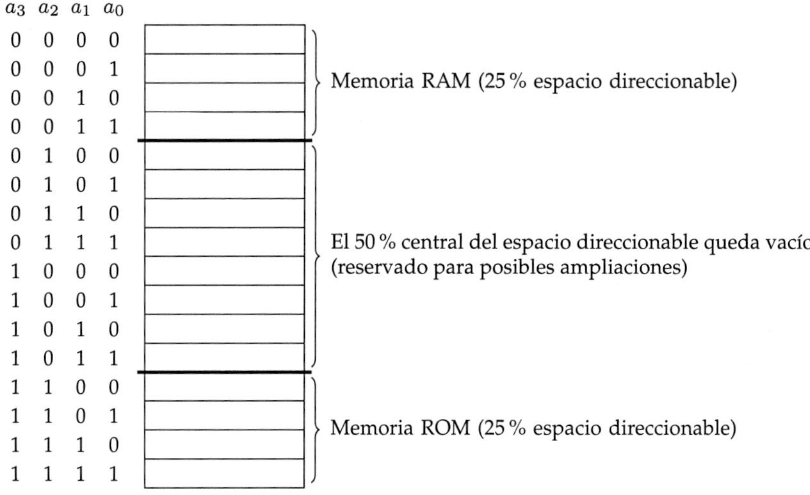

Figura 6.5: Mapa de memoria a construir en el ejemplo simplificado

para mapear los dispositivos en el espacio de direcciones, y para ello se hará uso de las entradas de activación de los módulos.

Se comienza por el módulo de memoria RAM. El rango de direcciones que se desea asociar a este módulo se muestra en la tabla siguiente:

a_3	a_2	a_1	a_0	Decimal
0	0	0	0	0
0	0	0	1	1
0	0	1	0	2
0	0	1	1	3

Un análisis detenido de la tabla muestra que mientras las líneas a_1 y a_0 toman todas las combinaciones posibles con 2 bits, las líneas a_3 y a_2, en cambio, permanecen fijas con el valor 0. Si se presta atención a la figura 6.5 se puede observar que solo en el caso de las direcciones asociadas al módulo de memoria RAM las líneas a_3 y a_2 toman el valor `00b`.

De forma similar se procede en el caso del dispositivo de memoria ROM. En la tabla siguiente se muestra el rango de direcciones asociado a este módulo:

a_3	a_2	a_1	a_0	Decimal
1	1	0	0	12
1	1	0	1	13
1	1	1	0	14
1	1	1	1	15

Al igual que en el caso de la memoria RAM, las líneas a_1 y a_0 toman todas las combinaciones posibles con 2 bits, mientras que las líneas a_3 y a_2 permanecen fijas, pero en este caso ambas con el valor 1. Igual que en el caso anterior, en el mapa de memoria a construir se puede observar que las líneas a_3 y a_2 toman el valor `11b` solo en el caso de las direcciones asociadas al módulo de memoria ROM.

A modo de resumen, las combinaciones de bits asociadas a los módulos se muestran en la tabla siguiente donde `X` representa cualquier valor del bit:

a_3	a_2	a_1	a_0	Dispositivo de memoria
0	0	X	X	Módulo RAM
1	1	X	X	Módulo ROM

A partir de esta información se construyen los circuitos de activación (CA) de los módulos de memoria, de forma que solo responda el módulo al que realmente se quiere acceder, así:

- Cuando las líneas a_3 y a_2 presenten la combinación `00b`, se colocará un 1 en la entrada `EA` del módulo de memoria RAM. De esta forma se accede a las direcciones del mapa de memoria que están guardadas en la memoria RAM. La función lógica de este circuito de activación es $S = \overline{a_3} \cdot \overline{a_2}$, por lo que su implementación solo requiere una puerta lógica AND y dos puertas lógicas NOT.

- Cuando las líneas a_3 y a_2 tomen el valor `11b`, aparecerá un 1 en la entrada `EA` del módulo de memoria ROM. Se accede así a las direcciones del mapa de memoria asociadas a la memoria ROM. La función lógica de este circuito de activación es $S = a_3 \cdot a_2$, por lo que su implementación solo requiere una puerta lógica AND.

La figura 6.6 muestra cómo se realiza la organización física de los dispositivos de memoria con sus circuitos de activación para dar soporte al mapa de memoria a construir.

Con el ejemplo anterior los módulos de memoria han quedado ubicados dentro del mapa de memoria en las direcciones prefijadas. En este momento se desea conectar un nuevo módulo de memoria al computador. En primer lugar se deben conocer las características del módulo a integrar en el mapa y el rango de direcciones de memoria donde se pretende mapear. En este ejemplo sencillo, el nuevo módulo de memoria RAM tendrá sólo 2 palabras y se mapeará cubriendo las direcciones `1010b`-`1011b`.

Al igual que en los ejemplos anteriores se hace un cómputo de las líneas de direcciones que utiliza el módulo (solo una en este caso, a_0) y cuántas líneas sobran respecto a las que utiliza el sistema de memoria (tres en este caso, a_3, a_2 y a_1). Las direcciones de las dos palabras que cubre el nuevo módulo de memoria RAM pueden expresarse de la siguiente forma, donde `X` representa cualquier valor del bit:

a_3	a_2	a_1	a_0
1	0	1	X

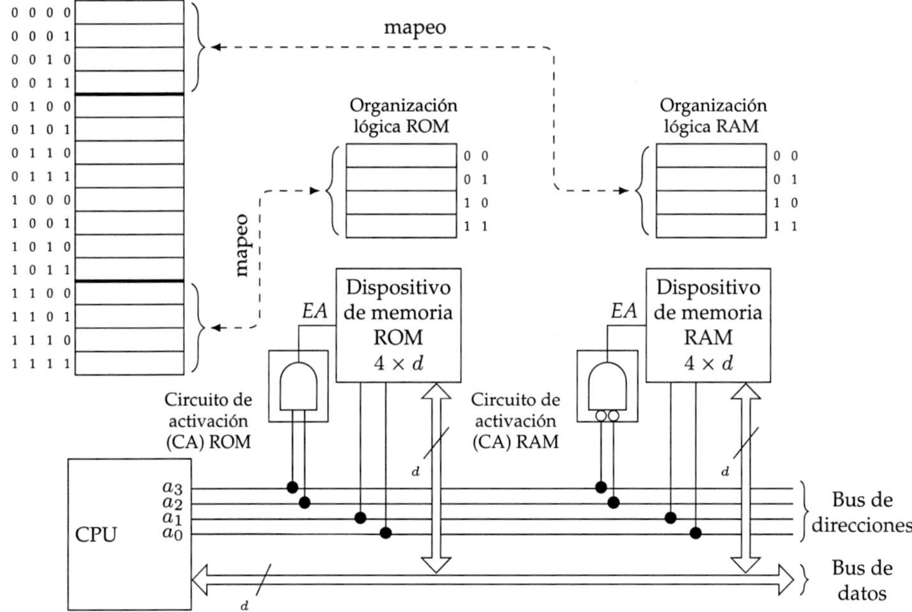

Figura 6.6: Organización física del mapa de memoria a construir

En el mapa mostrado en la figura 6.5, se puede observar que solo existen dos direcciones cuyos 3 bits más significativos coinciden con los valores que permanecen fijos en el caso del nuevo módulo de memoria RAM. Se construirá entonces un circuito de activación que coloque un 1 en la entrada EA del nuevo módulo de memoria RAM cuando las líneas más significativas presenten dicha combinación de bits. En la figura 6.7 se puede observar el aspecto del nuevo dispositivo, su circuito de activación y su ubicación en el mapa de memoria.

6.5.2. Caso complejo

A continuación se desarrolla un ejemplo más complejo de integración de módulos de memoria en el espacio de direcciones del computador. Para ello se va a integrar un módulo de memoria de 1 Mi×8 en el sistema de memoria de un computador con un espacio de direcciones de 4 Mi×8. La posición elegida para ubicar el módulo de memoria es el inicio de la mitad superior del espacio de direcciones.

El primer paso consiste en expresar la capacidad, tanto del módulo como del sistema de memoria, en función del número de líneas de direcciones utilizadas, así:

- El módulo tiene una capacidad de 1 Mi×8, o lo que es lo mismo $2^{20}\times 8$, es decir, dispone de 20 líneas de dirección.
- El sistema, que representa el espacio direccionable, tiene un tamaño de 4 Mi×8, o lo que es lo mismo $2^{22}\times 8$, es decir, su número de líneas de dirección es de 22.

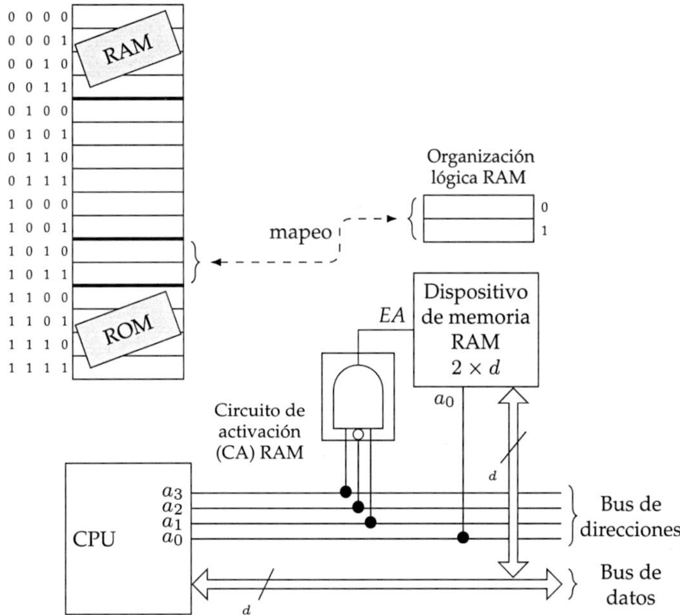

Figura 6.7: Añadiendo un nuevo dispositivo de memoria al caso simplificado

De la comparación se obtiene una diferencia de dos líneas de direcciones del sistema de memoria respecto al módulo de memoria. Estas dos líneas de direcciones extra se utilizarán para construir el circuito de activación que permite mapear, en el rango adecuado, el módulo de memoria dentro del espacio de direcciones del computador.

Como se ha indicado anteriormente, en este ejemplo se desea mapear el módulo de memoria al comienzo de la segunda mitad del espacio de direcciones del sistema de memoria. Si se construye el mapa del espacio de direcciones, considerando por un lado las dos líneas más significativas (a_{21} y a_{20}), y por otro las 20 líneas menos significativas (a_{19} a a_0), se obtiene el reparto de direcciones mostrado en la tabla 6.1. En este caso el mapa está dividido en cuatro intervalos de 1 Mipalabras (los que se pueden seleccionar con dos líneas). De los cuatro intervalos, el tercero, cuyo rango de direcciones se muestra en negrita, se corresponde con las direcciones a cubrir por el módulo de memoria.

Observando en la tabla 6.1 el valor que toman las líneas a_{21} y a_{20}, se obtiene bajo qué condiciones debe activarse el módulo. En este caso, el circuito de activación a construir colocará un 1 en la entrada `EA` del módulo de memoria cuando las líneas a_{21} y a_{20} presenten la combinación `10b`. En la figura 6.8 se muestra el aspecto final del módulo de memoria y del circuito de activación que lo mapea en el sistema de memoria del computador.

a_{21}	a_{20}	a_{19}	⋯	a_0	**Hexadecimal**
0	0	0	⋯	0	00 0000h
0	0	1	⋯	1	0F FFFFh
0	1	0	⋯	0	10 0000h
0	1	1	⋯	1	1F FFFFh
1	0	0	⋯	0	**20 0000h**
1	0	1	⋯	1	**2F FFFFh**
1	1	0	⋯	0	30 0000h
1	1	1	⋯	1	3F FFFFh

Tabla 6.1: Mapa del espacio de direcciones del sistema de memoria 4 Mi×8

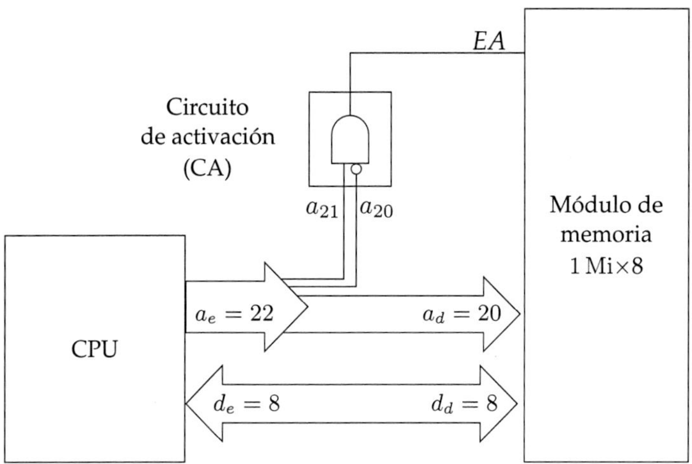

Figura 6.8: Mapeo del módulo de memoria en el espacio de direcciones del computador

Capítulo 7

Entrada/Salida

El sistema de entrada/salida es el tercero de los grandes bloques que constituyen la arquitectura del computador. Junto con el procesador y la memoria, estudiados en capítulos anteriores, le permite al computador no solo resolver problemas mediante la ejecución de programas almacenados en memoria, sino también comunicarse con su entorno para recibir datos de entrada o proporcionar resultados de salida relacionados con la resolución de dichos problemas.

El sistema de entrada/salida le permite al computador enviar y recibir información hacia y desde el exterior, bien comunicándose con usuarios humanos a través de dispositivos de interfaz humana, como se estudiará en este capítulo, o bien con otros computadores o máquinas de su entorno, como se estudiará en el capítulo siguiente.

El acceso por parte de la CPU a los dispositivos periféricos que se conectan a un computador no resulta una tarea trivial. La enorme diversidad de periféricos disponibles, tanto por principio de funcionamiento como por velocidad de intercambio de información, es la base de esta complejidad. Para aliviar esta tarea, los periféricos se conectan al computador a través de elementos dedicados que tratan de aislar a la CPU de las particularidades de funcionamiento de cada periférico. En este capítulo se describen estos elementos y se presentan dos ejemplos concretos para el CT. Además, se estudian las principales técnicas de entrada/salida que se pueden utilizar en un computador.

7.1. Conexión de periféricos al computador

El objetivo del sistema de entrada/salida (E/S) de un computador es permitir la comunicación del procesador y de la memoria con los dispositivos periféricos que se le conectan. Dado que existe una amplia variedad de dispositivos periféricos, cada uno con características de funcionamiento diferentes, estos no se conectan directamente al bus del sistema, como se puede observar en la figura 7.1. Las principales razones por las que esta conexión es diferente a la utilizada por el procesador y por la memoria son las siguientes:

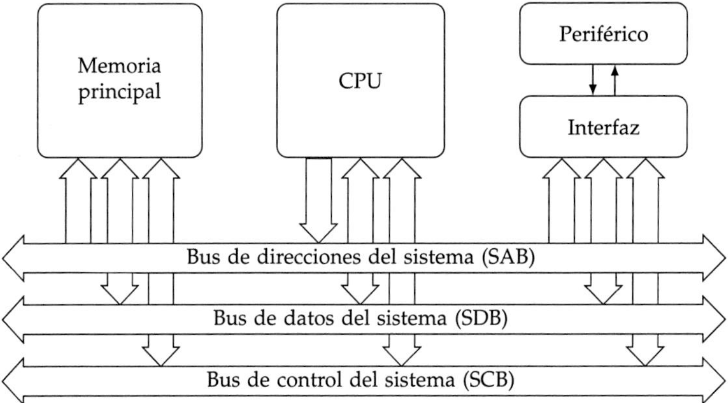

Figura 7.1: Conexión de un periférico al bus del sistema

- La lógica necesaria para controlar un dispositivo periférico ocupa cierto espacio. Por lo tanto, no resulta práctico incluir en el procesador del sistema la lógica para controlar toda la variedad de dispositivos periféricos que se pueden conectar a un computador.

- La velocidad de transferencia de datos de un dispositivo periférico, que abarca desde varios bytes por segundo en periféricos lentos hasta varios millones de bytes por segundo en periféricos rápidos, es menor que la velocidad de transferencia del procesador o de la memoria. Por lo tanto, no resulta práctico utilizar el bus del sistema, que es un elemento de interconexión de alta velocidad, para comunicarse directamente con un periférico.

- Los dispositivos periféricos suelen utilizar tamaños de palabra que no coinciden con el ancho de palabra de la mayoría de computadores. Por lo tanto, no resulta viable la conexión directa del dispositivo periférico con el bus del sistema.

En consecuencia, se requiere un mecanismo de E/S capaz de realizar las siguientes tareas:

- Interfaz con el procesador y con la memoria del computador a través del bus del sistema.

- Interfaz con el dispositivo periférico a través de canales de comunicación específicos.

Este mecanismo recibe el nombre de **interfaz de periférico** y realiza, además, tareas de control y temporización de las operaciones de E/S, almacenamiento temporal de datos y detección de errores.

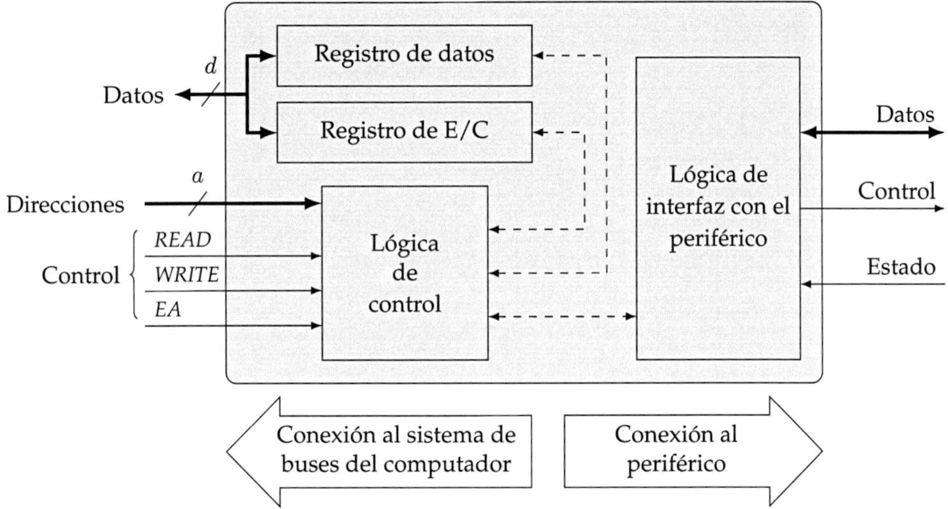

Figura 7.2: Estructura de una interfaz simple

7.2. Interfaces de dispositivos periféricos

La interfaz o controlador es el dispositivo que permite a un periférico dialogar con la CPU y con la memoria del sistema. Dada la gran variedad de dispositivos periféricos que se pueden conectar a un computador, también existe una gran variedad de interfaces. Aún así, la mayoría de las interfaces de periféricos tienen un conjunto de elementos comunes, que se pueden observar en la figura 7.2, y que se describen a continuación:

- **Registro de datos.** Se utiliza para almacenar temporalmente los datos a transferir entre el computador y el periférico.
- **Registro de estado/control (E/C).** Se utiliza para indicar el estado en el que se encuentra el periférico, por ejemplo si está listo para enviar o recibir un nuevo dato, o bien para que la CPU envíe órdenes al periférico.
- **Lógica de interfaz con el periférico.** Controla la transferencia de datos entre el computador y el periférico.
- **Lógica de control.** Controla el funcionamiento de todos los elementos de la interfaz.

7.2.1. Direccionamiento de las interfaces

Las interfaces de periféricos contienen registros o elementos de memoria que deben ser accesibles por la CPU. Para ello, estos elementos deben estar mapeados en el espacio de direcciones del computador. Una vez que un registro está mapeado en

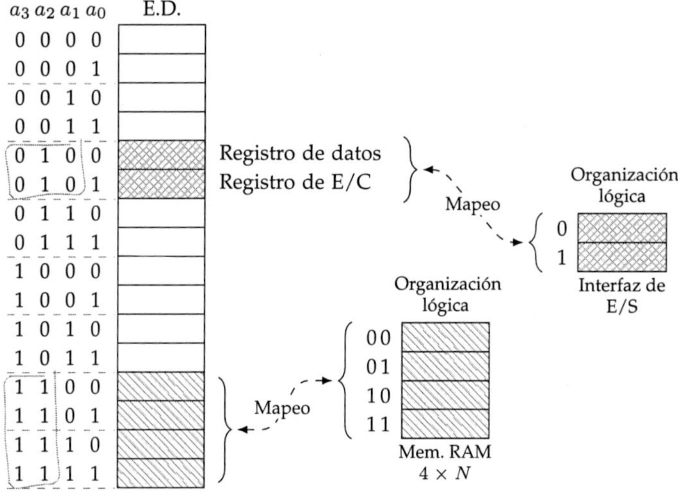

Figura 7.3: Ejemplo de mapeo de una interfaz y de un dispositivo de memoria RAM

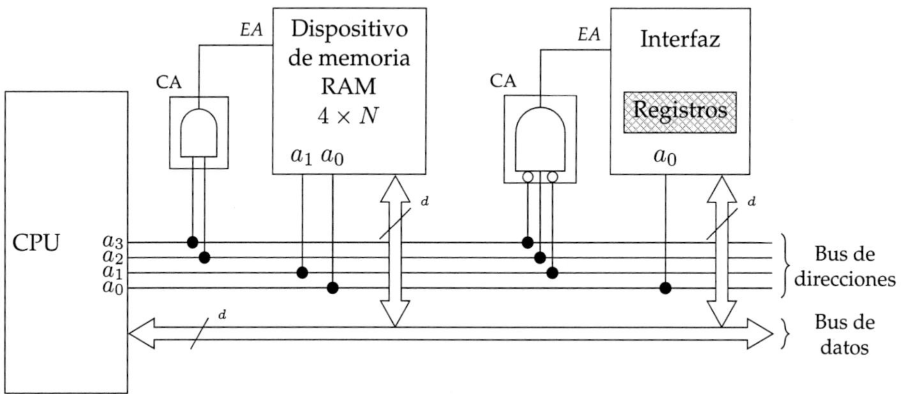

Figura 7.4: Conexión de la interfaz y del dispositivo de memoria al bus del sistema

una dirección del espacio direccionable, la CPU puede acceder al registro a través de la dirección que tiene asociada.

La figura 7.3 muestra un ejemplo de mapeo de la interfaz de un dispositivo periférico al computador. El computador de este ejemplo tiene un bus de direcciones de cuatro líneas y un bus de datos de d líneas. La interfaz del periférico consta de dos registros visibles por el computador: un registro de datos y un registro de E/C. Además, el ejemplo también ilustra el mapeo de un dispositivo de memoria RAM, de organización $4 \times N$ (donde $N = d$). La figura 7.4 muestra la conexión de la interfaz del periférico y del dispositivo de memoria RAM al bus del sistema.

A continuación, se describen las interfaces de los periféricos más utilizados en el CT: la pantalla y el teclado. Para ello es necesario describir previamente las características particulares de estos periféricos.

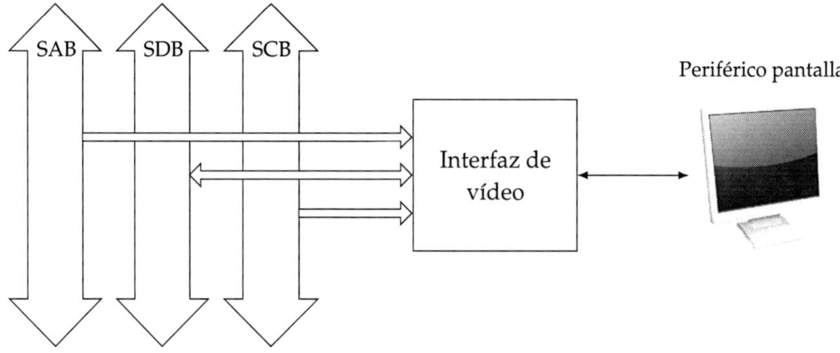

Figura 7.5: Conexión de la interfaz de pantalla al bus del sistema

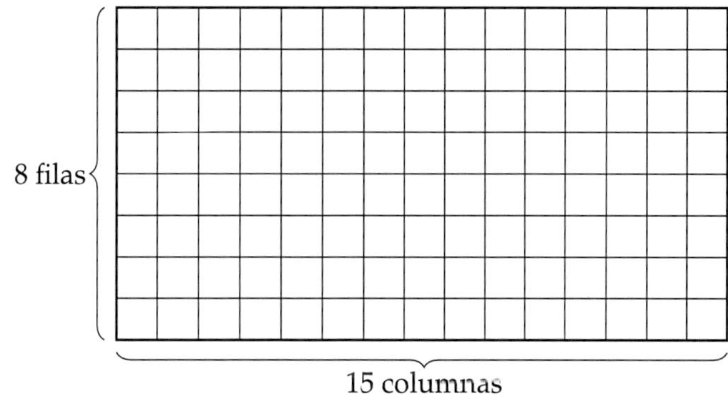

Figura 7.6: Representación de la matriz en la que se muestran los caracteres

7.2.2. Interfaz de pantalla en el CT

El objetivo del periférico pantalla del CT es mostrar información al usuario. Su conexión con el bus del sistema se realiza tal y como se muestra en la figura 7.5. El periférico pantalla en el CT se puede considerar formado por una matriz de dos dimensiones, que consta de 8 filas y 15 columnas, como se representa en la figura 7.6. Cada una de las celdas de esta matriz puede mostrar un carácter ASCII.

Para poder representar caracteres en la pantalla, la interfaz del periférico pantalla del CT proporciona una memoria interna. Cada palabra de esta memoria almacena el carácter que se muestra en una celda concreta de la pantalla. A esta memoria se la denomina **memoria de vídeo** y consta de 120 palabras, cada una de ellas de 16 bits. La memoria de vídeo es accesible por parte de la CPU para que pueda indicar en cada momento qué caracteres se muestran en la pantalla. Además de esta memoria, la interfaz de la pantalla del CT contiene un **registro de control**, también accesible por parte de la CPU, que permite enviar órdenes al periférico. La figura 7.7 muestra la estructura interna de la interfaz de pantalla del CT.

La organización de la memoria de vídeo sigue el esquema mostrado en la figura 7.8. Como se ha indicado anteriormente, cada palabra de la memoria de vídeo

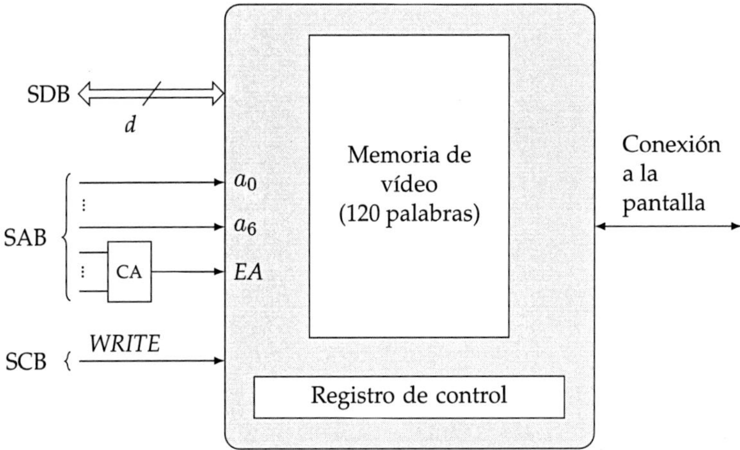

Figura 7.7: Estructura interna de la interfaz de pantalla del CT

contiene el carácter a mostrar en una posición concreta de la pantalla. El byte menos significativo de cada palabra de la memoria de vídeo contiene el código ASCII del carácter que se representará en la posición de la pantalla asociada a la palabra de memoria. El byte más significativo de cada palabra contiene dos atributos de color para indicar cómo se mostrará el carácter en la pantalla: uno de estos atributos es el color del carácter y el otro es el color del fondo de la posición de la pantalla en la que se muestra el carácter, tal como se indica en la figura 7.9. Los dos bits más significativos del byte de atributos de cada palabra de la memoria de vídeo no se utilizan. Cada uno de los atributos de color se codifica utilizando el código RGB (*Red, Green, Blue*). La figura 7.10 muestra una tabla con este sistema de codificación.

A través del registro de control la CPU puede enviar órdenes al periférico pantalla. Las dos órdenes que acepta el periférico son las siguientes:

- Borrar el contenido de la pantalla. Para ello es necesario colocar un 1 en el bit 0 del registro de control.
- Apagar/encender la pantalla. Si se coloca un 1 en el bit 1 del registro de control, la pantalla se apaga y si se cola un 0, se enciende.

Como se ha indicado anteriormente, tanto la memoria de vídeo como el registro de control son elementos de la interfaz de pantalla accesibles por parte de la CPU. Por lo tanto, es necesario que estos elementos tengan asociada una dirección dentro del espacio de direcciones del CT para que la CPU pueda acceder a ellos. Es decir, se necesitan 121 direcciones consecutivas para poder acceder a todos los elementos de la interfaz de pantalla del CT: en las 120 primeras direcciones estará mapeada la memoria de vídeo y en la siguiente dirección el registro de control. Sin embargo, realizar un proceso de mapeo utilizando este número de direcciones resulta demasiado complicado ya que, al no ser potencia de 2, el circuito de activación requerido es muy complejo. Por lo tanto, y aunque solo se vayan a utilizar 121 posiciones del espacio de direcciones para acceder a la interfaz, se reservan 128 posiciones del espacio de

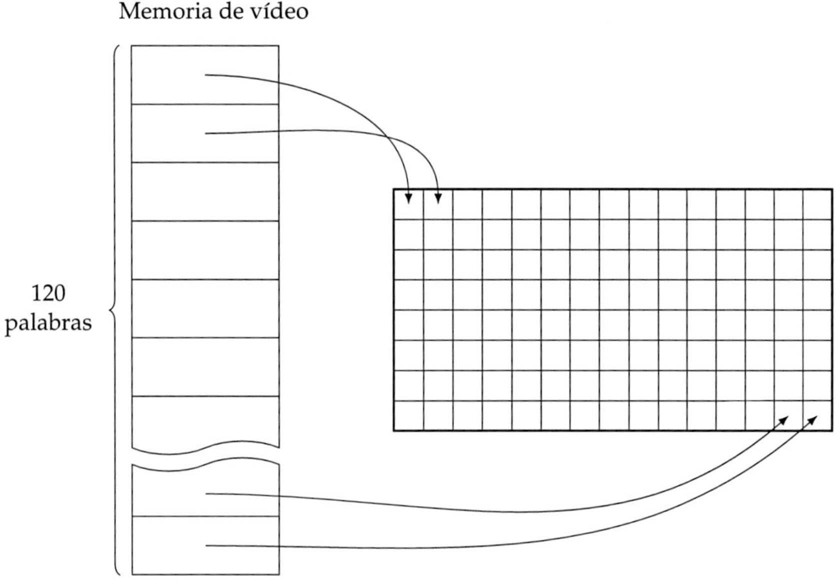

Figura 7.8: Correspondencia de cada palabra de la memoria de vídeo del CT

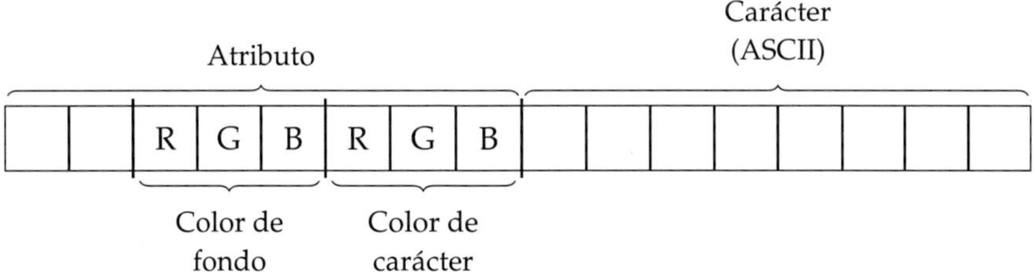

Figura 7.9: Estructura de cada palabra de la memoria de vídeo del CT

Código RGB	Color asociado
000b	Negro
001b	Azul
010b	Verde
011b	Cian
100b	Rojo
101b	Magenta
110b	Amarillo
111b	Blanco

Figura 7.10: Código RGB

Figura 7.11: Circuito de activación para mapear la interfaz de pantalla del CT a partir de la dirección F100h

direcciones del CT para mapear la interfaz de pantalla, es decir, la potencia de 2 más cercada por encima del número de elementos a mapear. De esta forma, el circuito de activación resultante es relativamente sencillo.

Para direccionar las 128 palabras reservadas para la interfaz de pantalla se necesitan las 7 líneas menos significativas del bus de direcciones. Las 9 líneas restantes se utilizan para construir el circuito que active la entrada EA de la interfaz en el rango de direcciones en el que se mapea. Por ejemplo, si se desea mapear la interfaz de pantalla del CT a partir de la dirección F100h, se ocupará el rango de direcciones F100h-F17Fh (la dirección F100h y las 127 siguientes). En este rango de direcciones, los 9 bits más significativos de una dirección, a_{15} a a_7, tienen el valor 1 1110 0010b. Por lo tanto, cuando aparezca esta combinación en el bus de direcciones se debe generar un 1 en la entrada EA de la interfaz de pantalla. Es decir, se debe construir un sistema digital combinacional que implemente la función lógica $S = a_{15} \cdot a_{14} \cdot a_{13} \cdot a_{12} \cdot \overline{a_{11}} \cdot \overline{a_{10}} \cdot \overline{a_9} \cdot a_8 \cdot \overline{a_7}$. La figura 7.11 muestra el circuito de activación requerido para mapear la interfaz de pantalla a partir de la dirección F100h.

A continuación, se muestra un programa de ejemplo de acceso por parte de la CPU a la interfaz de pantalla. En este ejemplo la interfaz de pantalla está mapeada a partir de la dirección `F100h`. El programa escribe la cadena de caracteres «`Hola, mundo`» en la segunda línea de la pantalla. Cada uno de los caracteres se escribe en color rojo sobre fondo amarillo. En el programa se hace uso de los operadores `BYTEBAJO`, `BYTEALTO` y `DIRECCION` para mover a un registro de propósito general la dirección de memoria asociada a una etiqueta. `BYTEBAJO` y `BYTEALTO` toman una constante de 16 bits y devuelven los 8 bits más altos o más bajos, respectivamente. `DIRECCION` toma una etiqueta y devuelve una constante de 16 bits con la dirección a la que está asociada esa etiqueta.

```
ORIGEN 0100h
.PILA 10h
.DATOS
cadena VALOR "Hola, mundo", 0
.CODIGO
xor r0, r0, r0  ; r0 = 0
movl r1, BYTEBAJO DIRECCION cadena
movh r1, BYTEALTO DIRECCION cadena
movl r2, 0Fh  ; Posición del primer carácter de
movh r2, 0F1h ; la segunda línea de la pantalla
bucle:
  mov r3, [r1]
  cmp r3, r0
  brz fin_bucle
  movh r3, 34h  ; Atributos de color: carácter rojo, fondo amarillo
  mov [r2], r3
  inc r1
  inc r2
  jmp bucle
fin_bucle:
FIN
```

7.2.3. Interfaz de teclado en el CT

El periférico teclado del CT permite la introducción de información por parte del usuario. Su conexión con el bus del sistema se realiza tal y como se muestra en la figura 7.12. El periférico teclado contiene las teclas básicas de un teclado real, omitiendo para simplificar las teclas especiales como por ejemplo las de función. Cada tecla tiene asociado un código de 8 bits, denominado código *scan*, como se puede observar en la figura 7.13. Cuando el usuario pulsa una tecla se envía el código *scan* correspondiente a dicha tecla a la interfaz de teclado.

La interfaz de este periférico proporciona, al igual que la interfaz de la pantalla, una memoria interna. En la interfaz de teclado esta memoria recibe el nombre de ***buffer* de pulsaciones**[1]; consta de 16 posiciones de 16 bits, y es capaz de almacenar hasta 16 pulsaciones consecutivas realizadas en el teclado. Para cada pulsación, en este *buffer* se almacena el código *scan* y el código ASCII correspondientes a la tecla pulsada. El código ASCII se calcula automáticamente por la interfaz de teclado. Este *buffer* de pulsaciones no es accesible por parte de la CPU. Para que la CPU pueda

[1]El término *buffer* se emplea generalmente para referirse a un espacio de memoria para almacenar datos de carácter temporal.

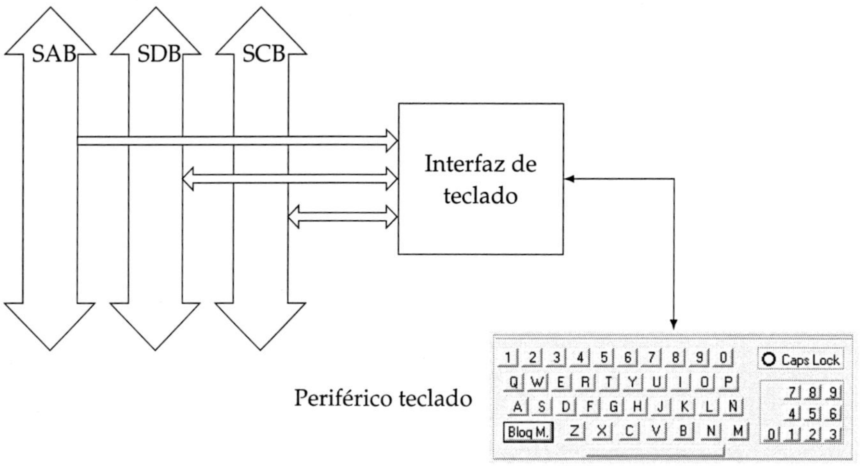

Figura 7.12: Conexión de la interfaz de teclado al bus del sistema

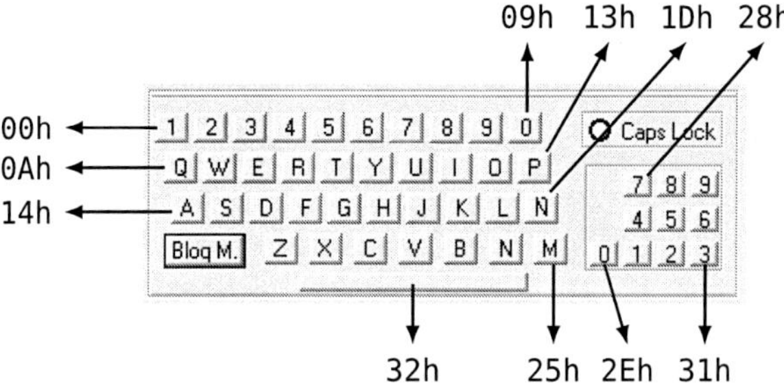

Figura 7.13: Asignación de códigos de *scan* a teclas en el teclado del CT

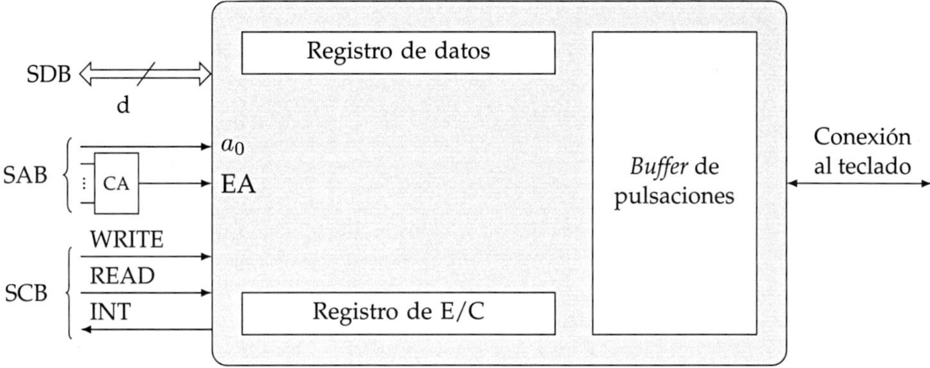

Figura 7.14: Estructura interna de la interfaz de teclado del CT

identificar qué tecla ha sido pulsada utiliza otro elemento de la interfaz del teclado: el **registro de datos**. Este registro, también de 16 bits, contiene una copia de la primera posición del *buffer* de pulsaciones, es decir, se utiliza para acceder a la primera pulsación almacenada en el *buffer*. Cuando la CPU lee el registro de datos, el contenido de la primera posición del *buffer* de pulsaciones se elimina. A continuación, todas las pulsaciones en el *buffer* avanzan una posición y, de nuevo, el registro de datos contiene una copia de la primera pulsación del *buffer*, es decir, de la siguiente pulsación que se haya hecho desde el teclado. Además del *buffer* de pulsaciones y del registro de datos, la interfaz de teclado consta de un **registro de E/C**. Este registro, al igual que el registro de datos, es accesible por parte de la CPU. La figura 7.14 muestra la estructura interna de la interfaz de teclado del CT. En esta figura se observa que la interfaz de teclado posee una línea `INT` que se conecta al bus de control. Esta línea se utiliza para generar interrupciones, concepto que se estudiará más adelante en este capítulo.

A través del registro de E/C la CPU puede conocer el estado del periférico teclado así como enviarle órdenes de control. El estado que comunica el periférico teclado a través de su interfaz es el siguiente:

- El *buffer* de pulsaciones contiene datos para leer. Para ello la interfaz de teclado pone a 1 el bit 8 del registro de E/C.

Las órdenes de control que puede enviar la CPU a través del registro de E/C son las siguientes:

- Borrar la primera pulsación del *buffer* de pulsaciones. Para ello es necesario poner a 1 el bit 0 del registro de E/C.
- Borrar la última pulsación del *buffer* de pulsaciones. Para ello es necesario poner a 1 el bit 1 del registro de E/C.
- Borrar todas las pulsaciones del *buffer* de pulsaciones. Para ello es necesario poner a 1 el bit 2 del registro de E/C.

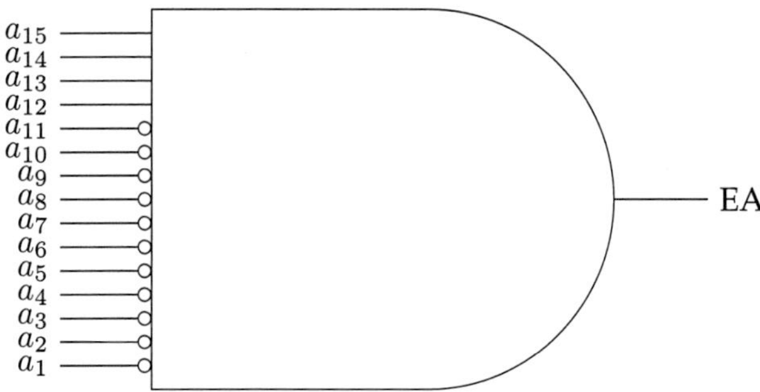

Figura 7.15: Circuito de activación para mapear la interfaz de teclado del CT a partir de la dirección `F000h`

- Activar/desactivar la generación de interrupciones por parte de la interfaz de teclado. Para cambiar de un estado a otro es necesario poner a 1 el bit 3 del registro de E/C.

Como se ha indicado anteriormente, tanto el registro de datos como el registro de E/C son elementos de la interfaz de teclado accesibles por parte de la CPU. Por lo tanto, es necesario que estos elementos tengan asociada una dirección dentro del espacio de direcciones del CT para que la CPU pueda acceder a ellos. Se necesitan entonces dos direcciones consecutivas para poder acceder a todos los elementos de la interfaz de teclado del CT: en la primera dirección se mapeará el registro de datos y en la segunda el registro de E/C. El circuito de activación requerido para mapear la interfaz de teclado en el espacio de direcciones del CT es relativamente sencillo. Para direccionar dos elementos se debe utilizar la línea menos significativa del bus de direcciones, a_0, y el resto se utilizan para activar la entrada `EA` en el rango de direcciones en el que se mapee la interaz de teclado.

Por ejemplo, si se desea mapear la interfaz de teclado del CT a partir de la dirección `F000h`, el rango de direcciones utilizado por la interfaz sería `F000h-F001h`. En este rango, las 15 líneas más significativas del bus de direcciones tienen el valor `111 1000 0000 0000b`. Por lo tanto, cuando aparezca esta combinación en el bus de direcciones se debe generar un 1 en la entrada `EA` de la interfaz de teclado. Es decir, se debe construir un sistema digital combinacional que implemente la función lógica $S = a_{15} \cdot a_{14} \cdot a_{13} \cdot a_{12} \cdot \overline{a_{11}} \cdot \overline{a_{10}} \cdot \overline{a_9} \cdot \overline{a_8} \cdot \overline{a_7} \cdot \overline{a_6} \cdot \overline{a_5} \cdot \overline{a_4} \cdot \overline{a_3} \cdot \overline{a_2} \cdot \overline{a_1}$. La figura 7.15 muestra el circuito de activación que permite mapear la interfaz de teclado a partir de la dirección `F000h`.

A continuación, se muestra un ejemplo de funcionamiento de la interfaz de teclado. En este ejemplo el usuario pulsa tres teclas del teclado de forma consecutiva que, posteriormente, son leídas por parte de la CPU. El ejemplo se divide en una secuencia de siete pasos.

Paso 1. En un estado inicial, sin que el usuario haya pulsado ninguna tecla, los elementos internos de la interfaz de teclado del CT tienen el contenido que se muestra en la figura 7.16: el *buffer* de pulsaciones y el registro de datos están vacíos, es decir,

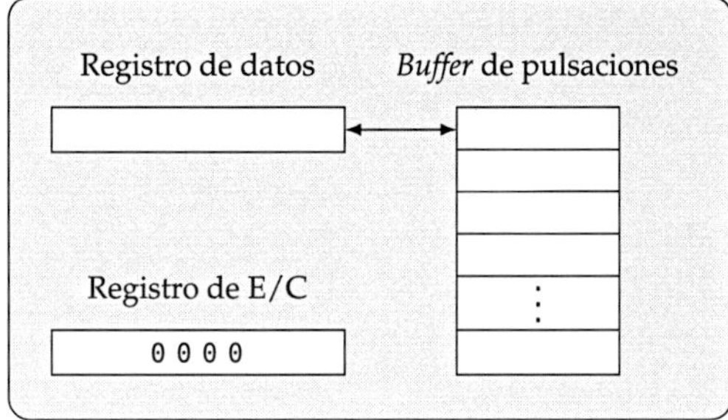

Figura 7.16: Ejemplo de funcionamiento de la interfaz de teclado (paso 1)

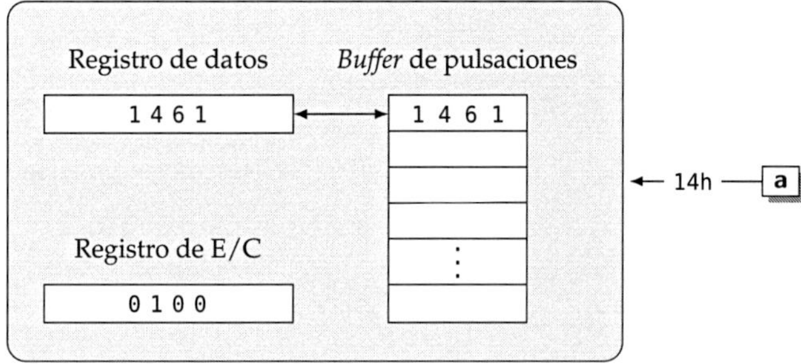

Figura 7.17: Ejemplo de funcionamiento de la interfaz de teclado (paso 2)

no se debería leer su contenido porque no almacenan ninguna pulsación del teclado, y el registro de E/C contiene el valor `0000h`. Se observa que el bit 8 de este registro tiene el valor 0, indicando que no hay pulsaciones disponibles en la interfaz.

Paso 2. El usuario pulsa la tecla `a`, cuyo código *scan* es `14h`. En la figura 7.17 se puede observar cómo la primera posición del *buffer* de pulsaciones contiene el código *scan* de la tecla pulsada, así como el código ASCII que ha calculado la interfaz correspondiente a esta tecla, `61h`. En ese instante el bit 8 del registro de E/C toma el valor 1, indicando que hay pulsaciones disponibles para ser leídas a través del registro de datos.

Paso 3. A continuación se pulsa la tecla `1` del teclado alfanumérico, cuyo código *scan* es `00h`. Este código, junto con el código ASCII asociado a esta tecla calculado por la propia interfaz, se añade al *buffer* de pulsaciones. El contenido del registro de datos no se modifica, dado que sigue almacenando la pulsación de la tecla `a`, la primera en el *buffer* de pulsaciones. Del mismo modo, el contenido del registro de E/C tampoco se modifica, ya que sigue habiendo pulsaciones en el *buffer* que pueden ser leídas a través del registro de datos. El estado de los elementos internos de la interfaz de teclado en este instante se puede observar en la figura 7.18.

Paso 4. El usuario pulsa de nuevo una tecla, la tecla `1`, pero en este caso lo hace en el teclado numérico, donde esta tecla tiene asignado el código *scan* `2Fh`. Este código

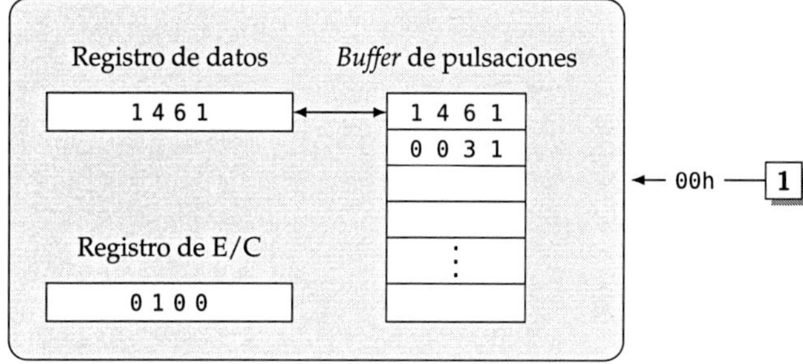

Figura 7.18: Ejemplo de funcionamiento de la interfaz de teclado (paso 3)

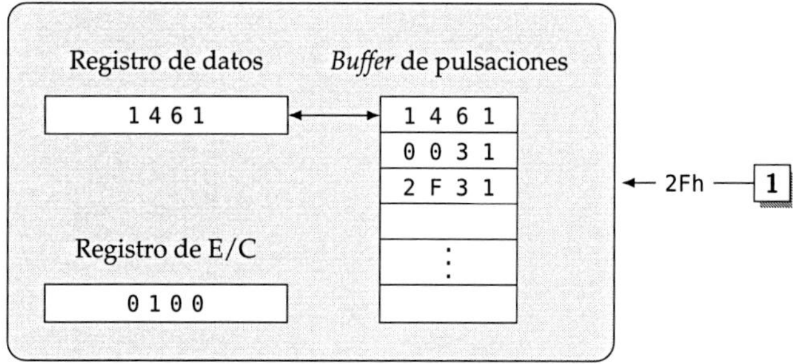

Figura 7.19: Ejemplo de funcionamiento de la interfaz de teclado (paso 4)

scan, junto con el ASCII correspondiente, se almacenan en el *buffer* de pulsaciones, tal como se muestra en la figura 7.19. El estado de los registros de datos y de E/C no varía con respecto al paso 2.

Paso 5. La CPU lee una pulsación a través de la interfaz de teclado. Como se ha indicado anteriormente lo hace a través del registro de datos, leyendo su contenido. Al realizar esta operación se elimina el contenido de la primera posición del *buffer* de pulsaciones, eliminando la información almacenada de la tecla pulsada. En este instante, la siguiente pulsación que está disponible en el *buffer* es la correspondiente a la tecla 1 del teclado alfanumérico, cuyos códigos, tanto *scan* como ASCII, se copian al registro de datos. La figura 7.20 muestra el estado de los elementos internos de la interfaz de teclado después de que la CPU haya leído una vez el contenido del registro de datos. Es importante darse cuenta de que la CPU lee el contenido del registro de datos porque sabe que hay pulsaciones disponibles para leer al detectar que el bit 8 del registro de E/C está a 1. Es decir, mediante el registro de E/C la CPU se ha sincronizado con la interfaz de teclado para leer pulsaciones a través del registro de datos cuando ciertamente hubiera pulsaciones.

Paso 6. Al igual que en el paso anterior, la CPU determina a través del registro de E/C que hay pulsaciones disponibles para leer a través de la interfaz de teclado y realiza una operación de lectura del registro de datos. Se elimina la información

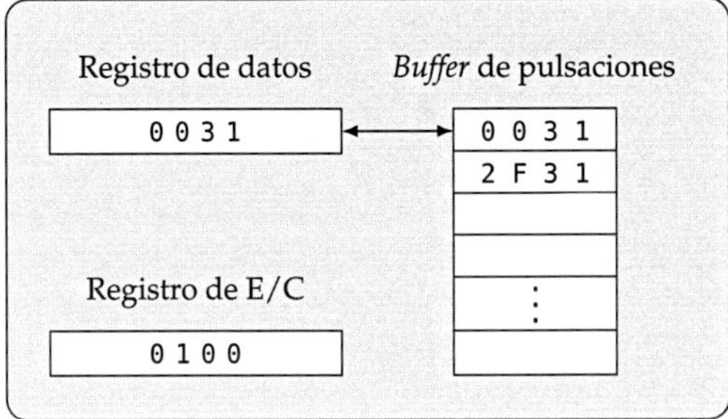

Figura 7.20: Ejemplo de funcionamiento de la interfaz de teclado (paso 5)

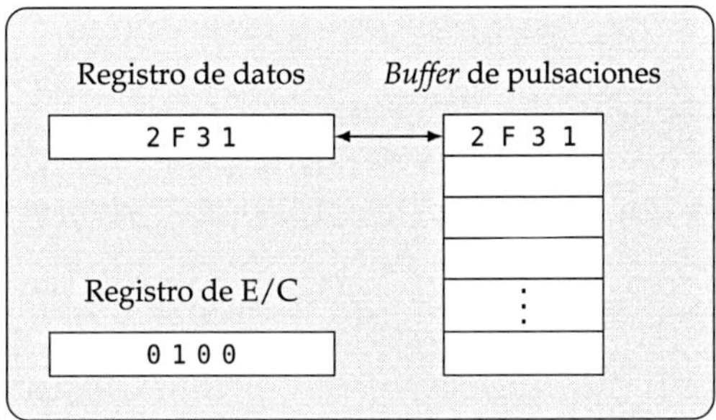

Figura 7.21: Ejemplo de funcionamiento de la interfaz de teclado (paso 6)

que mantiene la interfaz de esta pulsación y el estado de los elementos internos de la interfaz queda como se muestra en la figura 7.21.

Paso 7. Finalmente, la CPU lee la última pulsación almacenada en el *buffer* de pulsaciones y, por lo tanto, el registro de E/C indica que no hay más pulsaciones disponibles en la interfaz. En este instante, el estado de los elementos internos de la interfaz vuelve a ser el mismo que el del estado inicial, en el paso 1, mostrado en la figura 7.16. Dado que el bit 8 del registro de E/C tiene el valor 0, hasta que no se pulse una nueva tecla la CPU no debería leer el contenido del registro de datos, ya que los 16 bits que contiene no se corresponden con una pulsación del teclado, es decir, se leerían datos erróneos.

A continuación, se muestra un programa de ejemplo de acceso a la interfaz de teclado. En este ejemplo la interfaz de teclado está mapeada a partir de la dirección `F000h`. El programa lee una pulsación que se ha realizado desde el teclado y se almacena en el registro `R1`.

```
ORIGEN 0100h
.CODIGO
movl r0, 00h
movh r0, 0F0h
mov r1, [r0]  ; Leer el contenido del registro de datos de la interfaz de teclado
```

```
FIN
```

El listado de código anterior proporciona un mecanismo de acceso a una pulsación realizada desde teclado. Sin embargo, este fragmento de código no es del todo correcto, ya que si se ejecutara antes de pulsar alguna tecla del teclado la CPU leería información incorrecta. Como se ha explicado anteriormente, la operación de lectura sobre el registro de datos de la interfaz de teclado cuando no hay pulsaciones disponibles en el *buffer* proporciona valores inválidos. Por lo tanto, es necesario realizar alguna tarea previa a la ejecución del fragmento de código anterior: la tarea que falta es una tarea de **sincronización**. Es decir, la CPU no debe leer el contenido del registro de datos a menos que determine que en el *buffer* de la interfaz de teclado hay pulsaciones disponibles para leer.

Las técnicas de E/S se pueden clasificar en dos grandes grupos: aquellas en las que las operaciones de E/S, en concreto el movimiento de los datos, se realizan mediante la ejecución de un programa o un fragmento de programa, y aquellas en las que un dispositivo externo a la CPU se encarga de realizar dichas operaciones. El primero de los grupos recibe el nombre de E/S programada y, en función de la técnica de sincronización utilizada, se subdivide en E/S programada con sincronización mediante muestreo periódico y E/S programada con sincronización mediante interrupciones. El segundo de los grupos recibe el nombre de acceso directo a memoria, o DMA (*Direct Memory Access*). A continuación se estudian las dos técnicas de E/S programada mencionadas. El estudio de la técnica de E/S mediante acceso directo a memoria no entra dentro de los objetivos de este libro.

7.3. Sincronización mediante muestreo periódico

En la técnica de E/S programada con sincronización mediante **muestreo periódico** la CPU consulta el estado de la interfaz del periférico para determinar si está dispuesta para enviar o para recibir datos hacia o desde la CPU. Cuando la CPU necesita leer datos del periférico se muestrea la interfaz para determinar si hay datos disponibles. En el caso de que la CPU desee escribir en el periférico la sincronización consiste en determinar que la interfaz puede aceptar los datos a escribir.

En este apartado se muestra un ejemplo de programa con una operación de E/S en el CT implementada mediante la técnica de E/S programada con sincronización mediante muestreo periódico. En el ejemplo se hace uso del periférico teclado, que está mapeado a partir de la dirección `F000h`. La tarea que realiza el programa es leer una pulsación desde teclado y almacenarla en el registro `R5`. Además, elimina del registro `R5` el código *scan* de la pulsación, dejando solamente el código ASCII (la tarea de eliminación consiste en poner a cero la parte correspondiente al código *scan*).

La implementación del bucle en el que se consulta el estado del periférico utiliza una **máscara de bits**. Una máscara es un dato utilizado en operaciones lógicas binarias a nivel de bit, bien para modificar o bien para consultar el estado de algún bit. La máscara utilizada en este ejemplo tiene la finalidad de consultar el estado del bit 8 del registro de E/C de la interfaz de teclado, que indica si hay pulsaciones almacenadas en el *buffer*. Como se puede observar a continuación, mediante una operación

AND y la máscara `0100h` se puede comprobar el estado del bit 8 del registro de E/C. El resultado será `0000h` si el bit 8 del registro de E/C es 0 o `0100h` si dicho bit es 1. Al tratarse de una operación lógica realizada por la ALU, el hecho de que el resultado de la operación AND sea cero o distinto de cero en función del bit 8 deja a 1 o a 0, respectivamente, el bit `ZF` del registro de estado de la CPU, del que se puede comprobar su estado directamente con instrucciones de salto condicional, como se ha estudiado en el capítulo 4.

```
     15 14 13 12 11 10 9 8 7 6 5 4 3 2 1 0
     X  X  X  X  X  X  X X X X X X X X X X b ——→ Registro E/C
AND  0  0  0  0  0  0  0 1 0 0 0 0 0 0 0 0 b ——→ Máscara
     ----------------------------------------
     0  0  0  0  0  0  0 X 0 0 0 0 0 0 0 0 b ——→ Resultado
```

De forma similar, la tarea de borrar el código *scan* del registro `R5`, que tras leer la pulsación del teclado contiene en su parte alta el código *scan* y en su parte baja el código ASCII, se realiza mediante una operación AND y la máscara `00FFh`, como se puede observar a continuación:

```
     15 14 13 12 11 10 9 8 7 6 5 4 3 2 1 0
     0  0  0  1  0  1  0 0 0 1 1 0 0 0 0 1 b ——→ scan y ASCII
AND  0  0  0  0  0  0  0 0 1 1 1 1 1 1 1 1 b ——→ Máscara
     ----------------------------------------
     0  0  0  0  0  0  0 0 0 1 1 0 0 0 0 1 b ——→ 00h y ASCII
```

```
1  ORIGEN 0100h
2  .CODIGO
3  movl r0, 00h
4  movh r0, 0F0h ; Registro de datos de la interfaz de teclado
5  movl r1, 01h
6  movh r1, 0F0h ; Registro de control de la interfaz de teclado
7  movl r2, 00h
8  movh r2, 01h  ; Máscara para comprobar el estado del bit 8
9  movl r3, 0FFh
10 movh r3, 00h  ; Máscara para borrar el código scan de la pulsación

12 sincronizacion:
13 mov r4, [r1]
14 and r4, r4, r2
15 brz sincronizacion

17 mov r5, [r0]  ; Leer la pulsación desde la interfaz: transferencia de datos

19 and r5, r5, r3 ; Borrar el código scan
20 FIN
```

En el listado anterior se puede observar cómo todas las tareas de control de la operación de E/S son llevadas a cabo por la CPU. En las líneas 12 a 15 se realiza la sincronización con el periférico teclado basándose en el mecanismo de muestreo periódico. La CPU debe esperar a que haya una pulsación disponible en el *buffer* de pulsaciones de la interfaz de teclado. Para ello, lo que hace es comprobar continuamente el estado del bit 8 del registro de E/C. La CPU abandonará la ejecución del bucle de sincronización cuando el bit 8 del registro E/C tome el valor 1, es decir, cuando el usuario haya pulsado una tecla y esta pueda ser leída a través del registro de datos de la interfaz. La operación de lectura de la pulsación se realiza con la instrucción de transferencia de la línea 17. En resumen, en la técnica de E/S programada con sincronización mediante muestreo periódico tanto la tarea de sincronización como la tarea de transferencia son realizadas por la CPU.

El mecanismo de muestreo periódico mantiene constantemente ocupada a la CPU: la única operación que realiza la CPU es evaluar el estado de la interfaz del periférico hasta que determina que está disponible para realizar la transferencia. El mecanismo de muestreo periódico tiene la desventaja de que introduce una notable pérdida de rendimiento en el computador, ya que la CPU podría estar realizando otras tareas mientras la interfaz del periférico recibe los datos a transferir. La técnica de E/S mediante interrupciones trata de solucionar esta desventaja.

7.4. Sincronización mediante interrupciones

Una de las principales limitaciones de la E/S programada basada en sincronización mediante muestreo periódico es que la CPU debe esperar a que el periférico esté listo para comenzar a recibir o a transmitir los datos. Una posibilidad para aumentar el rendimiento del computador cuando se realizan operaciones de E/S consiste en que la CPU pueda ejecutar otras tareas mientras el periférico no esté disponible para llevar a cabo la transferencia de datos. Para ello, la interfaz que controla al periférico debe ser capaz de interrumpir a la CPU cuando el periférico esté listo para comenzar a recibir o a transmitir los datos[2].

Una **interrupción** es una señal eléctrica enviada desde la interfaz de un periférico hasta la CPU a través de una línea del bus de control que recibe normalmente el nombre `INT`. Las interfaces de periféricos generan una interrupción cuando desean solicitar la atención de la CPU. De forma general, cuando la CPU acepta la solicitud de interrupción por parte de un periférico ejecuta un fragmento de programa para llevar a cabo la operación de E/S que se denomina **rutina de interrupción** o **rutina de servicio**. Este fragmento de programa es el encargado de realizar las operaciones de lectura o de escritura de datos desde o hacia el periférico.

7.4.1. Identificación y prioridades

A un computador se suelen conectar múltiples dispositivos periféricos. En el caso de que varios de estos dispositivos puedan generar interrupciones se debe proporcionar un mecanismo que permita identificar qué periférico ha generado la interrupción y, en el caso de que varios periféricos hayan generado una interrupción de forma simultánea, determinar a cuál de ellos debe atender la CPU en primer lugar.

La tarea de identificación de dispositivos se puede realizar mediante diferentes técnicas que, además, sientan las bases para la resolución de conflictos de prioridades, como por ejemplo las siguientes:

[2]La funcionalidad que se persigue es similar a la del teléfono, que emite una señal para solicitar la interrupción de las tareas que está realizando una persona y atender así la llamada, en lugar de estar continuamente escuchando la línea de comunicación hasta que alguien esté disponible para conversar.

- **Múltiples líneas de interrupción.** Si cada periférico solicita la atención de la CPU a través de una línea de interrupción exclusiva, la tarea de identificación es directa. Sin embargo, esta solución es muy poco práctica dado que se deben reservar demasiadas líneas del bus de control del computador para líneas de interrupción.
- **Encadenamiento.** Las interfaces de los periféricos del computador comparten una línea de petición de interrupciones. Además, existe una línea de aceptación o reconocimiento de la interrupción que se conecta de manera encadenada a través de todas las interfaces. Cuando un periférico solicita una interrupción, la CPU activa la línea de aceptación de la interrupción. El estado de esta línea se propaga hasta la interfaz del periférico que solicitó la interrupción, que responde a la CPU colocando su identificador en el bus de datos del sistema. Este identificador recibe el nombre de vector y la CPU lo utiliza como un puntero a la rutina de interrupción asociada al periférico, de ahí que esta técnica reciba también el nombre de **vectorización**.

Las técnicas anteriores proporcionan a su vez mecanismos de asignación de prioridades a los periféricos conectados al computador. En el caso de múltiples líneas de interrupción, cada una de las líneas tendrá un nivel de prioridad diferente y, en el caso de que varios periféricos soliciten una interrupción de forma simultánea, la CPU aceptará la interrupción del periférico más prioritario. En el caso del encadenamiento de la línea de aceptación de interrupciones, el orden de las interfaces en la cadena determina la prioridad de los periféricos del sistema.

7.4.2. Procesamiento de una interrupción

Independientemente de la técnica de identificación y de asignación de prioridades utilizada, el procesamiento simplificado de una interrupción sigue el esquema mostrado en la figura 7.22[3]. La secuencia de operaciones que se realizan es la siguiente:

1. El periférico, a través de su interfaz, activa la línea de petición de interrupciones.
2. La CPU finaliza la ejecución de la instrucción en curso y comprueba si hay interrupciones. Si detecta una solicitud de interrupción la acepta siempre y cuando las interrupciones no estén enmascaradas, es decir, siempre que la CPU no tenga activado algún tipo de mecanismo que inhiba las interrupciones.
3. La CPU almacena en la pila el estado de la ejecución actual para que una vez finalizada la ejecución de la rutina de interrupción del periférico pueda continuar ejecutando la instrucción siguiente a la que fue interrumpida.
4. La CPU notifica a la interfaz del periférico la aceptación de la interrupción, momento en el que la interfaz desactiva la señal de interrupción.

[3]En esta figura se representa el sistema operativo en una zona de la memoria, dado que en los computadores reales las rutinas de tratamiento de las interrupciones suelen formar parte de este.

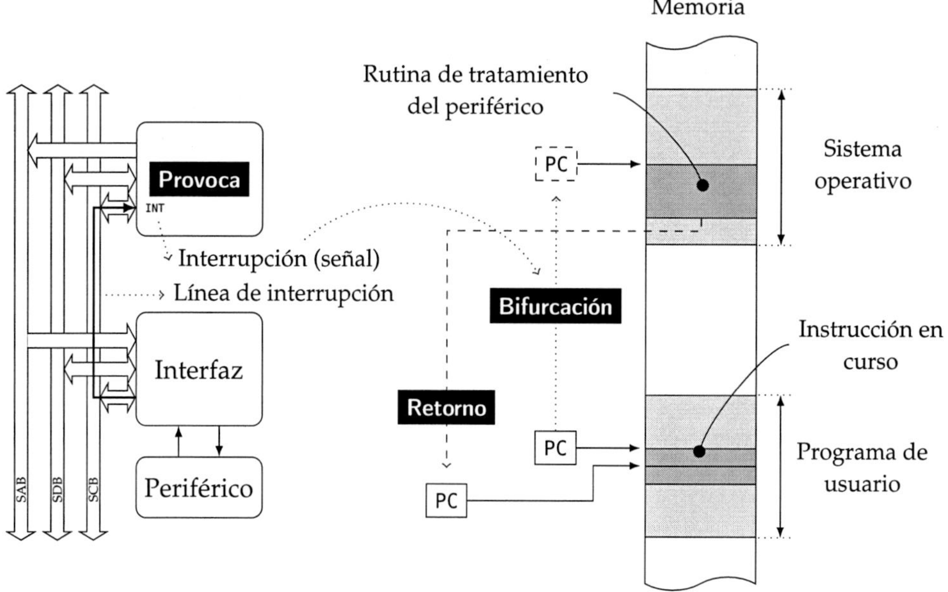

Figura 7.22: Procesamiento de una interrupción

5. La interfaz que ha solicitado la interrupción se identifica, o bien la CPU realiza la tarea de identificación, en función de la técnica utilizada.
6. La CPU localiza en memoria la rutina de interrupción asociada al periférico que solicita la interrupción.
7. La CPU actualiza su registro contador de programa para apuntar a la primera instrucción de la rutina de tratamiento de la interrupción.
8. La CPU puede en este momento enmascarar las interrupciones, lo que significa que la ejecución de la rutina de interrupción no podrá ser a su vez interrumpida por otra nueva interrupción.
9. La CPU ejecuta la rutina de tratamiento de la interrupción.
10. La CPU recupera de la pila la información almacenada con el estado de la ejecución del programa en curso para poder ejecutar la instrucción siguiente a la que fue interrumpida.

A continuación se describe de forma detallada el procesamiento de una interrupción por parte del CT.

7.4.3. Interrupciones en el CT

El CT implementa la gestión de interrupciones en operaciones de E/S basándose en la técnica de encadenamiento de la línea de aceptación de la interrupción. Este

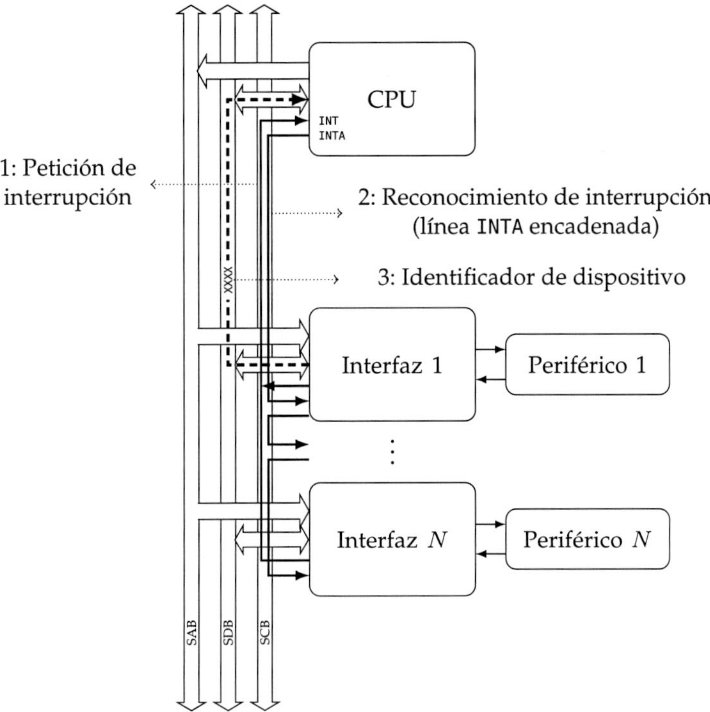

Figura 7.23: Reconocimiento de interrupciones en el CT

computador proporciona a través de su bus de control una línea compartida por todos los periféricos para la solicitud de interrupciones, denominada INT, y otra línea de aceptación o reconocimiento de la interrupción, denominada INTA, como se puede observar en la figura 7.23. Cuando la CPU recibe una solicitud de interrupción y la acepta, activa la línea INTA. A continuación espera a que el periférico coloque en el bus de datos su identificador, que se corresponde con su número de **vector de interrupción**. El vector de interrupción es un puntero a la posición de memoria donde comienza la rutina de tratamiento de la interrupción asociada al periférico.

La estructura de datos en la que se almacenan los vectores de interrupción recibe el nombre de **tabla de vectores de interrupción**, o TVI y, en el caso del CT, ocupa las 256 posiciones más bajas de su espacio de direcciones. La tabla de vectores de interrupción almacena para cada número de vector de interrupción la dirección de inicio de la rutina de interrupción asociada al periférico con ese número de vector, es decir, el vector de interrupción correspondiente. La figura 7.24 muestra un esquema de la tabla de vectores de interrupción en el CT.

A continuación se describe con detalle la secuencia de pasos que se realizan durante el procesamiento de una interrupción en el CT. Estos pasos se agrupan en dos fases principales: solicitud y aceptación de la interrupción, y ejecución de la rutina de tratamiento de la interrupción.

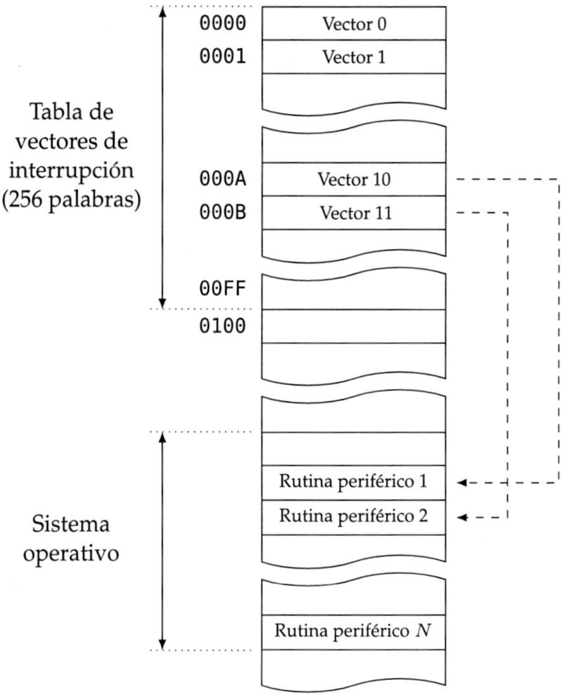

Figura 7.24: Tabla de vectores de interrupción en el CT

Fase de solicitud y aceptación de la interrupción

1. Un periférico solicita, a través de su interfaz, la atención de la CPU activando la línea de interrupción INT.

2. En el último paso de ejecución de la instrucción en curso, la CPU comprueba el estado de la línea INT. Si la línea INT está activada la CPU comprueba el estado del bit de interrupción del registro de estado, IF. Si el bit IF tiene el valor 0 se rechaza la interrupción y se continúa ejecutando la instrucción siguiente. Por el contrario, si el bit IF tiene el valor 1 la interrupción se acepta y se continúa con el paso siguiente de aceptación de la interrupción.

3. Se salvan en la pila el registro de estado, SR, y el registro contador de programa, PC. En este momento el registro PC contiene la dirección de la siguiente instrucción del programa en ejecución, es decir, la dirección a la que se debe retornar una vez concluida la ejecución de la rutina de tratamiento de la interrupción.

4. La CPU notifica al periférico que acepta la interrupción mediante la activación de la línea INTA.

5. El periférico responde colocando en el bus de datos del sistema su identificador, es decir, su número de vector de interrupción.

6. La CPU accede a la tabla de vectores de interrupción y obtiene, a partir del identificador proporcionado por el periférico en el paso anterior, la dirección de la rutina de atención a la interrupción asociada al periférico.

7. La CPU copia en el registro PC la dirección obtenida en el paso anterior. De esta forma, la siguiente instrucción que ejecutará la CPU será la primera instrucción de la rutina de la interrupción.

8. La CPU pone a 0 el bit IF del registro de estado, inhibiendo así las interrupciones durante la ejecución de la rutina de tratamiento de la interrupción que ha sido aceptada.

Fase de ejecución de la rutina de tratamiento de la interrupción y retorno

9. La CPU ejecuta la rutina de tratamiento de la interrupción, que debe terminar con la ejecución de la instrucción IRET.

10. Se ejecuta la instrucción IRET, que recupera el valor del registro PC y del registro SR que previamente habían sido almacenados en la pila, retornando de este modo al programa interrumpido.

La unidad de control de la CPU comprueba, en el último paso de la ejecución de todas las instrucciones, el estado de la línea INT y del bit IF del registro de estado. Por lo tanto, se debe tener en cuenta que, aunque la solicitud de una interrupción por parte de un periférico puede suceder en cualquier paso de ejecución de una instrucción, la CPU solo la detectará en el último paso de la ejecución de la instrucción. Esta tarea se puede observar de forma gráfica en la figura 7.25.

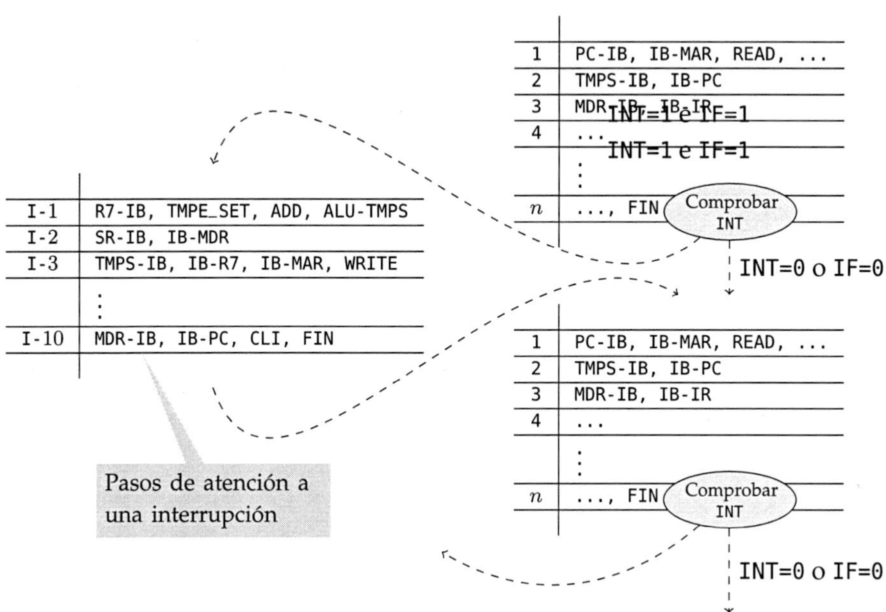

Figura 7.25: Ejecución de las señales de aceptación de una interrupción en el CT

Cuando la unidad de control determina al finalizar la ejecución de la instrucción en curso que la línea `INT` está activada y que el valor del bit `IF` del registro de estado es 1, realiza una determinada secuencia de operaciones para aceptar la interrupción. La aceptación de la interrupción conlleva la ejecución de 10 pasos en los que se activan las siguientes señales de control:

Paso	Señales de control activas
I-1	R7-IB, TMPE_SET, ADD, ALU-TMPS
I-2	SR-IB, IB-MDR
I-3	TMPS-IB, IB-R7, IB-MAR, WRITE
I-4	R7-IB, TMPE_SET, ADD, ALU-TMPS
I-5	PC-IB, IB-MDR
I-6	TMPS-IB, IB-R7, IB-MAR, WRITE, INTA
I-7	«Ciclo de espera»
I-8	MDR-IB, IB-MAR, READ
I-9	«Ciclo de espera»
I-10	MDR-IB, IB-PC, CLI, FIN

7.4.4. Rutinas de interrupción en el CT

En un computador real las rutinas de tratamiento de las interrupciones generadas por los periféricos son fragmentos de código que, por lo general, forman parte del sistema operativo. Estas rutinas pueden formar parte del propio sistema cuando se distribuye o instalarse posteriormente cuando el periférico se conecta al computador. En el CT, dado que no se ejecuta ningún sistema operativo propiamente dicho, las rutinas de interrupción son fragmentos de código que deben formar parte del programa que se ejecuta en cada momento. Estos fragmentos de código estarán delimitados por las directivas `PROCEDIMIENTO` y `FINP`, al igual que cualquier otro procedimiento del programa. Sin embargo, a diferencia de lo que ocurre con el resto de procedimientos, la instrucción de retorno debe ser `IRET`. El listado siguiente muestra el esqueleto de una rutina de interrupción en un programa en ensamblador para el CT.

```
ORIGEN 0100h
.CODIGO

PROCEDIMIENTO rutina
  ; Aquí irán las instrucciones de la rutina

  iret
FINP

FIN
```

Para que la CPU ejecute el código incluido dentro de `rutina` cuando un periférico genere una interrupción es necesario que el vector de interrupción asociado al periférico contenga la dirección de memoria donde se comienza a almacenar el código máquina de `rutina`. El proceso mediante el cual se asocia un vector de interrupción a la rutina y se carga en dicho vector la dirección de memoria de comienzo de la rutina se denomina **instalación de la rutina de interrupción**. El listado siguiente muestra un ejemplo de instalación de la rutina de interrupción asociada con el vector de interrupción número 5. Las tareas que se realizan durante la instalación de la rutina se pueden observar de forma gráfica en la figura 7.26.

```
ORIGEN 0100h
INICIO main
.CODIGO

PROCEDIMIENTO rutina
  ; Instrucciones de la rutina de interrupción

  iret
FINP

main:
; Instalación de la rutina de tratamiento de la interrupción
movl r0, 05h
movh r0, 00h  ; r0 <- número de vector de interrupción
movl r1, BYTEBAJO DIRECCION rutina
movh r1, BYTEALTO DIRECCION rutina ; r1 <- dirección de comienzo de la rutina

mov [r0], r1  ; Asignar la dirección de la rutina al vector de interrupción

sti ; Habilitar las interrupciones
```

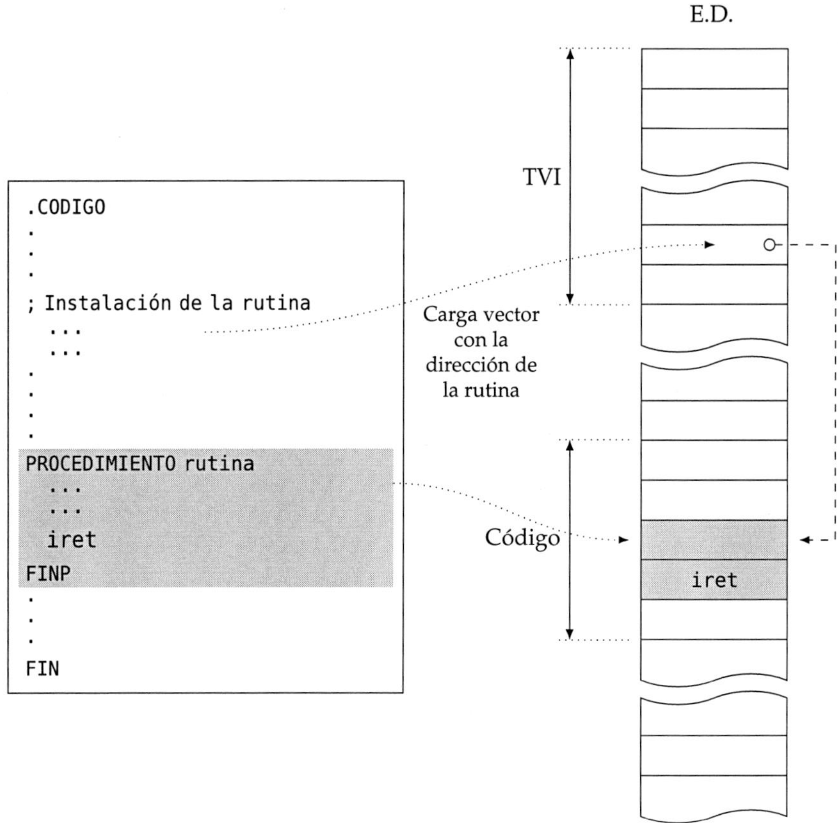

Figura 7.26: Instalación de una rutina de interrupción en el CT

```
; Resto del programa

FIN
```

Tras instalar la rutina de interrupción, en el listado anterior se puede observar cómo la CPU debe ejecutar la instrucción `STI`. La ejecución de esta instrucción pone a 1 el bit `IF` del registro de estado, es decir, habilita las interrupciones en la CPU. La ejecución de esta instrucción es necesaria dado que en el estado inicial la CPU tiene el bit de interrupción a 0. Es decir, inicialmente las peticiones de interrupción que recibe la CPU son inhibidas para que, de esta forma, la CPU no pueda aceptar interrupciones de periféricos hasta que las rutinas de tratamiento de las interrupciones asociadas a dichos periféricos estén instaladas.

A continuación, se muestra un ejemplo de programa para el CT en el que se gestionan las interrupciones generadas desde el teclado. El programa está estructurado en tres partes: un programa principal, una rutina de interrupción y un procedimiento que implementa una tarea concreta y que es invocado desde la rutina de interrupción. El programa principal se encarga de instalar la rutina de interrupción del teclado y asociarla al vector de interrupción número 5, luego no hace ninguna tarea útil. Cada vez que se pulsa una tecla del teclado se debe mostrar el carácter en la pantalla en color blanco sobre fondo negro[4].

La tarea de leer la pulsación realizada desde teclado la implementa la rutina de interrupción que, junto con los atributos de color, se la pasa a través de la pila al procedimiento que la imprime en la pantalla. La rutina de interrupción implementa un bucle para leer los posibles caracteres que se encuentren en el *buffer* de pulsaciones, por si al usuario le hubiera dado tiempo a pulsar más de una tecla antes de que se aceptase la interrupción. La implementación de este bucle se realiza de acuerdo a la estructura de control de flujo `do-while`, estudiada en el capítulo 4.

El procedimiento encargado de imprimir el carácter recibe el carácter y lo copia en la posición de la memoria de vídeo que indica una variable global del programa, tras lo cual actualiza su contenido para que el carácter correspondiente a la siguiente pulsación del teclado se imprima en la siguiente posición de la pantalla. Durante la ejecución del programa, la interfaz de teclado está mapeada a partir de la dirección `F000h` y la de vídeo a partir de la dirección `F100h`.

```
ORIGEN 1000h
INICIO main
.PILA 20h

.DATOS
posicion VALOR 0F100h ; Dirección de la primera palabra de la memoria de vídeo

.CODIGO
main:
movl r1, 05h
movh r1, 00h    ; r1 <- número de vector de interrupción
movl r2, BYTEBAJO DIRECCION rutina_teclado
movh r2, BYTEALTO DIRECCION rutina_teclado ; r2 <- dirección de comienzo de la rutina
mov [r1], r2    ; Asignar la dirección de la rutina al vector de interrupción
sti             ; Habilitar las interrupciones

jmp -1          ; La CPU no tiene otra tarea que realizar

PROCEDIMIENTO rutina_teclado
push r0
push r1
push r2
push r3

movl r0, 00h
movh r0, 0F0h   ; Registro de datos de la interfaz del teclado
movl r1, 01h
movh r1, 0F0h   ; Registro de control de la interfaz del teclado
movl r2, 00h
movh r2, 01h    ; Máscara para comprobar el estado del bit 8

bucle:
mov r3, [r0]    ; Leer el contenido del registro de datos de la interfaz del teclado
```

[4]Para simplificar el ejercicio se supone que no se van a pulsar más teclas que caracteres se pueden representar en la pantalla. En caso contrario, se debería añadir una funcionalidad más a la hora de mostrar un carácter en la pantalla que comprobara si se ha llegado a la última posición de la memoria de vídeo, en cuyo caso debería escribirse de nuevo desde la primera.

```
movh r3, 07h    ; Atributos de color
push r3         ; Parámetro para el procedimiento imprime_caracter
call imprime_caracter
inc r7          ; Eliminar el parámetro de la pila
mov r3, [r1]
and r3, r3, r2  ; Comprobar si aún hay pulsaciones en el buffer de la interfaz del teclado
brnz bucle

pop r3
pop r2
pop r1
pop r0
iret
FINP

PROCEDIMIENTO imprime_caracter
push r6
mov r6, r7
push r0
push r1
push r2

inc r6
inc r6
mov r0, [r6]    ; Leer de la pila el carácter a imprimir
movl r1, BYTEBAJO DIRECCION posicion
movh r1, BYTEALTO DIRECCION posicion
mov r2, [r1]    ; Leer la posición de la memoria de vídeo sobre la que se debe escribir
mov [r2], r0    ; Enviar el carácter a la memoria de vídeo
inc r2
mov [r1], r2    ; Actualizar la posición de la memoria de vídeo a escribir posteriormente

pop r2
pop r1
pop r0
pop r6
ret
FINP

FIN
```

La figura 7.27 muestra un instante de ejecución del programa del listado anterior en el simulador del CT, así como los periféricos utilizados por dicho programa.

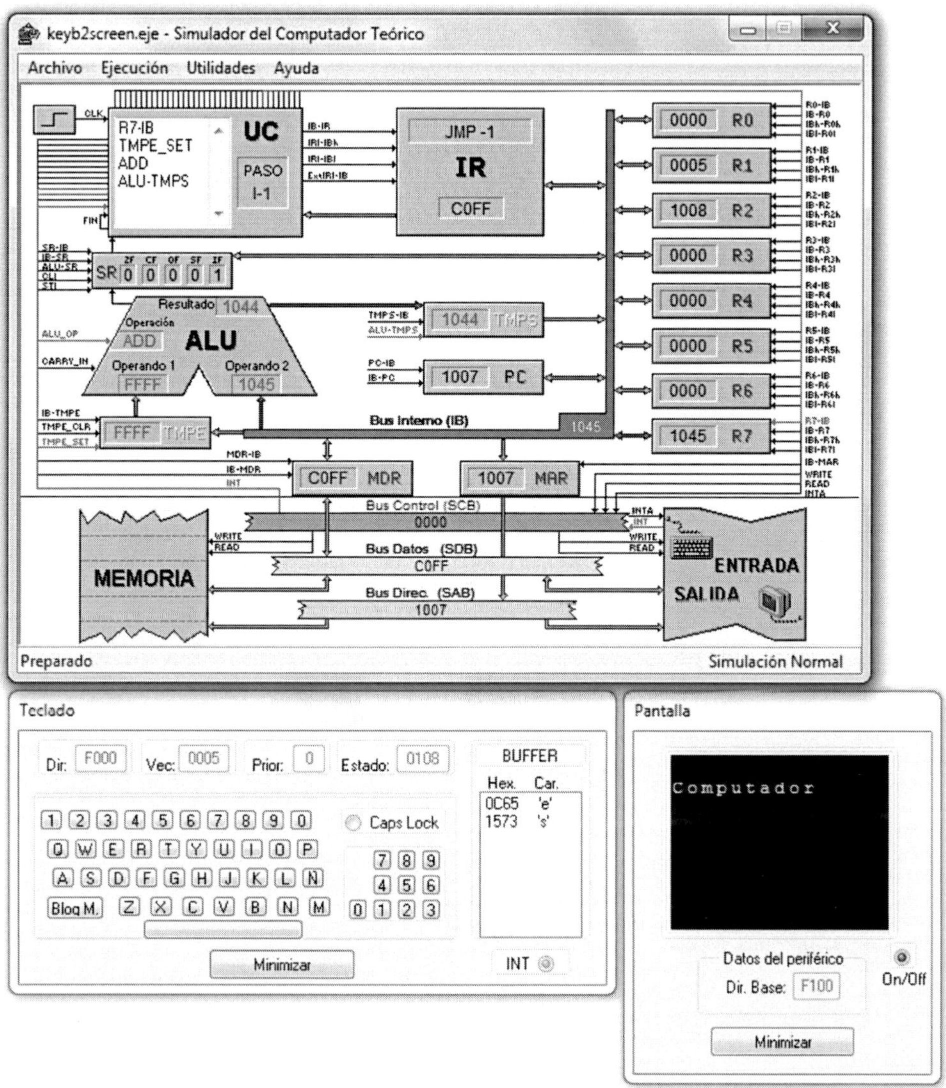

Figura 7.27: Instante de ejecución del programa mostrado en el listado anterior

Capítulo 8

Sistemas operativos

Un computador está constituido por uno o varios procesadores, el sistema de memoria y numerosos dispositivos periféricos que forman el sistema de entrada / salida. Para gestionar estos componentes hardware, así como para permitir un acceso seguro y eficiente desde las aplicaciones de usuario, se utiliza un programa fundamental que se denomina sistema operativo. El objetivo de un sistema operativo es proporcionar un modelo simple del computador para facilitar el acceso de los usuarios a todos sus recursos.

Los usuarios interactúan con el sistema operativo a través de una interfaz, que proporciona el sistema operativo pero que no forma parte del mismo. Esta interfaz recibe el nombre de *shell* o TUI (*Text User Interface*), si es en modo texto, o GUI (*Graphical User Interface*) si es en modo gráfico con escritorio, ventanas e iconos, entre otros elementos.

En este capítulo se estudian las funciones principales de un sistema operativo, que consisten en la gestión de procesos, la gestión de memoria, la gestión del sistema de ficheros y la gestión de dispositivos periféricos.

8.1. Conceptos fundamentales

Para comprender las funciones de un sistema operativo resulta necesario conocer varios conceptos fundamentales relacionados.

8.1.1. Modos de operación

Los computadores actuales proporcionan varios modos de operación, también denominados modos de ejecución, estados de CPU o niveles de privilegio, y son dependientes de la arquitectura del computador. El principal objetivo por el que se proporcionan varios modos es que el sistema operativo se ejecute con privilegios superiores a los de las aplicaciones de usuario. Como se verá más adelante en este capítulo, proporcionar múltiples modos de operación también posibilita la ejecución de varios sistemas operativos en el mismo computador.

Fundamentalmente, existen dos modos de ejecución:

- **Modo privilegiado.** Es un modo no restringido en el que la CPU puede realizar cualquier operación proporcionada por su arquitectura: ejecutar cualquier instrucción de su juego de instrucciones, acceder a cualquier dirección de memoria o iniciar cualquier operación de entrada/salida. En este modo se encuentra el modo ***kernel***, también denominado modo núcleo o modo supervisor.

- **Modo usuario.** Este modo es un modo restringido en el que solo está accesible un subconjunto del juego de instrucciones de la CPU. Es el modo en el que se ejecutan las aplicaciones de usuario.

8.1.2. Llamadas al sistema

Los sistemas operativos proporcionan servicios que permiten realizar operaciones específicas o acceder a recursos del sistema y que requieren el modo privilegiado. Para poder acceder a estos servicios desde las aplicaciones de usuario, estas deben realizar llamadas al sistema, o *system calls*. Estas llamadas acceden a los servicios del sistema operativo en modo *kernel*. Una vez finalizada la ejecución del servicio solicitado, la CPU cambia a modo usuario y continua ejecutando la instrucción siguiente a la que causó la llamada al sistema. En resumen, una llamada al sistema es un tipo de procedimiento que contiene una propiedad especial que le permite modificar el modo de operación de la CPU. Solo las llamadas al sistema pueden acceder al modo *kernel*.

La instrucción `trap` es similar a la instrucción `call` que permite invocar a un procedimiento, dado que accede a un conjunto de instrucciones que se encuentran en una ubicación de memoria distante y la dirección de retorno se almacena en la pila. Sin embargo, la instrucción `trap` cambia el modo de operación de la CPU a modo *kernel*, mientras que la instrucción `call` no.

8.1.3. Tipos de sistemas operativos

Los sistemas operativos se pueden clasificar en base a diferentes criterios. El primero de ellos es el tipo de sistema computacional sobre el que se van a ejecutar. De esta forma, los sistemas operativos se pueden clasificar en:

- **Escritorio.** Para computadores personales y estaciones de trabajo. Ejemplos de este tipo de sistemas son Windows, Linux y macOS.

- **Servidor.** Para sistemas que proporcionan servicios a otros computadores a través de la red. Ejemplos: Linux, Windows Server, FreeBSD.

- **Móvil.** Para teléfonos, tablets y otros dispositivos móviles. Por ejemplo, Android y iOS.

- **Empotrado.** Para sistemas embebidos, que suelen tener recursos hardware limitados. Ejemplos: Embedded Linux y FreeRTOS.

- **Tiempo real.** Una tarea de tiempo real es aquella que se considera correcta cuando el resultado obtenido es correcto y, además, se ha proporcionado cumpliendo las restricciones temporales definidas previamente. Los sistemas operativos de tiempo real garantizan la ejecución de tareas dentro de tiempos límite específicos. Ejemplos: QNX, VxWorks y FreeRTOS.

Otro criterio de clasificación es el tipo y el número de usuarios que pueden interactuar a la vez con el sistema operativo y las tareas que pueden ejecutar. De este modo se tienen los siguientes tipos:

- **Monousuario y multiusuario.** Los sistemas monousuario son los que permiten que solo un usuario interactúe con el sistema en un momento dado. Eso significa que solo se puede iniciar sesión con una cuenta de usuario a la vez. Por otro lado, los sistemas multiusuario permiten la gestión de diferentes cuentas de usuario y que varios de estos usuarios ejecuten tareas de forma simultánea en el computador.

- **Monotarea y multitarea.** Los sistemas monotarea solo permiten la ejecución de una tarea en un momento dado, y el sistema se dedica por completo a esta tarea hasta que se complete o se suspenda. Por su parte, los sistemas multitarea permiten la ejecución de varias tareas de forma concurrente gestionando la compartición de recursos del computador entre todas ellas.

En la actualidad, la mayoría de sistemas operativos son multiusuario y multitarea, como por ejemplo, Windows, Linux y macOS, entre otros. El ejemplo más típico de un sistema operativo monousuario y monotarea es MS-DOS, un sistema operativo con interfaz en modo texto desarrollado por Microsoft en la década de 1980 para los PC basados en la arquitectura x86 y que en la década de 1990 fue sustituido por sistemas Windows, con interfaz gráfica, que incluyen una interfaz de comandos (*Windows command prompt*, `cmd`) que emula la mayoría de los comandos de MS-DOS.

Finalmente, otro criterio de clasificación de sistemas operativos tiene que ver con la estructura de su núcleo. Teniendo en cuenta este criterio, los sistemas operativos se clasifican en:

- **Monolítico.** En esta organización el sistema operativo al completo se ejecuta como un único programa en modo privilegiado. En aras de incrementar el rendimiento, algunos sistemas operativos modernos permiten la carga (y la descarga) dinámica de módulos ejecutables en el sistema en tiempo de ejecución. El ejemplo más representativo de este tipo de sistemas operativos es Linux.

- **Micronúcleo.** El sistema operativo se divide en pequeños módulos de los cuales solo uno se ejecuta en modo privilegiado, y recibe el nombre de micronúcleo o *microkernel*. Este núcleo no proporciona servicios de sistema operativo, sino los mecanismos necesarios para implementar estos servicios en otros módulos. Estos mecanismos son: gestión del espacio de direcciones de bajo nivel, gestión de hilos y mecanismos de comunicación entre procesos (IPC o *inter-process communication*). El resto de componentes del sistema se ejecutan como módulos independientes, lo que incrementa la fiabilidad global dado que si un componente falla solo compromete su ejecución, no la del sistema completo. Un ejemplo de este tipo de sistemas es QNX.

- **Híbrido.** Esta organización combina aspectos de las estructuras monolítica y micronúcleo. La implementación de un sistema de este tipo persigue tener una estructura similar a micronúcleo pero siguiendo las directrices de una implementación monolítica en la que casi todo el sistema se ejecuta en modo privilegiado. Los ejemplos más representativos de esta organización son Windows y macOS.

8.1.4. Seguridad

Dado que la gestión de todos los recursos del computador recae en el sistema operativo, el diseño y la implementación de estos sistemas tienen implicaciones directas en la seguridad. Como en cualquier otro programa, un sistema operativo puede contener errores, o ***bugs***. Cuando afectan a la seguridad, estos errores en el código reciben el nombre de **vulnerabilidades**, que pueden ser atacadas mediante ***exploits***.

Para evitar estas vulnerabilidades, así como otras amenazas o ataques, o al menos para tratar de minimizar su impacto en el sistema, los sistemas operativos, en combinación con el hardware y el firmware del computador, agrupan los componentes críticos para la seguridad del sistema en un entorno confiable, denominado TCB (*Trusted Computing Base*). Las vulnerabilidades que ocurran dentro del TCB pueden comprometer la seguridad de todo el sistema, dado que podrán acceder a hardware y software crítico, mientras que las que ocurran fuera del TCB tendrán un impacto limitado en la seguridad del sistema.

8.2. Gestión de procesos e hilos

En el capítulo 5 se definió un programa como la implementación de un algoritmo mediante un lenguaje de programación. Un concepto clave en cualquier sistema operativo es el de **proceso**, que se refiere a la instancia de un programa en ejecución. Dependiendo del sistema operativo, un proceso puede estar constituido por uno o varios **hilos** de ejecución, también denominados procesos ligeros o subprocesos, que constituyen la secuencia de instrucciones más pequeña que puede ser gestionada por el sistema operativo. Los hilos de un proceso comparten el espacio de direcciones y todos los datos del proceso. Además, son entidades mucho más simples, por lo que su creación por parte del sistema operativo es mucho más rápida que la creación de un proceso. Los hilos se pueden implementar de dos formas: en el espacio del sistema operativo, siendo por tanto este consciente de la existencia de múltiples hilos dentro de un proceso, o en el espacio del usuario, como una biblioteca de hilos dentro del proceso y por tanto transparente para el sistema operativo. A lo largo de este capítulo se describirán las diferencias entre estas dos soluciones.

Los sistemas operativos actuales implementan mecanismos de multiprocesamiento mediante los cuales un usuario tiene la sensación de que se están ejecutando varios programas de forma concurrente, incluso aunque solo haya un procesador en el sistema. Esto es así porque el sistema operativo planifica la ejecución de un proceso (o de un hilo si es consciente de la existencia de estos) durante un intervalo muy breve de tiempo (del orden de milisegundos o microsegundos); a continuación planifica otro proceso u otro hilo del sistema por ese período de tiempo; y así sucesivamente, dando la sensación de sistema concurrente, aunque realmente se trata de ejecución secuencial de procesos o hilos que se cambian en la CPU con una frecuencia muy elevada.

En un ejemplo de programa de edición de texto, un único proceso puede implementar toda la funcionalidad. Si además, el proceso se divide en varios hilos, uno para la gestión de la interfaz gráfica, otro para la gestión de las interrupciones generadas por el teclado y otro para la gestión del almacenamiento de ficheros en disco, el usuario percibirá un funcionamiento mucho más fluido de la aplicación. En este caso, mientras el programa realiza el almacenamiento del texto en un fichero en el disco, la interfaz del programa seguiría respondiendo a las peticiones del usuario con fluidez.

Para poder implementar esta funcionalidad, el sistema operativo mantiene la siguiente información de cada proceso en una estructura de datos denominada **tabla de procesos**:

- **Identificador.** El identificador de proceso, o **PID** (*Process IDentifier*), es un identificador numérico único asignado a cada proceso por el sistema operativo.
- **Estado.** Identifica el estado de ejecución en el que se encuentra el proceso en el momento actual en el sistema. Este concepto se describe en el apartado 8.2.1.
- **Contexto.** Constituye el conjunto mínimo de datos que debe almacenar el sistema operativo para permitir interrumpir, y restaurar posteriormente, la ejecución de un proceso. Entre otros, se almacenan los rangos de direcciones de memoria que utiliza el proceso y que localizan las diferentes secciones del programa (datos, código, etc.).
- **Ficheros.** Listado de ficheros que el proceso mantiene abiertos.

De forma análoga, el sistema operativo mantiene una estructura de datos, denominada **tabla de hilos**, con información acerca de cada hilo:

- **Estado.** Identifica el estado de ejecución en el que se encuentra el hilo en el momento actual en el sistema.
- **Contexto.** Conjunto mínimo de datos que permite la interrupción y posterior restauración de la ejecución del hilo en el sistema. Incluye una copia de los registros del procesador, entre los que se encuentran el contador de programa y el puntero de la pila.

En la tabla 8.1 se muestran los elementos que comparten todos los hilos de un proceso así como los elementos que son privados a cada hilo del proceso.

La figura 8.1 muestra las principales diferencias entre los hilos implementados en una biblioteca en el espacio del usuario y los hilos implementados en el núcleo del sistema operativo. Cuando los hilos se crean en el espacio del usuario, cada proceso gestiona, a través de la biblioteca de hilos, su propia tabla de hilos. Cuando el núcleo del sistema operativo conoce y gestiona los hilos de ejecución, los procesos no necesitan ninguna biblioteca de hilos. Además, tampoco hay una tabla de hilos en cada proceso, sino que hay una única tabla de hilos en el núcleo del sistema operativo que mantiene el seguimiento de todos los hilos del sistema.

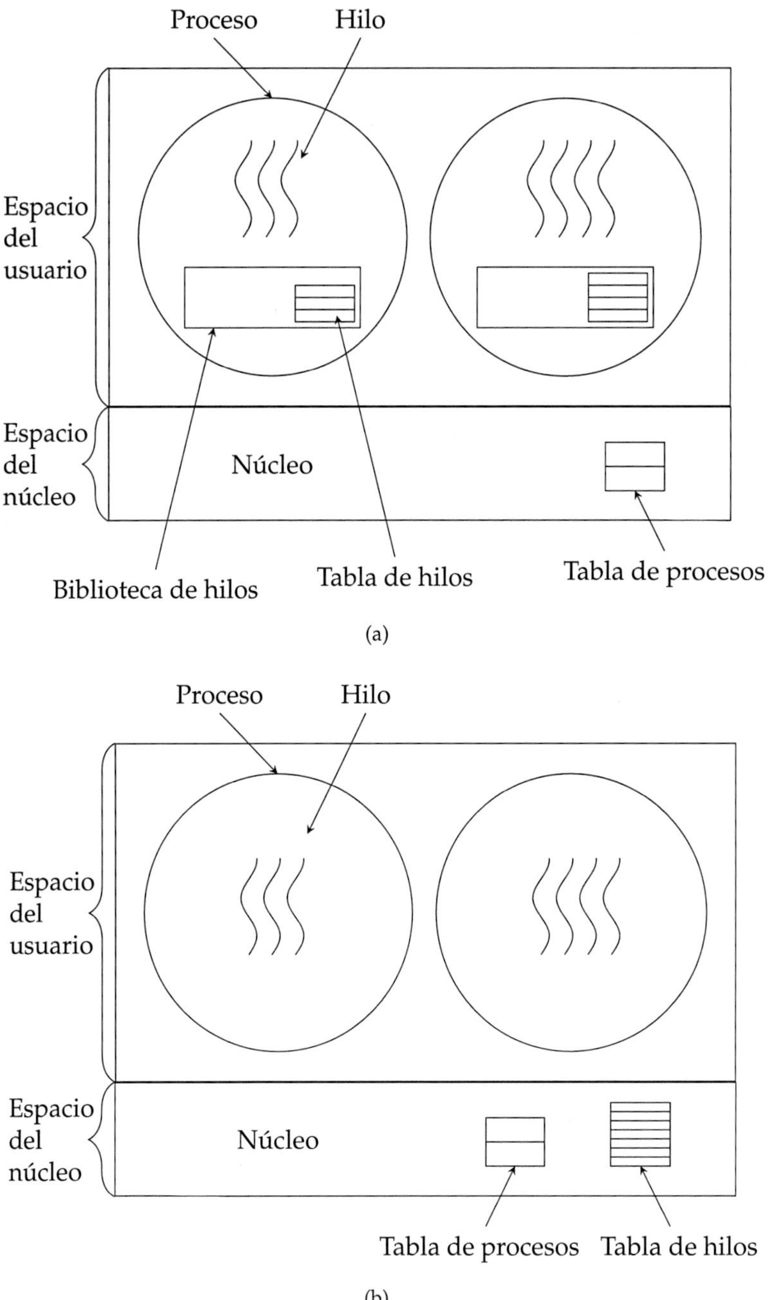

Figura 8.1: Hilos de usuario y de sistema. Ambas imágenes representan dos procesos en el espacio del usuario, uno con tres y otro con cuatro hilos: (a) biblioteca de hilos en el espacio del usuario; (b) hilos gestionados por el núcleo del sistema operativo

Elementos por proceso	Elementos por hilo
Espacio de direcciones	Registros del procesador
Variables globales	Contador de programa
Ficheros abiertos	Puntero de la pila
Estado (del proceso)	Estado (del hilo)

Tabla 8.1: Elementos compartidos y elementos privados para cada hilo

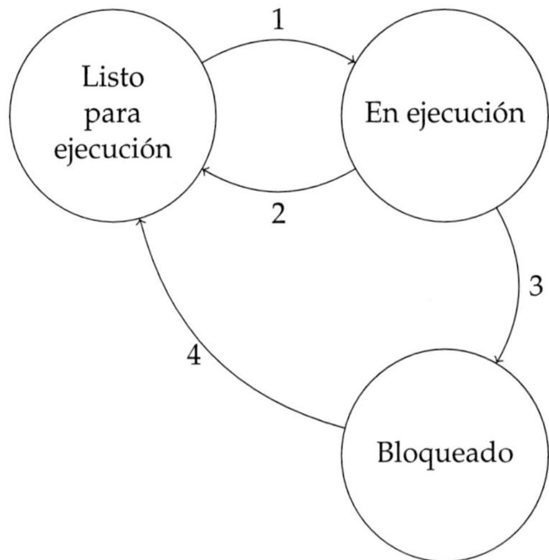

Figura 8.2: Estados de ejecución de un proceso. El sistema operativo elige al proceso para ejecutarlo (1); en (2) el sistema elige otro proceso para ejecutarlo y el actual sale de la CPU; el proceso actual realiza una operación de E/S (3); la operación de E/S requerida por el proceso finaliza en (4)

8.2.1. Estados de ejecución

Durante su ejecución, los procesos pueden bloquearse, por ejemplo porque estén esperando datos provenientes de un dispositivo de E/S que aún no están disponibles. También la CPU puede pausar la ejecución de un proceso para ceder la CPU a otro proceso. Aunque en estas dos circunstancias el proceso que se está ejecutando se detiene, su situación es muy diferente. En la figura 8.2 se muestra un diagrama con los tres estados en los que se puede encontrar un proceso en el sistema operativo, así como las posibles transiciones entre estos estados:

- **En ejecución.** El proceso está en ejecución en la CPU en el instante actual.
- **Listo para ejecución.** El proceso está temporalmente pausado para permitir la ejecución de otro proceso.
- **Bloqueado.** No es posible su ejecución hasta que suceda algún evento externo.

La transición 1 sucede cuando el sistema operativo elige un proceso para ejecutarlo en la CPU y la 2 cuando el sistema determina que va a darle oportunidad de ejecutarse a otro proceso. La transición 3 ocurre cuando el proceso actual no puede continuar su ejecución, habitualmente porque requiere algún dato que no está disponible y debe esperar por un evento externo. Por último, la transición 4 ocurre cuando el sistema detecta que se ha producido el evento externo por el que estaba esperando el proceso.

Si en un sistema operativo los hilos se implementan dentro del espacio del núcleo, se mantendrá un estado de ejecución por cada hilo del proceso y la figura 8.2 representaría el diagrama de transición entre estados de cada hilo.

8.2.2. Planificación

En los sistemas actuales se pueden diferenciar dos niveles de paralelismo: paralelismo a nivel de proceso y paralelismo a nivel de hilo de ejecución. El mecanismo del sistema operativo que determina qué proceso o qué hilo se ejecuta en la CPU se denomina planificador (*scheduler*) y el algoritmo que utiliza se denomina **algoritmo de planificación**.

El planificador de un sistema operativo puede no ser consciente de la existencia de múltiples hilos dentro de un proceso. Esto sucede si los hilos se implementan mediante una biblioteca de código dentro del espacio del usuario. En este caso, el sistema operativo planifica la ejecución de procesos: se elige un proceso que esté listo para ejecutar y se le asigna la CPU. En este caso, la planificación a nivel de hilo la gestiona la biblioteca de hilos dentro del proceso, como una parte más del programa de usuario, eligiendo al hilo que se debe ejecutar, utilizando su propio algoritmo de planificación que puede ser independiente del utilizado por el planificador del sistema operativo. El cambio de ejecución entre hilos se realiza muy rápido puesto que solo se requiere la ejecución de un conjunto de instrucciones dentro del proceso, sin necesidad de hacer un cambio de modo usuario a modo privilegiado.

En el caso de que el planificador del sistema operativo pueda acceder a cada hilo de un proceso de forma independiente porque la implementación de los hilos se realice en el espacio del sistema operativo, la planificación de la ejecución se realiza directamente a nivel de hilo de ejecución. Es decir, el planificador del sistema operativo no planifica la ejecución de procesos sino la ejecución de hilos. Al hilo se le asigna un intervalo de tiempo para su ejecución y será suspendido si supera dicho intervalo sin haberse bloqueado previamente. Para planificar el siguiente hilo de ejecución, se requiere un cambio de contexto completo, que es mucho más costoso que en el escenario anterior en el que el operativo realiza la planificación a nivel de proceso. En cualquier caso, el planificador puede tener en cuenta el proceso al que pertenece el hilo para decidir, por ejemplo entre varios hilos con la misma prioridad, aquel que pertenezca al proceso del hilo que se ha ejecutado hasta el momento actual, porque la operación de cambio de contexto será más sencilla (dado que el proceso es el mismo y su información está ya en memoria).

En el resto de esta sección se hace referencia a procesos, pero la descripción es igualmente válida para la planificación de hilos.

La decisión de planificación se tiene que tomar en diferentes escenarios:

- Cuando un proceso se crea.
- Cuando un proceso finaliza.
- Cuando un proceso se bloquea en una operación de E/S.
- Cuando se produce una interrupción de E/S.

Los algoritmos de planificación se pueden dividir en dos categorías:

- **No apropiativo.** Un algoritmo no apropiativo, *non-preemptive*, también denominado cooperativo, selecciona un proceso y le deja ejecutarse hasta que se bloquee en una operación de E/S, se bloquee a la espera de información de otro proceso o libere voluntariamente la CPU.
- **Apropiativo.** Un algoritmo apropiativo, o *preemptive*, selecciona un proceso y le permite ejecutarse durante un determinado intervalo de tiempo predefinido. Si al final de ese intervalo el proceso aún continua ejecutándose, el planificador se apropia de la CPU, lo suspende y selecciona otro proceso para ejecutar. Para realizar esta tarea, se requiere un temporizador que genere una interrupción al final de cada intervalo de tiempo para que el sistema operativo pueda tomar el control de la CPU a través del planificador.

Cuando el planificador selecciona un proceso para ejecutar y desaloja al que se encuentra actualmente en la CPU, se produce un **cambio de contexto**, que almacena el estado actual del proceso para poder restaurarlo posteriormente y continuar la ejecución en el punto en el que ha sido interrumpida.

Los algoritmos de planificación persiguen que los procesos se ejecuten de una forma justa en el sistema. Para ello, proporcionan a los procesos que tengan similares características un uso de los recursos comparable y tratan de que todos los componentes del sistema estén ocupados para obtener una elevada productividad. Estos algoritmos suelen incluir particularidades en función del tipo de entorno sobre el que se van a ejecutar. Se pueden diferenciar tres tipos de entornos: procesamiento por lotes, entornos interactivos y tiempo real.

En entornos de **procesamiento por lotes** (*batch*), aquellos en los que no hay usuarios esperando por una respuesta sino que ejecutan tareas en conjuntos o lotes según un orden predefinido, los algoritmos no apropiativos, o los apropiativos con un largo intervalo de tiempo para cada proceso, suelen ser la mejor opción. Este enfoque reduce los cambios de proceso, y por tanto mejora el rendimiento general del sistema. Los algoritmos de planificación por lotes son bastante generales y aplicables a otras situaciones. Los más destacables son:

- ***First-come, first-served* (FCFS).** Es el algoritmo de planificación más simple. La CPU se asigna al primer proceso que la requiera. El resto de procesos esperan en una cola del estado listo para ejecución ordenados por orden de llegada. Cuando el proceso que está en la CPU se bloquea, el primer proceso de la cola de espera pasa a ejecución. Y cuando un proceso bloqueado vuele a estar listo para ejecutarse, se coloca al final de la cola.

- ***Shortest-job first.*** En el caso de que los tiempos de ejecución de las tareas se conocieran con antelación, se podría planificar su ejecución basándose en esta estimación, de tal manera que los procesos con tiempo de ejecución más pequeño se ejecutasen antes.
- ***Shortest remaining time next.*** Esta es una versión apropiativa del algoritmo anterior, en la que el planificador elige la tarea con menor tiempo estimado de ejecución hasta su finalización. Si un nuevo proceso que llega al sistema tiene un tiempo de finalización menor que el actual que se está ejecutando, el proceso actual se suspende y se planifica el nuevo. Este algoritmo proporciona un buen rendimiento para las tareas nuevas que requieren poco tiempo de ejecución.

En entornos **interactivos** con usuarios, los algoritmos apropiativos garantizan que un proceso no monopolice el sistema y el resto de usuarios no reciban atención, o la reciban mucho más tarde de lo que esperan. Los servidores de aplicaciones también están dentro de esta categoría, puesto que suelen atender a múltiples usuarios al mismo tiempo. En este tipo de entornos, los algoritmos de planificación más utilizados son:

- **Round Robin.** Este es uno de los algoritmos más sencillos y justos para la planificación en entornos interactivos. A cada proceso se le asigna un intervalo de tiempo de ejecución, denominado ***quantum***. Si el proceso aún sigue en ejecución cuando finaliza su *quantum*, el proceso se desaloja, se añade al final de la cola de procesos listos para ejecución y se asigna la CPU a otro proceso. Si el proceso se bloquea o finaliza antes de que su *quantum* haya expirado, la CPU se asigna a otro proceso inmediatamente.
- **Prioridad.** Este algoritmo asigna a cada proceso un nivel de prioridad, y el proceso con más prioridad es el que se elige para ser ejecutado. Para que un proceso de alta prioridad no monopolice el sistema, se suelen utilizar técnicas que decrementen su prioridad en función del tiempo de uso de la CPU.

En los sistemas interactivos lo más común es agrupar los procesos en clases de prioridad, utilizando un algoritmo de planificación basado en prioridad para elegir la clase y Round Robin para planificar el proceso a ejecutar dentro de cada clase. Si las clases de prioridad no se definen correctamente, los procesos en las clases de menor prioridad podrían no llegar a ejecutarse. Un ejemplo de esta organización se muestra en la figura 8.3, donde la prioridad 3 es la más alta. En este ejemplo, si el proceso E está listo para ejecución, se planificaría cuando los procesos A, B, C y D hayan finalizado o estén bloqueados.

En entornos con **restricciones de tiempo real** los procesos suelen ser conscientes de que no deben ejecutarse por largos períodos de tiempo y normalmente realizan su tarea y se bloquean muy rápido. La principal diferencia con los sistemas interactivos es que los de tiempo real ejecutan tareas muy concretas mientras que los interactivos ejecutan aplicaciones de propósito general y pueden ejecutar cualquier tipo de programa, incluso los que no están diseñados para ejecutarse de manera cooperativa.

Los sistemas de tiempo real se clasifican en sistemas de **tiempo real duro**, *hard real time*, en los que las restricciones de tiempo real se deben cumplir de forma obligatoria (como por ejemplo un sistema de control de vuelo en un avión), y en sistemas

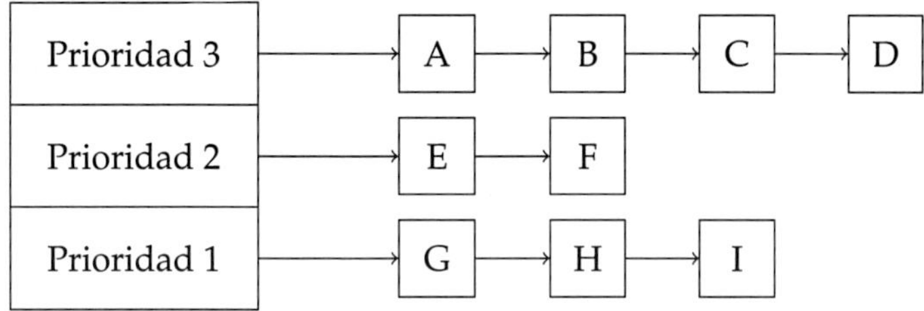

Figura 8.3: Algoritmo de planificación con tres clases de prioridad

de **tiempo real blando**, *soft real time*, en los que el incumplimiento de una restricción temporal no es deseable pero resulta tolerable (como por ejemplo un sistema de control de climatización en una vivienda). En ambos casos, los sistemas de tiempo real deben responder a eventos **periódicos**, es decir, que se repiten en intervalos regulares, y **aperiódicos**, que ocurren de forma imprevisible.

Los algoritmos de planificación en sistemas de tiempo real pueden ser estáticos, si toman sus decisiones de planificación antes de que el sistema se inicie, o dinámicos, si toman las decisiones de planificación en tiempo de ejecución.

8.3. Gestión de memoria

Desde el punto de vista de un usuario, un computador debería proporcionar una memoria de gran tamaño y elevada velocidad, privada y que sea persistente, es decir, que la información se mantenga almacenada aún cuando no hay suministro eléctrico. Sin embargo, las tecnologías actuales no permiten construir un dispositivo de memoria que cumpla con todos estos requisitos. Para gestionar la memoria de forma eficiente, los sistemas operativos crean abstracciones del sistema de memoria del computador, que se constituye combinando memorias rápidas y pequeñas con memorias lentas y grandes de tal forma que las primeras almacenen información con mayor probabilidad de acceso y las últimas almacenen aquella información con menor probabilidad de acceso. De esta forma se consigue que la capacidad del sistema de memoria sea elevada, dado que incluye memorias grandes, y que el acceso sea rápido, dado que una copia de la información con mayor probabilidad de acceso estará almacenada en las memorias más rápidas (además de en las grandes y lentas).

En el acceso a la información en el sistema de memoria se ha observado que se cumple el **principio de localidad**, que establece que los programas acceden a una porción relativamente reducida del espacio de direcciones en un determinado intervalo de tiempo. Este principio se evidencia en la ejecución de programas por parte de cualquier CPU, y se divide en:

- **Principio de localidad espacial.** Si en un instante dado la CPU accede a una dirección de memoria, es muy probable que en un instante de tiempo próximo acceda a una dirección de memoria cercana. Un ejemplo de localidad espacial es el acceso al código máquina de las instrucciones en la ejecución secuencial de un programa. Y un ejemplo de localidad espacial en el acceso a datos se tiene en el acceso a los elementos contiguos de un vector.

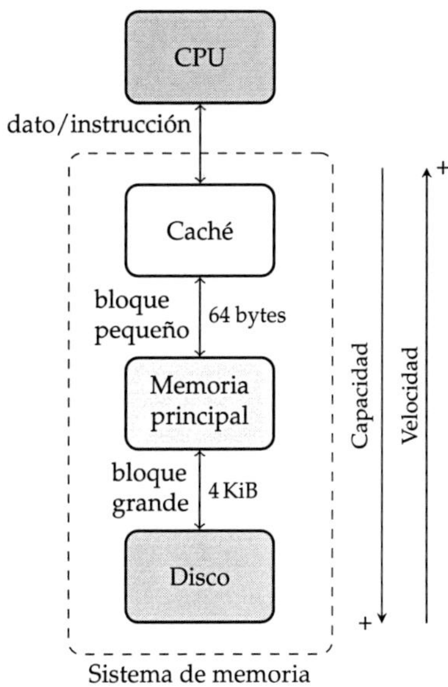

Figura 8.4: Ejemplo de jerarquía de memoria de tres niveles

- **Principio de localidad temporal.** Si en un instante dado la CPU accede a una dirección de memoria, es muy probable que en un instante de tiempo próximo acceda a esa misma dirección de memoria. Un ejemplo de localidad temporal en el acceso a código se encuentra en la ejecución de bucles, donde cada instrucción es accedida una vez en cada iteración del bucle. Y un ejemplo de localidad temporal en el acceso a datos se da en el acceso al contador de iteraciones durante la ejecución de un bucle.

La memoria del computador está organizada de forma jerárquica, como se puede observar en la figura 8.4 (los valores numéricos son solo orientativos, pues dependen de las tecnologías utilizadas). La **jerarquía de memoria** proporciona varios megabytes de memoria muy rápida, muy cara y volátil, denominada **memoria caché**; varios gigabytes de memoria rápida, de precio medio y volátil, denominada **memoria principal**; y varios terabytes de memoria lenta, barata y no volátil, a la que normalmente se denomina **memoria secundaria** o disco. Se debe tener en cuenta que la cantidad de memoria disponible en el computador no es la suma de la capacidad de todos los niveles, pues cada nivel almacena una copia de subconjuntos de direcciones de memoria del nivel inferior.

El objetivo de la jerarquía de memoria es que, en la mayor parte de los accesos a memoria, la CPU encuentre una copia de la posición de memoria con la información solicitada en la memoria caché (la memoria más rápida) y la envíe directamente a la CPU. Si la información solicitada no está en la memoria caché, el sistema buscará la dirección que la contiene en la memoria principal. Dado que el acceso es más costoso en términos temporales, si la información solicitada se encuentra en este nivel de la jerarquía, además de la información solicitada se envía a la memoria caché el contenido de un rango de direcciones, o bloque de memoria principal, adyacente.

De esta forma, y según el principio de localidad, los siguientes accesos a memoria tienen una gran probabilidad de encontrar la información en la memoria caché y, por tanto, ser más rápidos. Si, por el contrario, la información solicitada no se encuentra en la memoria principal, se debe localizar la dirección que la contiene en el disco. Dado que el acceso a este nivel de la jerarquía es mucho más lento en comparación con el acceso a la memoria principal, además de la información solicitada se copia un bloque de información relativamente grande desde el disco a la memoria principal, de tal forma que los siguientes accesos a memoria que cumplan el principio de localidad tengan un tiempo de acceso mucho menor.

El componente del sistema operativo que gestiona la jerarquía de memoria del computador recibe el nombre de **gestor de memoria**. Esta gestión la realiza en colaboración con otros dispositivos hardware del computador, tales como la unidad de gestión de memoria, el controlador de memoria y los controladores de disco. Las tareas que realiza el gestor de memoria del sistema operativo son: registrar las direcciones de memoria que están siendo utilizadas, proporcionar memoria a los procesos e hilos cuando la solicitan y liberarla cuando estos finalizan.

En el capítulo 6 se analizó el concepto de espacio de direcciones del computador y se definió como el conjunto de todas las posiciones de la memoria. En este caso no se utilizó ninguna abstracción y un proceso que vea la memoria de esta forma podría acceder a cualquier ubicación, tanto si pertenece a cualquier sección de su programa como si pertenece a otro proceso de usuario o incluso al sistema operativo.

Dado que los programas deben almacenarse en memoria para que puedan ejecutarse, la ejecución de varios programas de forma simultánea en el computador requiere que el sistema operativo resuelva dos problemas fundamentales relacionados con la memoria: la **protección** y la **reubicación**. Para ello, los sistemas operativos actuales gestionan la memoria utilizando **espacios de direcciones por proceso**. Cada proceso solo tendrá acceso a contenido dentro de su espacio de direcciones, que es independiente y que no se solapará con los espacios de direcciones de otros procesos de usuario o del sistema operativo.

Si la memoria principal del computador no es lo suficientemente grande como para que los espacios de direcciones de los procesos estén cargados en ella simultáneamente, lo que es habitual en los sistemas modernos, los espacios de direcciones de algunos procesos que no están en ejecución se almacenan en un espacio determinado del disco (denominado fichero de paginación, en Windows, o partición de intercambio, en Linux). Esta técnica recibe el nombre de ***swapping***.

Existe una técnica más avanzada, denominada **memoria virtual**, que permite que los procesos puedan ejecutarse aún cuando solo una parte de su espacio de direcciones está almacenado en memoria física (la memoria física es la memoria real instalada en el computador, para diferenciarla del concepto de memoria virtual). La idea fundamental en la que se basa la memoria virtual es que las direcciones que genera la CPU son direcciones virtuales dentro del espacio de direcciones del proceso. Además, el espacio de direcciones de los procesos se divide en secciones contiguas, denominadas **páginas**. Las páginas se mapean en la memoria física del computador, pero no es necesario que todas las páginas estén en la memoria a la vez para ejecutar el programa. Cuando el programa accede a una dirección virtual que está mapeada en memoria física, es decir, que la página que contiene esa dirección está cargada en memoria, la CPU traduce la dirección virtual a la dirección física y accede directamente a ella. En el otro escenario, cuando el programa accede a una dirección de memoria del espacio de direcciones que no está en memoria física, la ejecución de la instrucción no puede ser completada por parte de la CPU. El sistema operativo debe cargar en memoria física la página asociada con la dirección virtual requerida y repetir la ejecución de la instrucción que ha fallado. Cuando repite la instrucción, la CPU encuentra la página asociada a la dirección virtual en memoria, realiza la traducción y accede a la dirección física correspondiente. El componente hardware de la CPU que realiza, entre otras, las operaciones de traducción entre direcciones virtuales y direcciones físicas se denomina unidad de gestión de memoria, o **MMU** (*Memory Management Unit*).

8.4. Gestión de ficheros

Durante la ejecución de un proceso se necesita almacenar y acceder a información. Esta información se puede almacenar en el espacio de direcciones del proceso. Sin embargo, esto tiene tres principales limitaciones: el espacio disponible puede ser inferior al tamaño requerido por el proceso, la información almacenada será volátil y se perderá cuando el proceso finalice su ejecución, y la información almacenada en el espacio de direcciones de un proceso no estará accesible para otros procesos del sistema. Para solucionar estas limitaciones se diseñaron los ficheros, que son unidades lógicas de información creadas por procesos y que pueden guardarse en unidades de almacenamiento no volátil.

La gestión de los ficheros recae en el sistema operativo que, entre otras tareas, se encarga de su estructura, nombrado, acceso y protección, además de la gestión del espacio de almacenamiento libre. La parte del sistema operativo que se encarga de estas tareas recibe el nombre de **sistema de ficheros**.

8.4.1. Ficheros

Un fichero es una abstracción dentro del computador que permite almacenar información en el disco y recuperarla posteriormente de forma transparente para el usuario. Desde el punto de vista del usuario, las características más importantes de un fichero son:

- **Nombre.** Cuando un proceso crea un fichero, le asigna un nombre. Cuando el proceso finaliza, el fichero continua en el disco y otros procesos pueden acceder a él utilizando su nombre. El nombrado de ficheros depende del sistema operativo. La mayoría de sistemas utilizan un esquema de nombrado que se divide en dos partes, separadas por un punto. La parte que que se encuentra después del punto recibe el nombre de **extensión**, y es un convenio para clasificar al fichero, no una imposición del sistema operativo. En algunos sistemas operativos, como por ejemplo Windows, las extensiones de los ficheros se utilizan para vincular un programa para abrir un fichero (cuando un usuario hace doble clic en un fichero, se abre con el programa vinculado previamente con la extensión del fichero).

- **Tipo.** La mayoría de sistemas operativos soportan varios tipos de ficheros, de entre los que destacan los ficheros de texto y los ficheros binarios. Si bien esta diferenciación puede resultar confusa, porque todos los ficheros almacenan información utilizando un sistema binario, los ficheros de texto, se refieren a ficheros que contienen líneas de texto (en ASCII o cualquier otro sistema de representación de caracteres) y que pueden ser editados directamente desde un editor de texto. Los ficheros binarios se refieren a ficheros que no almacenan sólo información de texto, sino un conjunto de estructuras de datos que deben ser conocidas por los programas que los utilizan.
- **Atributos.** Además del nombre y el contenido, los sistemas operativos asignan otros datos a los ficheros, en ocasiones denominados **metadatos**. Entre ellos destacan la fecha de creación del fichero, el tamaño en bytes que ocupa en el disco, el usuario propietario del fichero, los permisos de acceso (lectura, escritura y/o ejecución) y la fecha del último acceso y de la última modificación.

Un proceso, a través de llamadas al sistema operativo, puede realizar las siguientes operaciones sobre un fichero, asumiendo que tiene permisos para ello:

- **Crear.** Se crea el fichero, inicialmente sin contenido, y se le asignan su nombre y atributos.
- **Eliminar.** Se elimina el fichero y el espacio que ocupa en disco se libera.
- **Abrir.** Antes de utilizar un fichero, el proceso debe abrirlo. Esta operación permite leer los atributos del fichero y cargar en memoria la lista de direcciones en disco para un acceso más rápido. Además, se inicializa a la posición inicial del fichero una variable para saber cuál es la siguiente posición a la que accederán las operaciones de lectura o escritura. Esta variable se denomina `file offset` (desplazamiento en el fichero).
- **Cerrar.** Finalizadas las tareas de acceso por el proceso, esta operación permite liberar los atributos y demás información del fichero que mantenga el sistema en memoria.
- **Leer.** Un proceso puede solicitar leer un conjunto de bytes del fichero en un `buffer` creado previamente por el proceso.
- **Escribir.** Un proceso puede solicitar escribir un conjunto de bytes en el fichero. Si el desplazamiento coincide con la posición final de fichero, se añaden al final y el tamaño del fichero se incrementa. Si el desplazamiento se corresponde con una posición intermedia, la información actual en el fichero se sobrescribe.
- **Agregar.** Esta operación es una forma de escritura restringida, dado que solo permite escribir en el fichero a partir de la posición final.
- **Buscar.** Reposiciona el valor de `file offset` a la posición indicada en la llamada.
- **Renombrar.** Permite cambiar el nombre del fichero.

- **Ejecutar.** Permite que un proceso invoque la ejecución del código contenido en el fichero.

Para determinar si un proceso tiene permisos para llevar a cabo una determinada acción sobre un fichero, el sistema operativo mantiene una estructura de datos en la que identifica, para cada fichero, los permisos que tiene cada usuario sobre dicho fichero. Cuando un usuario crea un proceso, los permisos de este usuario, denominado propietario del proceso (*owner*), los hereda el proceso. La forma más común de implementar esta estructura de datos es mediante **listas de control de acceso**, o ACL (*Access Control Lists*), que almacenan pares de valores `usuario: permisos`.

8.4.2. Directorios

Para organizar los ficheros, los sistemas operativos proporcionan el concepto de directorio o carpeta, que son a su vez un tipo de fichero. Normalmente, los directorios se organizan de forma jerárquica, en una estructura denominada **árbol de directorios**, para contener ficheros. Cada proceso del sistema mantiene información del su directorio actual o directorio de trabajo.

Cuando los ficheros se organizan en un árbol de directorios, se requiere conocer la ruta para llegar a la ubicación de cada fichero. Esta ruta, denominada ***path*** en inglés, puede ser absoluta o relativa:

- **Absoluta.** Consiste en la ruta completa para localizar un fichero desde cualquier punto de la jerarquía de directorios del sistema. Ejemplo en Windows: `C:\users\myuser\documents\text\myfile.txt`. El carácter `\`, barra invertida, se utiliza como separador de directorios en la estructura jerárquica de directorios.

- **Relativa.** Consiste en la ruta parcial para localizar un fichero desde el directorio actual. Por ejemplo, para localizar el fichero anterior, siendo el directorio actual `documents`, la ruta relativa es: `text\myfile.txt`.

La mayoría de sistemas operativos que implementan jerarquía de directorios proporcionan dos ficheros especiales en cada directorio:

- **Fichero . o directorio actual.** Se refiere al directorio actual y se identifica con el carácter . (punto). En el ejemplo anterior, cuando el directorio de trabajo es `documents`, el fichero . se refiere al directorio `documents`.

- **Fichero .. o directorio padre.** Se refiere al directorio padre, es decir, el nivel anterior en la jerarquía al que se encuentra directorio actual, y se identifica con los caracteres .. (dos puntos seguidos). En el ejemplo anterior, cuando el directorio actual es `documents`, el fichero .. se refiere al directorio `myuser`.

Al igual que con los ficheros, un proceso puede ejecutar llamadas al sistema para realizar operaciones sobre directorios, entre las que se encuentran crear, eliminar, abrir, cerrar, leer y renombrar, además de permitir cambiar el directorio de trabajo de un proceso.

8.4.3. Sistema de ficheros

Los sistemas de ficheros se almacenan en discos en el computador. El término disco se utiliza porque tradicionalmente las unidades de almacenamiento eran discos duros, o HDD (*Hard Disk Drive*), compuestos por varios discos que giran dentro de la unidad que almacenan y recuperan la información basándose en principios electromagnéticos. En la actualidad el término disco se sigue utilizando aunque los discos duros están siendo sustituidos por dispositivos de estado sólido, o SSD (*Solid-State Drive*), en los que el almacenamiento se realiza principalmente en memoria *flash*.

Los discos suelen dividirse en una o más secciones, denominadas **particiones**. En cada partición se puede almacenar un sistema de ficheros independiente del resto. Los sistemas de ficheros dividen la partición en **bloques**, y en cada uno de esos bloques se puede almacenar un fichero, o una porción de un fichero si el tamaño de este es mayor. La tarea más importante de un sistema de ficheros es realizar el seguimiento de qué bloques corresponden a cada fichero del sistema. Existen diferentes métodos para realizar esta asignación y seguimiento:

- **Asignación continua.** El método más sencillo de asignación consiste en almacenar cada fichero en bloques consecutivos en el disco. Por ejemplo, en una partición con tamaño de bloque de 512 kB, un fichero de 1 GB ocuparía 2048 bloques consecutivos en el disco. Este mecanismo proporciona dos ventajas principales. Por un lado, el seguimiento de cada fichero requiere solo conocer el bloque inicial y el número de bloques. Y, por otro, las operaciones de lectura son muy eficientes dado que se leen bloques consecutivos del disco. Sin embargo, esta técnica tiene una enorme desventaja y es que, con el tiempo, aparece la **fragmentación**. Este concepto indica que hay áreas disponibles en el disco, debido a ficheros que se han ido eliminando, que tienen tamaños diferentes, y probablemente los nuevos ficheros no las utilicen por completo, por lo que quedará espacio disponible entre ellos sin utilizar.

- **Asignación basada en listas enlazadas.** Este método utiliza listas para identificar los bloques del disco en los que está almacenado el fichero. Cada nodo de la lista contiene un puntero al siguiente nodo así como información de un bloque en el que se almacena parte del fichero. Con este método se pueden utilizar todos los bloques del disco, con lo que desaparece el problema de la fragmentación. Sin embargo, como los bloques de un fichero pueden no estar almacenados de forma consecutiva en el disco, las operaciones de lectura y escritura no son tan eficientes.

- **I-nodos.** Este método identifica qué bloques del disco pertenecen a un fichero utilizando una estructura de datos denominada *i-node* (*index-node*). Esta estructura almacena los atributos del fichero y las direcciones en el disco de cada uno de los bloques que forman parte del fichero. Si el fichero es muy grande, la última entrada de la estructura de datos es un puntero a otra estructura similar.

8.5. Gestión de dispositivos

A un computador se pueden conectar multitud de dispositivos, tales como teclado, ratón, pantalla, webcam, altavoces, impresora o unidades de disco, entre otros. La gestión de todos los dispositivos conectados al computador recae en el sistema operativo. Para realizar esta gestión, los sistemas operativos proporcionan un subsistema de entrada/salida que permite abstraer al usuario de la complejidad de todos los dispositivos a la vez que permite enviarles comandos, procesar sus interrupciones y gestionar sus errores.

Una de las principales dificultades en la gestión de dispositivos de E/S es la enorme diferencia de velocidad que existe en la transmisión de datos. Por ejemplo, un teclado puede transmitir datos al computador a una tasa de 100 bits por segundo, mientras que una unidad de disco puede transferir datos por encima de 32 gigabits por segundo.

Tal y como se describe en el capítulo 7, las interfaces de los dispositivos periféricos tienen varios registros que se mapean en el espacio de direcciones del computador. El sistema operativo puede escribir en estos registros para enviar órdenes de control o datos, y puede leerlos para recibir el estado o datos de los periféricos. También hay interfaces que proporcionan secciones de memoria mapeables, como es el caso de la interfaz de vídeo, en la que el sistema operativo escribirá información acerca de los píxeles a mostrar en la pantalla. Las tareas que realiza el sistema operativo con cada interfaz son dependientes de cada dispositivo: para leer una pulsación de teclado se deben realizar operaciones diferentes a las requeridas para enviar una página a la impresora. Por ello, el código que ejecuta el sistema operativo es dependiente de cada periférico. A este código se le denomina **controlador** o ***driver*** de dispositivo y normalmente forma parte del *kernel* del sistema. Habitualmente, los *drivers* son desarrollados por los fabricantes de los dispositivos. Dado que cada sistema operativo requiere sus propios *drivers*, los fabricantes deben proporcionar una implementación para cada sistema operativo en el que quieran que su dispositivo pueda ser utilizado.

Un aspecto importante de la gestión de dispositivos periféricos tiene que ver con la **sincronización**. En la mayoría de las ocasiones la sincronización se realiza en base a interrupciones. En los computadores y sistemas operativos actuales las interrupciones se combinan con la técnica de acceso directo a memoria, o **DMA** (*Direct Memory Access*). Esta técnica utiliza un controlador DMA en el que la CPU escribe qué operación de E/S se debe realizar, y es este dispositivo el que se encarga de llevarla a cabo accediendo, a través del bus del sistema, a las interfaces de los dispositivos periféricos y a la memoria del computador. De esta forma, la CPU conoce la tarea de E/S que se debe realizar, pero la gestión recae en un dispositivo específico, que le notifica mediante una interrupción cuándo la operación de E/S se ha completado.

8.6. Virtualización

En la década de 1960 se introdujo el concepto de virtualización, que permite abstraer el hardware de un computador de tal forma que un programa denominado

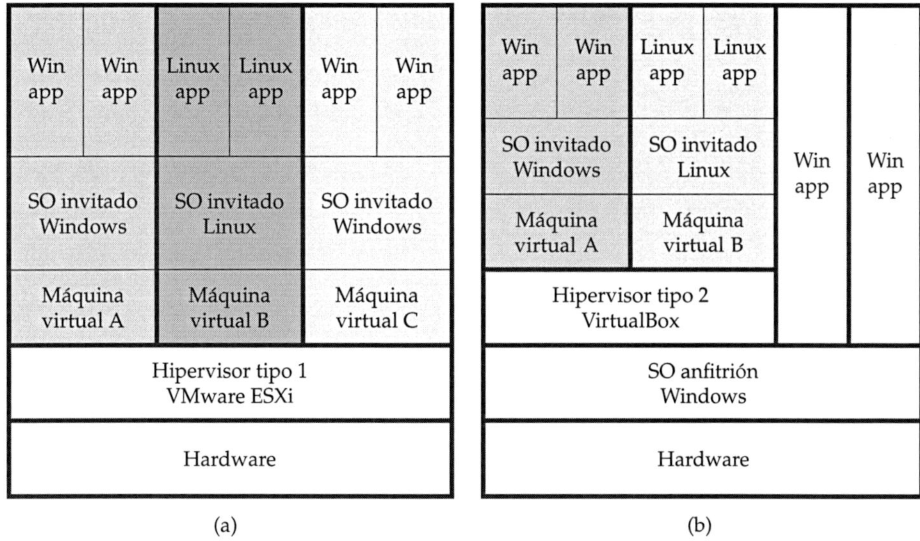

Figura 8.5: Tipos de hipervisor: (a) tipo 1; (b) tipo 2

hipervisor o monitor de máquinas virtuales, **VMM** (*Virtual Machine Monitor*), crea la ilusión de múltiples computadores en el mismo sistema. En otras palabras, la virtualización permite ejecutar varias máquinas virtuales en un mismo computador, pudiendo ejecutar un sistema operativo completamente diferente en cada una de ellas.

La virtualización proporciona varias ventajas, tanto a los usuarios como a los administradores de sistemas. Por un lado, se pueden ejecutar en el mismo computador programas que requieran sistemas operativos diferentes. Desde el punto de vista del desarrollo, un programador puede desarrollar y probar sus aplicaciones para diferentes sistemas operativos en el mismo computador. Además, se incrementa la seguridad en el sistema, dado que si un servicio en una máquina virtual se ve comprometido, esto no afectará, al menos inmediatamente, a los servicios en el resto de máquinas virtuales.

Las técnicas de virtualización actuales distinguen dos tipos de hipervisores, que se representan en la figura 8.5:

- **Tipo 1.** El hipervisor es como un sistema operativo: es el único programa que se ejecuta en el modo privilegiado más elevado, y administra los recursos entre las diferentes máquinas virtuales.
- **Tipo 2.** Este tipo de hipervisor es un programa que se ejecuta en otro sistema operativo, como otro proceso con elevada prioridad, y que gestiona las máquinas virtuales.

En ambos tipos, el sistema operativo que se ejecuta sobre el hipervisor se denomina sistema operativo invitado, ***guest***, y en los hipervisores de tipo 2, el sistema operativo que se ejecuta directamente sobre el hardware del sistema recibe el nombre de anfitrión, ***host***.

Los hipervisores de tipo 2 proporcionan un rendimiento inferior a los de tipo 1, pues el sistema operativo anfitrión representa una capa software adicional. Sin embargo, al contrario de lo que ocurre con los hipervisores de tipo 1 que se ejecutan sobre un hardware muy concreto, los hipervisores de tipo 2 tienen la ventaja de ejecutarse sobre casi cualquier hardware, pues el sistema operativo anfitrión proporciona el soporte necesario.

En la actualidad las CPU de propósito general proporcionan soporte hardware a la virtualización (instrucciones específicas en el juego de instrucciones de la CPU y registros específicos) lo que acerca considerablemente el rendimiento de la máquina virtual al de la máquina real.

Virtualización a nivel de sistema operativo

De forma independiente a la virtualización del hardware del computador, el *kernel* de un sistema operativo puede permitir la ejecución de múltiples instancias de espacios de usuario denominados **contenedores**. Los programas que se ejecutan en un contenedor solo pueden acceder a los recursos y dispositivos asignados al contenedor, a diferencia de un programa ejecutándose directamente en el sistema operativo del computador que podrá acceder a todos los recursos y dispositivos (si tiene privilegios para ello). Todos los contenedores comparten los mismos servicios del sistema operativo sobre el que se ejecutan, con lo que utilizan menos recursos que las máquinas virtuales.

Capítulo 9

Rendimiento

En los capítulos anteriores se desarrolló el concepto de arquitectura del juego de instrucciones del computador, que está ligada a su funcionalidad, es decir, a las instrucciones que puede ejecutar, dejando a un lado el rendimiento. El rendimiento está ligado a la cantidad de instrucciones que el computador puede ejecutar en un determinado intervalo de tiempo, que depende en gran medida de su microarquitectura.

En este capítulo se introduce el concepto de rendimiento y cómo se mide en un computador.

9.1. Concepto de rendimiento

Un computador es un sistema muy complejo en el que se interrelacionan muchos elementos. Resulta complicado delimitar el concepto de rendimiento de un computador, ya que depende del punto de vista del usuario del computador y del objetivo perseguido con el funcionamiento del mismo. Así, por ejemplo, desde el punto de vista del usuario puede resultar interesante medir el tiempo empleado en ejecutar una tarea. En cambio, como administrador del sistema resultará más interesante contar la cantidad de tareas que ejecuta por unidad de tiempo. Por esta razón, es habitual utilizar diferentes formas de medir el rendimiento a través de lo que se conocen como métricas.

Una **métrica** es una magnitud que cuantifica un aspecto medible de un sistema. Los resultados obtenidos por dos computadores para una métrica permitirán compararlos. Existen distintos tipos de métricas dependiendo de la propiedad del sistema a medir.

Comúnmente, el rendimiento del computador está asociado a la capacidad de realizar trabajo. Para cuantificar el rendimiento del computador se utilizan principalmente dos métricas: tiempo de respuesta y productividad. El **tiempo de respuesta** se refiere al tiempo que invierte el computador en realizar una tarea, mientras que la **productividad** indica el número de tareas completadas por unidad de tiempo.

$$\text{Productividad} = \frac{\text{Tareas completadas}}{\text{Tiempo de referencia}}$$

Para que tanto la productividad como el tiempo de respuesta tengan sentido es necesario definir claramente la tarea sobre la que se miden. Por ejemplo, la tarea puede referirse a la ejecución de un programa completo, la ejecución de una única instrucción, servir una página web, responder a una consulta a una base de datos, etc. De esta forma, el tiempo de respuesta se refiere al tiempo desde que se inicia la tarea hasta que termina (el programa, la instrucción, la página web o la consulta), mientras que la productividad se refiere al número de tareas (programas, instrucciones, páginas o consultas) que se completan por unidad de tiempo.

La métrica de productividad es la que suele emplearse de forma más general para hacer referencia al rendimiento del computador. En el caso particular de que un sistema solamente sea capaz de realizar una tarea en cada instante, la productividad y el tiempo de respuesta están relacionados de forma inversa. Por ejemplo, si el tiempo de respuesta medio de una tarea es de 1 ms, podrían llevarse a cabo $(1/0.001\,\text{s}) = 1000$ tareas idénticas por segundo. Sin embargo, esta relación no se mantiene cuando existe la posibilidad de realizar más de una tarea simultáneamente. Así, por ejemplo, si el computador pudiese paralelizar cuatro tareas de forma simultánea, el tiempo de respuesta de cada tarea individual seguiría siendo el mismo (1 ms), pero la productividad se vería multiplicada por cuatro (4000 tareas por segundo), ya que se completan cuatro tareas cada milisegundo[1].

A partir de este ejemplo se puede ver cómo afectan los factores sobre los que se actúa para aumentar el rendimiento. Por un lado, se puede disminuir el tiempo de respuesta, que implicará también un aumento de la productividad. Para conseguir este objetivo, es necesario incorporar mejoras tecnológicas u organizativas. Por otro lado, se puede incrementar el nivel de paralelismo de los distintos componentes. Esto consigue aumentar la productividad, aunque en general no consigue disminuir el tiempo de respuesta, pudiendo llegar incluso a aumentarlo.

Si el computador es capaz de realizar varias tareas de forma simultánea, lo que es muy habitual, se utiliza como métrica de rendimiento, en general, la productividad.

El objetivo final de las métricas es poder comparar el rendimiento de los computadores. A modo de ejemplo, supóngase un computador A que es capaz de completar 30 tareas en un segundo, mientras que otro computador B es capaz de completar 20 tareas en un segundo. ¿Cuántas veces el computador A es más rápido que el computador B, es decir, cuál es la aceleración del rendimiento (*speedup*) del computador A respecto al computador B?

$$\text{Aceleración} = \frac{\text{Rendimiento}_\text{A}}{\text{Rendimiento}_\text{B}} = \frac{\text{Productividad}_\text{A}}{\text{Productividad}_\text{B}} = \frac{30}{20} = 1.5$$

La aceleración en el rendimiento es la ratio que existe entre el rendimiento de uno y otro computador. Se dice que el computador A tiene una aceleración de 1.5. Una aceleración igual a 1 indica que el rendimiento de ambos computadores es el

[1]En este ejemplo se asume que se paralelizan cuatro tareas sin incurrir en ningún tipo de sobrecarga, por lo que se mantiene el tiempo de respuesta de 1 ms para una tarea individual.

mismo. Si la aceleración es mayor que 1, indica que el computador A tiene mayor rendimiento que el computador B y viceversa si la aceleración es menor que 1.

El término tiempo de respuesta suele utilizarse cuando se evalúa el rendimiento de la CPU ejecutando programas. No obstante, cuando se analiza el rendimiento de sistemas de memoria o interconexión se utilizan más a menudo los términos **latencia** (por tiempo de respuesta), referido al tiempo que tarda el sistema en proporcionar los datos solicitados, y **ancho de banda** (por productividad), referido a la cantidad de información que puede proporcionar por unidad de tiempo.

Aunque hasta ahora se ha considerado que el tiempo de respuesta y la productividad son medidas constantes, en la mayor parte de las ocasiones deben aproximarse a través de variables aleatorias, pues varían entre unas mediciones y otras dependiendo del momento de la medición y de la carga del computador en ese instante. De esta forma, por ejemplo, en lugar de tomar un tiempo de respuesta fijo, se aproxima a través de una variable aleatoria, que habitualmente se considera normalmente distribuida $\sim \mathcal{N}(\mu, \sigma^2)$, categorizada por un valor medio y una desviación típica.

Por esta razón, cobra especial importancia la estadística cuando se mide el rendimiento de los computadores. Por poner un ejemplo, si se mide 10 veces (n) el tiempo de respuesta en la ejecución de un programa en un computador y se obtienen los siguientes resultados:

Medida	x_1	x_2	x_3	x_4	x_5	x_6	x_7	x_8	x_9	x_{10}
T. resp (s)	3.2	2.9	3.1	3.0	2.8	3.1	3.2	3.0	3.3	2.7

se puede calcular la media ($\overline{x}$) y la desviación típica (s) de las mediciones tomadas, es decir, la media y la desviación típica muestrales:

$$\overline{x} = \frac{1}{n}\sum_{i=1}^{n} x_i = \frac{3.2 + 2.9 + 3.1 + 3.0 + 2.8 + 3.1 + 3.2 + 3.0 + 3.3 + 2.7}{10} = 3.03\,\mathrm{s}$$

$$s = \sqrt{\frac{\sum_{i=1}^{n}(x_i - \overline{x})^2}{n-1}} = 0.189\,\mathrm{s}$$

Para estimar la media poblacional (μ) usamos como estimador la media muestral ($\overline{x}$), mientras que la desviación típica muestral (s) se usa como estimador de la desviación típica poblacional (σ). Asumiendo que el tiempo de respuesta sigue una distribución normal, el área comprendida en el intervalo $[\mu - 2\sigma, \mu + 2\sigma]$ abarca aproximadamente el 95 % de todos los tiempos de respuesta para el programa, o lo que es lo mismo, el tiempo de respuesta del programa se encuentra con una probabilidad del 95 % en ese intervalo[2], en este ejemplo $[2.65, 3.41]$. Esto se aprecia en la función de densidad de probabilidad del tiempo de respuesta en la figura 9.1.

[2]En realidad, dado que se tiene un número de medidas bajo (<30) y se desconoce la desviación típica poblacional, habría que utilizar una distribución t de *Student* para calcular el intervalo de confianza. Por simplicidad, se utiliza la distribución normal, con lo que el intervalo $[\mu - 2\sigma, \mu + 2\sigma]$ es una aproximación válida para una confianza del 95 %.

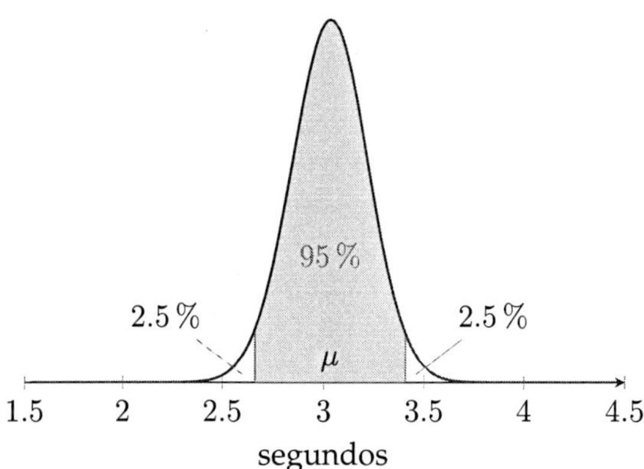

Figura 9.1: Función de densidad de probabilidad del tiempo de respuesta

9.2. Ley de Amdahl

Como se descrito en los capítulos anteriores, el computador está formado por varios componentes que trabajan conjuntamente para ejecutar programas: CPU, memoria, sistema de interconexión y sistema de entrada/salida. Las mejoras en el rendimiento del computador se consiguen introduciendo mejoras en los distintos componentes que lo forman. No obstante, una mejora en el rendimiento de un componente en un factor p no incrementa el rendimiento de todo el computador en ese mismo factor.

Para el caso de un computador que ejecuta una única tarea en cada instante la ley de Amdahl determina que:

> *La aceleración o ganancia obtenida (A) en el rendimiento de un sistema completo debido a la mejora de uno de sus componentes está limitada por la fracción de tiempo que se utiliza dicho componente.*

El tiempo de respuesta del computador utilizando el componente mejorado se calcula a través de la suma de dos factores: el tiempo de respuesta debido a los componentes que no han sido mejorados, que permanece constante, y el tiempo empleado utilizando el componente mejorado, que se ve reducido en función de la mejora aplicada:

$$\text{T. respuesta}_{\text{mejorado}} = \text{T. respuesta}_{\text{original}} \times \left((1 - \text{Fracción}_{\text{mejorada}}) + \frac{\text{Fracción}_{\text{mejorada}}}{\text{Acelerac.}_{\text{mejorada}}} \right)$$

La fórmula de Amdahl puede deducirse a partir de la aceleración del rendimiento obtenida utilizando el componente mejorado respecto al rendimiento con el componente original:

$$A = \frac{\text{Rendimiento}_{\text{mejorado}}}{\text{Rendimiento}_{\text{original}}} = \frac{\text{T. respuesta}_{\text{original}}}{\text{T. respuesta}_{\text{mejorado}}}$$

Sustituyendo, se obtiene:

$$A = \frac{1}{(1 - \text{Fracción}_{\text{mejorada}}) + \frac{\text{Fracción}_{\text{mejorada}}}{\text{Acelerac.}_{\text{mejorada}}}}$$

Por ejemplo, supongamos que tenemos un computador que tarda en ejecutar un programa 100 segundos. De este tiempo, 20 segundos son debidos a la ejecución por parte de la CPU, 35 a los accesos a memoria, 40 a operaciones de entrada/salida sobre el disco duro, mientras que el resto se debe a la espera por los diferentes mecanismos de interconexión dentro del computador. ¿Cuál sería la aceleración en la ejecución del programa que se obtendría si se sustituye la CPU por otra el triple de rápida? ¿Y si se sustituye el disco duro por uno el doble de rápido? ¿Cuáles serían los nuevos tiempos de ejecución?

Inicialmente, se calcula la fracción de tiempo correspondiente a los componentes a mejorar:

$$\text{Fracción}_{\text{CPU}} = \frac{20}{100} = 0.2$$

$$\text{Fracción}_{\text{disco}} = \frac{40}{100} = 0.4$$

Para el caso de sustituir la CPU:

$$A = \frac{1}{(1 - 0.2) + 0.2/3} \approx 1.15$$

$$\text{T. respuesta}_{\text{mejorado}} = \frac{\text{T. respuesta}_{\text{original}}}{A} \approx \frac{100}{1.15} = 86.96 \text{ segundos}$$

En el caso de que se sustituya el disco:

$$A = \frac{1}{(1 - 0.4) + 0.4/2} = 1.25$$

$$\text{T. respuesta}_{\text{mejorado}} = \frac{\text{T. respuesta}_{\text{original}}}{A} = \frac{100}{1.25} = 80 \text{ segundos}$$

Como se puede observar, la mejora de rendimiento sustituyendo el disco por uno el doble de rápido es mayor que la obtenida sustituyendo la CPU por una el triple de rápida. La razón es que en el sistema de ejemplo el disco se emplea durante una fracción de tiempo mucho mayor.

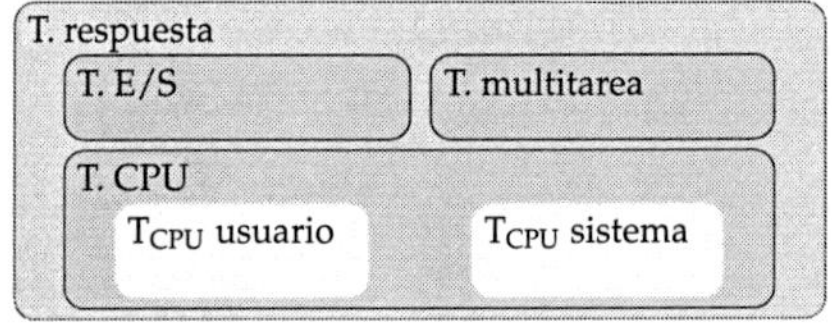

Figura 9.2: Factores que afectan al tiempo de respuesta de un programa

9.3. Rendimiento de la CPU

El rendimiento del computador depende de todos y cada uno de los elementos que lo componen. No obstante, el componente más complejo, y por lo tanto el más susceptible de ser optimizado, es la CPU. Por esta razón, cuando se estudia el rendimiento del computador se presta especial atención al rendimiento de la CPU.

Para comparar el rendimiento de dos CPU es necesario definir métricas que proporcionen una indicación de su rendimiento. Como se ha visto anteriormente, el tiempo de respuesta o la productividad son dos formas distintas de medir el rendimiento. Sin embargo, estas métricas hacen que la comparación del rendimiento de dos CPU sea en la práctica complicada.

El tiempo de respuesta de un programa indica el tiempo que transcurre desde que comienza el programa hasta que finaliza y suele ser variable, ya que incluye no solo el tiempo que el programa está realmente ejecutándose, al que se denomina **tiempo de CPU**[3], sino además otros factores, mostrados en la figura 9.2:

- **Tiempo de CPU.** Este tiempo depende fundamentalmente de la CPU, pero intervienen otros elementos como la memoria. Al fin y al cabo durante la ejecución de las instrucciones por parte de la CPU es necesario leer y escribir en la memoria. El tiempo de CPU se puede a su vez dividir en dos partes, el tiempo de CPU de usuario y el tiempo de CPU del sistema. Por ejemplo, durante la ejecución de un programa este llama a servicios del sistema operativo, los cuales se ejecutan en la CPU en modo privilegiado y forman parte del tiempo de CPU de sistema.

- **El tiempo de espera por operaciones de entrada/salida.** Por ejemplo, puede ser necesario esperar por una operación de lectura de disco antes de que el programa pueda continuar la ejecución.

- **El tiempo multitarea.** Durante breves periodos de tiempo el sistema operativo necesita ejecutarse para llevar a cabo operaciones que no están asociadas al programa en cuestión, como por ejemplo administrar los recursos del computador. Además, sobre un sistema operativo multitarea se ejecutan varias tareas o programas simultáneamente, no solo la tarea sobre la que se mide el tiempo de respuesta.

[3]En algunos textos se utiliza *tiempo de ejecución* para referirse al tiempo de respuesta y en otros para referirse al tiempo de CPU. Para evitar confusiones, en este texto se utiliza tiempo de respuesta y tiempo de CPU para referirse al tiempo que tarda en finalizar el programa y al tiempo efectivo de ejecución por parte de la CPU, respectivamente.

De los factores anteriores, el tiempo de CPU es el que proporciona una idea más cercana al rendimiento de la CPU. Por esta razón, si se emplea el tiempo de respuesta de un programa para estimar el rendimiento de la CPU debe hacerse de forma muy cuidadosa para reducir al mínimo posible los otros factores que influyen en el tiempo de respuesta.

Otra alternativa para la medición del rendimiento de la CPU es medir la productividad de la CPU en instrucciones por segundo durante la ejecución del programa (habitualmente en millones de instrucciones por segundo o MIPS). El problema es que los MIPS no son comparables en dos CPU que no implementan el mismo juego de instrucciones.

Aunque la medición del rendimiento de la CPU es una labor complicada, resulta conveniente analizar desde el punto de vista teórico cuáles son los factores más determinantes. El siguiente apartado lleva a cabo este análisis.

9.3.1. Análisis teórico del tiempo de CPU

En un programa con un solo hilo de ejecución el tiempo de CPU depende de varios factores. El primer factor importante a considerar es el periodo de reloj (T), que es el inverso de la frecuencia (f). De esta forma puede hablarse indistintamente de periodo o frecuencia de reloj.

$$f = T^{-1} = \frac{1}{T}$$

Entonces, puede definirse el tiempo de CPU de un programa en relación a la frecuencia o el periodo de la señal de reloj como:

$$\mathrm{T_{CPU}} = \frac{\text{Ciclos de CPU del programa}}{f} = \text{Ciclos de CPU del programa} \times T$$

El número de Ciclos Por Instrucción (CPI) indica el número de ciclos que son necesarios para completar cada instrucción del programa, y se puede calcular como:

$$\mathrm{CPI} = \frac{\text{Ciclos de CPU del programa}}{\text{Instrucciones del programa}}$$

A partir del CPI, se puede calcular el tiempo de CPU como:

$$\mathrm{T_{CPU}} = \frac{\text{Instrucciones del programa} \times \mathrm{CPI}}{f} = \text{Instrucciones del programa} \times \mathrm{CPI} \times T$$

A esta fórmula se la conoce como la **ley de hierro** (*Iron Law*) del rendimiento de una CPU. Como se puede observar en la ecuación anterior, el tiempo de CPU final depende de tres factores relacionados:

- **El número de instrucciones del programa.** Este número depende de la arquitectura del juego de instrucciones empleada y del compilador. Por ejemplo, los programas en una arquitectura RISC suelen tener muchas más instrucciones que sus equivalentes en una arquitectura CISC. Por otra parte, el compilador es el responsable de traducir los programas escritos en un lenguaje de alto nivel a instrucciones de la CPU, por lo que juega un papel fundamental en el número de instrucciones del programa.

- **El número de ciclos por instrucción (CPI).** Depende de la organización interna de la CPU y de la complejidad de las instrucciones a ejecutar. Las CPU CISC implementan instrucciones que realizan operaciones complejas, lo que redunda en programas con un menor número de instrucciones. La parte negativa es que estas instrucciones requieren muchos ciclos de reloj para ser ejecutadas, es decir, tienen CPI alto. Por el contrario, las CPU RISC implementan instrucciones muy sencillas que requieren pocos ciclos para ejecutarse, es decir, tienen CPI bajo, pero que suponen programas con un mayor número de instrucciones.

  El principio básico enunciado por la ley de Amdahl de que la ganancia de rendimiento es proporcional a la fracción de uso del componente mejorado puede ser utilizado para reducir el CPI. En la fórmula anterior para el cálculo del tiempo de CPU el valor del CPI empleado es el CPI medio evaluado teniendo en cuenta todas las instrucciones máquina del programa. Esto se traduce en que los diseñadores de juegos de instrucciones buscan reducir el CPI de las instrucciones más comúnmente utilizadas en los programas, frente a instrucciones menos utilizadas, pues su peso en el rendimiento final será mayor.

- **El periodo de reloj.** Indica lo rápido que trabaja la CPU. Para reducir el ciclo de reloj, y aumentar la frecuencia de trabajo, es habitualmente necesario mejorar la tecnología de fabricación de la CPU para conseguir circuitos más rápidos. No obstante, también se puede disminuir el periodo de reloj incluyendo mejoras organizativas avanzadas.

A partir de la ley de hierro se puede deducir la siguiente expresión para calcular los MIPS en función del CPI:

$$\text{MIPS} = \frac{1}{\text{CPI} \times T \times 10^6}$$

Y, por tanto, el tiempo de CPU de un programa se puede expresar como:

$$\text{T}_{\text{CPU}} = \frac{\text{Instrucciones del programa}}{10^6 \times \text{MIPS}}$$

9.4. Benchmarks

Un *benchmark* es un programa diseñado para evaluar el rendimiento de un computador o de una de sus partes. Son habituales los benchmarks para evaluar el rendimiento de la CPU y del sistema de memoria.

Como se ha visto, el rendimiento de un computador no puede calcularse directamente la mayor parte de las veces debido a su complejidad, sino que debe estimarse a partir de mediciones. El resultado de estas mediciones varía en función de las condiciones a las que está sometido el computador. Un *benchmark* somete al computador, o a la parte del mismo a evaluar, a una determinada **carga de trabajo** para medir el rendimiento bajo la misma. Por esta razón, los resultados para distintos *benchmarks* pueden variar para el mismo computador.

Un *benchmark* debería someter al computador a una carga representativa del trabajo habitual para el que el computador está pensado, de tal forma que los resultados sean significativos. Por ejemplo, si se desea evaluar el rendimiento de un computador orientado a tareas de ofimática utilizando un *benchmark*, la carga que representa el *benchmark* debería ser parecida a la que supondrían los programas ofimáticos que se utilizarían en el día a día sobre el computador. Por otro lado, en la evaluación de una estación de trabajo dedicada al desarrollo de programas en lenguaje C debería utilizarse un *benchmark* con una carga representativa de compiladores, entornos integrados de desarrollo, enlazadores, etc. Por tanto, un *benchmark* está pensado para evaluar el rendimiento de un computador bajo unas determinadas circunstancias. Un computador puede obtener un bajo rendimiento medido con un *benchmark* con una determinada carga, mientras que puede obtener un rendimiento alto si se evalúa con otra carga distinta.

Hay dos tipos de *benchmarks* dependiendo del tipo de carga que utilizan:

- **Carga real.** Son *benchmarks* que utilizan programas reales usados en el trabajo habitual del computador sobre el que se va a aplicar el *benchmark*. La principal ventaja es que evalúan el rendimiento bajo unas condiciones reales de utilización del computador. Su gran inconveniente es que son difíciles de reproducir, con lo que las medidas obtenidas con el *benchmark* pueden tener gran variabilidad.

- **Carga sintética.** Estos *benchmarks* ejecutan pequeños programas que intentan reproducir las operaciones más habituales que se desarrollan sobre los programas reales. Sin embargo, no son programas reales. Su ventaja es que son fácilmente reproducibles. Por contra, los resultados obtenidos no siempre se corresponden con el rendimiento observado en la ejecución de programas reales.

Existen *benchmarks* para estimar el rendimiento de muchas partes del computador. Los hay orientados a medir el rendimiento de la CPU, del sistema de memoria, de la interfaz gráfica, del disco duro, etc.

A partir del resultado proporcionado por un *benchmark* se puede comparar el rendimiento de dos computadores y calcular la aceleración de uno respecto a otro para la carga de trabajo asociada al *benchmark*. No obstante, en ocasiones es necesario ejecutar diferentes *benchmarks* para evaluar el rendimiento del computador frente a diferentes cargas de trabajo, obteniéndose diferentes aceleraciones. Puede ocurrir que un computador tenga un mayor rendimiento que otro para una carga de trabajo, pero menor para otra carga de trabajo diferente. La tabla 9.1 muestra el resultado de la ejecución de dos *benchmarks* B1 y B2, sobre 2 computadores C1 y C2.

	Productividad C1	Productividad C2
Benchmark B1	5	10
Benchmark B2	5	2

Tabla 9.1: Ejemplo de medición de rendimiento con dos *benchmarks*

	$A_{C1/C2}$	$A_{C2/C1}$
Benchmark B1	0.5	2
Benchmark B2	2.5	0.4
Media aritmética B1 y B2	1.5	1.2
Media geométrica B1 y B2	1.12	0.89

Tabla 9.2: Aceleraciones utilizando *benchmarks* individuales o estadísticos combinando ambos

El rendimiento del computador C1 para el *benchmark* B1 es menor que el del computador C2, tal como se deduce de sus productividades. Sin embargo, para el *benchmark* B2 ocurre justo lo contrario, el computador C1 tiene un rendimiento mayor que C2. Estos resultados se reflejan en las aceleraciones $A_{C1/C2}$, de C1 respecto de C2, y la inversa ($A_{C2/C1}$), dependiendo del computador que se tome como referencia, mostradas en la tabla 9.2.

Cuando es necesario resumir el rendimiento de un computador respecto a otro empleando un único número se puede emplear la media de las aceleraciones. Una opción sería emplear la media aritmética, en cuyo caso la aceleración agregada del computador C1 respecto de C2 sería $A_{C1/C2} = (0.5 + 2.5)/2 = 1.5$, de donde se deduciría que el computador C1 es 1.5 veces más rápido que C2. Por su parte, si se llevase a cabo la media aritmética, pero en este caso del computador C2 respecto de C1, se obtendría $A_{C2/C1} = (2+0.4)/2 = 1.2$, de donde se deduciría que el computador C2 es 1.2 veces más rápido que C1. Como se puede observar, se obtienen resultados contradictorios dependiendo del computador que se tome como referencia. Por esta razón no se emplea la media aritmética de aceleraciones.

Para obtener una aceleración agregada a partir de las aceleraciones obtenidas para n *benchmarks* suele emplearse la media geométrica, de acuerdo a la expresión general:

$$A = \sqrt[n]{A_1 \cdot A_2 \cdot ... \cdot A_n}$$

En el ejemplo de la tabla 9.2 se puede observar cómo los resultados de aceleración son coherentes cuando se usa la media geométrica. La aceleración del computador C1 respecto de C2 es 1.12, por lo que el computador C1 tiene un rendimiento 1.12 veces superior a C2. Tomando como referencia el computador C2, el computador C2 es 0.89 veces más rápido que C1, o lo que es lo mismo, el computador C1 es $(1/0.89) = 1.12$ veces más rápido que C2. Por lo tanto, las aceleraciones obtenidas son coherentes sea cual sea el equipo tomado como referencia.

Anexos

Apéndice A

Codificación de instrucciones del Computador Teórico

Nomenclatura utilizada

Rd	Tres bits; registro destino de una operación.
Rs	Tres bits; registro fuente (origen) de una operación.
Rs1 Rs2	Tres bits; registro fuente1/fuente2 de una operación.
Ri	Tres bits; registro índice para direccionamiento indirecto.
Rd/s	Tres bits; registro que es a la vez fuente y destino de una operación.
Rx	Tres bits; registro con la dirección de destino para saltos absolutos.
Inm_8	Un valor numérico de 8 bits.

Instrucciones de movimiento

Código de instrucción	Descripción	Mnemónico	Operación
00 000 00000000000	Instrucción nula	NOP	–
00 001 Rd Rs 00000	Copia el contenido del registro Rs en Rd	MOV Rd, Rs	Rd ← Rs
00 010 Rd Ri 00000	Copia el contenido de la posición de memoria cuya dirección está en Ri en Rd	MOV Rd, [Ri]	Rd ← [Ri]
00 011 Ri Rs 00000	Copia el contenido del registro Rs en la posición de memoria cuya dirección está en Ri	MOV [Ri], Rs	[Ri] ← Rs
00 100 Rd Inm_8	Copia en los 8 bits menos significativos de Rd el dato codificado en los 8 bits del campo Inm_8	MOVL Rd, Inm_8	Rd_{bajo} ← Inm_8
00 101 Rd Inm_8	Copia en los 8 bits más significativos de Rd el dato codificado en los 8 bits del campo Inm_8	MOVH Rd, Inm_8	Rd_{alto} ← Inm_8
00 110 Rs 00000000	Apila el contenido del registro Rs	PUSH Rs	Pila ← Rs
00 111 Rd 00000000	Desapila un valor en el registro Rd	POP Rd	Rd ← Pila

Instrucciones aritmético-lógicas

De tres operandos

Código de instrucción	Descripción	Mnemónico	Operación
01 000 Rd Rs1 Rs2 00	Suma el contenido de los registros Rs1 y Rs2. Almacena el resultado en Rd	ADD Rd, Rs1, Rs2	Rd ← Rs1 + Rs2
01 001 Rd Rs1 Rs2 00	Resta el contenido del registro Rs2 al registro Rs1. Almacena el resultado en Rd	SUB Rd, Rs1, Rs2	Rd ← Rs1 − Rs2
01 010 Rd Rs1 Rs2 00	Realiza la operación OR con el contenido de los registros Rs1 y Rs2. Almacena el resultado en Rd	OR Rd, Rs1, Rs2	Rd ← Rs1 OR Rs2
01 011 Rd Rs1 Rs2 00	Realiza la operación AND con el contenido de los registros Rs1 y Rs2. Almacena el resultado en Rd	AND Rd, Rs1, Rs2	Rd ← Rs1 AND Rs2
01 100 Rd Rs1 Rs2 00	Realiza la operación XOR con el contenido de los registros Rs1 y Rs2 Almacena el resultado en Rd	XOR Rd, Rs1, Rs2	Rd ← Rs1 XOR Rs2

De dos operandos

Código de instrucción	Descripción	Mnemónico	Operación
01 101 Rs1 Rs2 00000	Resta el contenido del registro Rs2 al registro Rs1. Sólo actualiza los bits del registro de estado.	CMP Rs1, Rs2	Rs1 − Rs2

De un operando

Código de instrucción	Descripción	Mnemónico	Operación
100 00 Rd/s 00000000	Realiza la operación lógica NOT con los bits del registro Rd/s	NOT Rd/s	Rd/s ← ~Rd/s
100 01 Rd/s 00000000	Incrementa el contenido del registro Rd/s en una unidad	INC Rd/s	Rd/s ← Rd/s + 1
100 10 Rd/s 00000000	Decrementa el contenido del registro Rd/s en una unidad	DEC Rd/s	Rd/s ← Rd/s - 1
100 11 Rd/s 00000000	Cambia de signo (complementa a 2) el contenido del registro Rd/s	NEG Rd/s	Rd/s ← ~Rd/s + 1

Interrupciones y llamadas a servicios del sistema

Código de instrucción	Descripción	Mnemónico	Operación
101 00 00000000000	Coloca a cero el bit de interrupción (IF) del registro de estado	CLI	IF ← 0
101 01 00000000000	Coloca a uno el bit de interrupción (IF) del registro de estado	STI	IF ← 1
101 10 000 Inm_8	Realiza una llamada al servicio del sistema asociado al vector de interrupción Inm_8	INT Inm_8	Pila ← SR Pila ← PC PC ← [Inm_8]
101 11 00000000000	Retorna de una interrupción o de un servicio del sistema	IRET	PC ← Pila SR ← Pila

Instrucciones de control de flujo

Saltos incondicionales

Código de instrucción	Descripción	Mnemónico	Operación
11 00 0 000 Inm_8	Realiza un salto relativo	JMP Inm_8	PC ← PC + + Ext_16(Inm_8)
11 00 1 Rx 00000000	Realiza un salto absoluto a la posición de memoria contenida en el registro Rx	JMP Rx	PC ← Rx

Llamadas a procedimientos

Código de instrucción	Descripción	Mnemónico	Operación
`11 01 0 000 Inm_8`	Realiza un salto relativo de magnitud `Inm_8` a un procedimiento	`CALL Inm_8`	`Pila` ← `PC` `PC` ← `PC` + + `Ext_16(Inm_8)`
`11 01 1 Rx 00000000`	Realiza un salto absoluto a un procedimiento	`CALL Rx`	`Pila` ← `PC` `PC` ← `Rx`

Retorno de procedimientos

Código de instrucción	Descripción	Mnemónico	Operación
`11 10 0 00000000000`	Retorna desde un procedimiento (desapila un valor y lo coloca en `PC`)	`RET`	`PC` ← `Pila`

Saltos condicionales

Código de instrucción	Descripción	Mnemónico	Operación
`11 11 0 ccc Inm_8`	Se le suma a `PC` el valor de `Inm_8` con el signo extendido, siempre y cuando la condición codificada en el campo *Cond* sea cierta	`BR`*Cond* `Inm_8`	Si condición cierta: `PC` ← `PC` + + `Ext_16(Inm_8)`

ccc Tres bits que codifican la condición de salto.
Cond Una o dos letras que representan el mnemónico de la condición de salto.

Código (ccc)	Descripción (*bits*)	Mnemónico (*Cond*)	Significado (Salta si:)
000	CF = 1	C	Carry
001	CF = 0	NC	No Carry
010	OF = 1	O	Overflow
011	OF = 0	NO	No Overflow
100	ZF = 1	Z	Zero
101	ZF = 0	NZ	No Zero
110	SF = 1	S	Signo
111	SF = 0	NS	No Signo

Bibliografía

V. C. Hamacher, Z. G. Vranesic, S. G. Zaky. *Computer organization and embedded systems, 6th edition*. McGraw-Hill Science/Engineering/Math, 2011. ISBN: 978-0073380650

D. A. Patterson, J. L. Hennessy. *Computer Organization and Design, 5th edition: The Hardware/Software Interface*. Morgan Kaufmann, 2013. ISBN: 978-0124077263.

W. Stallings. *Data and computer communications, 9th edition*. Prentice Hall, 2013. ISBN: 978-0133506488.

Pedro De Miguel. *Fundamentos de los Computadores*. Paraninfo, 2004. ISBN: 978-8497322942.

A. Tanenbaum, H. Bos. *Modern Operating Systems, 4th edition*. Pearson, 2014. ISBN: 978-0133591620.

J. Entrialgo, J. C. Granda, J. M. López, J. Molleda, J. R. Arias, R. Usamentiaga, J. L. Díaz. *Computadores y Redes*. Ediuno, 2018. ISBN: 978-8416664375.

J. C. Granda, J. M. López, M. García, J. Molleda, R. Usamentiaga, J. Entrialgo, F. J. de la Calle. *Arquitectura de Computadores*. Ediuno, 2019. ISBN: 978-8417445492.